Der Mann-Wolf und andere Geschichten

Erckmann-Chatrian

Writat

Diese Ausgabe erschien im Jahr 2024

ISBN: 9789359948089

Herausgegeben von
Writat
E-Mail: info@writat.com

Inhalt

VORBEMERKUNG DES ÜBERSETZERS.

Es wurde oft und völlig zu Recht bemerkt, dass die bedeutenden französischen Schriftsteller, von denen hier eine Übersetzung eines ihrer Werke versucht wird, in ihrem Festhalten an der historischen Wahrheit außerordentlich treu sind. Entfernen Sie den Faden der offensichtlichen Fiktion, der unerlässlich ist, um diese bewundernswerten Produktionen zu Liebesromanen oder Erzählungen zu machen, und was uns übrig bleibt, ist eine absolut verlässliche Geschichte. Es ist vor allem dieses Merkmal, das ihren historischen Erzählungen den unbeschreiblichen Charme verleiht – ein Charme, der im Original deutlich zur Geltung kommt , in einer unvollständigen Übersetzung jedoch weniger spürbar ist.

Derselbe Anspruch auf vollkommene Wahrhaftigkeit in allen wesentlichen Punkten kann auf das Verdienst des folgenden „Roman Populaire" erhoben werden, ungeachtet des verblüffenden übernatürlichen Elements, auf dem die Geschichte basiert. Erckmann-Chatrian hielten es in diesem Fall weder für richtig noch für notwendig, von ihrer Praxis abzuweichen, in jeder Ausgabe ihrer Werke auf sämtliche Vorworte oder Anmerkungen zu verzichten. Doch vielleicht kann man dem Übersetzer verzeihen und ihm sogar danken, wenn er sich auf eine Erklärung einlässt, die darauf hindeutet, dass die Geschichte von *Hugo dem Wolf* nicht ausschließlich auf Aberglauben und Übernatürlichem beruht.

eines Menschen unterscheiden und ihm das Herz eines Tieres gegeben werden!" Das war das Urteil, das Babylon über ihn verhängte und vollstreckte, dessen Stolz eine Erniedrigung durch den Herrn verlangte. Dr. Mead (*Medica Sacra* , S. 59) stellt fest, dass es bei der Antike eine Geistesstörung namens Lykanthropie gab, deren Opfer sich für Wölfe hielten und heulend umhergingen und Schafe und kleine Kinder angriffen und zerrissen (*Aetius, Lib. Med* . vi., *Paul Ægineta* , iii. 16). So erzählt Vergil wiederum von den Töchtern des Prætus , die sich für Kühe hielten und wild auf den Weiden umherliefen, „ implêrunt" . falsch Mugitibus agros ." – Ecl . vi. 48. Diese schreckliche Krankheit scheint erfreulicherweise eine seltene gewesen zu sein, und Genesungen von ihr haben stattgefunden, denn sie ist für das Leben des Leidenden nicht schädlich. Sie wurde nach einiger Zeit sogar vollständig geheilt viele Jahre.

Dr. Pusey (*Notes on Daniel* , S. 425) bezieht sich in einer ausführlichen Abhandlung über die Krankheit Nebukadnezars auf eine Mitteilung, die er von Dr. Browne, einem Kommissar des Board of Lunacy für Schottland, erhalten hat, in der er sagt: „Meiner Meinung nach ist die Idee der persönlichen Identität in allen mentalen Kräften oder Zuständen nur selten geschwächt und niemals ausgelöscht. Das Ego und das Nicht-Ego können verwechselt werden; das Ego bewahrt jedoch weiterhin die Persönlichkeit." . Alle Engel, Teufel, Herzöge, Herren, Könige und „vielen Götter", die ich unter meiner Obhut hatte, blieben, was sie waren, bevor sie Engel, Herzöge usw. wurden, in gewissem Sinne und sogar nominell. Ich habe einen gesehen Ein Mann, der sich selbst zum Erlöser oder zum heiligen Paulus erklärt , zeichnet sich als *James Thomson aus* und besucht den Gottesdienst so regelmäßig, als ob ihm die Vorstellung von Göttlichkeit nie in den Sinn gekommen wäre.

Esquirol , ein sehr vertrauenswürdiger Schriftsteller, hat eine Beschreibung eines außergewöhnlichen Ausbruchs der Lykanthropie in Frankreich (im Jura, in Dole und an anderen Orten in Ostfrankreich) im 16. Jahrhundert.

„Dieses schreckliche Leiden begann sich im 15. Jahrhundert in Frankreich zu manifestieren, und den Leidenden wurde der Name , *Loups-garous* ' gegeben. Diese unglücklichen Wesen fliehen aus der Gesellschaft der Menschheit und leben in den Wäldern, auf Friedhöfen usw alte Ruinen, die nur nachts durch das offene Land streifen und dabei heulen. Sie lassen ihren Bart und ihre Nägel wachsen, und als sie sich dann mit Krallen bewaffnet und mit struppigem Haar bedeckt sehen, werden sie in dem Glauben bestärkt, dass sie Wölfe sind. Getrieben aus Wildheit oder Not stürzen sie sich auf kleine Kinder und zerreißen, töten und verschlingen sie." (Esquiról , *Des Maladies Mentales* , Paris, 1838, Bd. I. , S. 521.) Diejenigen, die die Franzosen *Loups-Garous nannten* , wurden im Deutschen *Werwölfe genannt* .

Man kann dabei beobachten, dass die Finger- und Zehennägel, wenn sie geschnitten werden, auf unbestimmte Zeit wachsen; Lässt man sie jedoch ungehindert wachsen, krümmen sie sich bald über die Extremitäten, bilden Klauen oder Klauen und hören auf zu wachsen – eine Antwort auf den biblischen Bericht über die Auswirkungen der Geistesstörung Nebukadnezars.

Natürlich wurden für jeden Fall einer echten Krankheit viele arme Geschöpfe angeklagt oder angeklagt, die durch unbegründete Vorwürfe der Hexerei und Zauberei und ihrer heimlichen *Loipengarösität* in den Wahnsinn getrieben wurden. Viele unschuldige Menschen wurden im fünfzehnten und sechzehnten Jahrhundert als Wölfe in Menschengestalt auf dem Scheiterhaufen verbrannt.

Ein Korrespondent hat mir freundlicherweise die folgende Information zur Verfügung gestellt: „Als wir vor 26 Jahren in Oude in Indien waren, hörten wir von mehreren Fällen, in denen einheimische Babys von Wölfinnen aus den Dörfern getragen und bei ihren Welpen untergebracht wurden dort wild aufgewachsen; als wir dort waren, gab es einen, der teilweise zurückgewonnen wurde, aber viel von der wilden Natur bewahrt hatte, die er mit der Wolfsmilch aufgesogen hatte, und der es gewohnt war, auf allen Vieren zu gehen, also auf *Knien* und Ellbogen; aber ich schlussfolgern, dass diese nicht von ‚Lykanthropie' betroffen waren."

Mit ein paar Strichen seines Zauberstifts hat der Preisträger ein eindrucksvolles Bild eines solchen Zustands im alten Großbritannien gezeichnet, dessen wörtliche Treue wir kaum leugnen können. Es ist keine poetische Vorstellung; es ist historische wahrheit:-

„Und von Zeit zu Zeit stahl der Wolf
die Kinder und verschlang sie; aber ab und zu lieh ihre eigene Brut verloren oder tot ihre wilde Zitze den menschlichen Säuglingen ; und die Kinder, die in ihrer faulen Höhle untergebracht waren, knurrten dort bei ihrem Fleisch, Und verspotteten ihre Pflegemutter auf vier Füßen, bis sie, aufgerichtet, zu wolfsähnlichen Männern heranwuchsen, schlimmer als die Wölfe.

Kommen von Artus .

Die folgende Geschichte, in der die Lykanthropie weit davon entfernt ist, nur eine bloße Anstrengung der Fantasie zu sein, scheint für die Geschichte auf dem Glauben an die Fortdauer der Existenz dieser seltenen Art von Wahnsinn bis in unsere Tage – oder in die Nähe davon – zu basieren scheint aus dem Jahr 1832 zu stammen.

Dem englischen Leser wird die Übereinstimmung zwischen dem Titel und der bekannten Bezeichnung des berühmten Oberhaupts des Adelshauses Grosvenor nicht entgehen. Welche Verbindung auch immer zwischen dem deutschen Hugh Lupus von vor tausend Jahren und dem wirklich britischen Hugh Lupus von heute bestehen mag oder nicht, alle grundlegenden Eigenschaften seines angeblichen Vorfahren sind in ihm verschwunden, der mit all den Eigenschaften geschmückt ist, die ihn ausmachen Der englische Adel gilt als Stolz und Blüte unseres Landes.

FAM

Die Vicaraqe , Broughton-in-Furness .

DER MANN-WOLF.

KAPITEL I.

Ungefähr zur Weihnachtszeit im Jahr 18 – als ich im Cygne in Freiburg tief und fest schlief, brach mein alter Freund Gideon Sperver plötzlich in mein Zimmer ein und weinte –

„Fritz, ich habe gute Nachrichten für dich; ich werde dich nach Nideck bringen , zwei Meilen von diesem Ort entfernt. Du kennst Nideck , das schönste Baronialschloss des Landes, ein großartiges Denkmal des Ruhms unserer Vorfahren?"

Nun hatte ich Sperver , meinen Pflegevater, sechzehn Jahre lang nicht gesehen; Er hatte sich inzwischen einen Vollbart wachsen lassen, eine riesige Fuchsfellmütze bedeckte seinen Kopf und er hielt seine Laterne dicht unter meine Nase. Daher war es nur natürlich, dass ich antwortete:

„Lass uns zunächst einmal die Dinge in Ordnung bringen. Sag mir, wer du bist."

„Wer ich bin? Was! Erinnerst du dich nicht an Gideon Sperver , den Schwartzwald-Jäger? Du wärst doch nicht so undankbar, oder? War es nicht ich, der dir beigebracht hat, eine Falle zu stellen und an den Rändern auf die Füchse zu warten? des Waldes, um die Hunde nach den Wildvögeln zu jagen? Erinnerst du dich jetzt an mich? Schau dir mein linkes Ohr an, mit einer Erfrierung."

„Jetzt kenne ich dich. Dein linkes Ohr hat es geschafft. Gib mir die Hand."

Sperver fuhr sich mit dem Handrücken über die Augen und fuhr fort:

„Du kennst Nideck ?"

„ Natürlich tue ich das – dem Ruf nach; was hast du da zu tun?"

„Ich bin der Oberjägermeister des Grafen ."

„Und wer hat dich geschickt?"

„Die junge Gräfin Odile."

„Sehr gut. Wie schnell sollen wir anfangen?"

„In diesem Moment. Die Angelegenheit ist dringend; der alte Graf ist sehr krank und seine Tochter hat mich gebeten, keinen Moment zu verlieren. Die Pferde sind ganz bereit."

„Aber, Gideon, mein lieber Freund, schau dir nur das Wetter an; es hat drei Tage lang ununterbrochen geschneit."

„Oh, Unsinn, wir gehen nicht auf Wildschweinjagd. Zieh deinen dicken Mantel an, schnall dir die Sporen an und lass uns den Start vorbereiten. Ich werde zuerst etwas zu essen bestellen." Und er ging hinaus und fügte zuerst hinzu: „Zieh unbedingt deinen Umhang an."

Ich könnte dem alten Gideon niemals etwas ablehnen; Seit meiner Kindheit konnte er mit einem Nicken oder einem Zeichen alles mit mir machen; Also rüstete ich mich aus und betrat das Kaffeezimmer.

„Ich wusste", sagte er, „dass du mich nicht ohne dich zurückgehen lassen würdest. Iss jedes Stück dieser Schinkenscheibe und lass uns einen Steigbügelbecher trinken, denn die Pferde werden langsam ungeduldig. Ich habe deinen Koffer anbringen lassen." In."

„Mein Koffer! Wofür ist das?"

„Ja, es wird schon gut gehen; Sie müssen ein paar Tage in Nideck bleiben , das ist unumgänglich, und ich werde Ihnen gleich sagen, warum."

Also gingen wir hinunter in den Hof.

In diesem Moment trafen zwei Reiter ein, offensichtlich vom Reiten erschöpft, ihre Pferde in perfektem Schaumschaum. Sperver , der schon immer ein großer Bewunderer eines schönen Pferdes gewesen war, drückte seine Überraschung und Bewunderung über diese großartigen Tiere aus.

„Was für Schönheiten! Sie sind von der walachischen Rasse, wie ich sehen kann, so fein geformt wie Hirsche und so schnell. Nicholas, wirf schnell ein Tuch über sie, sonst erkälten sie sich."

Die in sibirische Pelze gehüllten Reisenden kamen gerade in dem Moment an uns vorbei, als wir aufsteigen wollten. Ich konnte von einem nur den langen braunen Schnurrbart und seine einzigartig hellen und funkelnden Augen erkennen.

Sie betraten das Hotel.

Der Stallknecht hielt unsere Pferde am Zaumzeug. Er wünschte uns *eine gute Reise* , nahm seine Hand weg und wir machten uns auf den Weg.

Sperver fuhr einen reinen Mecklenburger . Ich saß auf einem kräftigen, in den Ardennen gezüchteten Kolben voller Feuer; Wir flogen über den verschneiten Boden. In zehn Minuten hatten wir Freiburg hinter uns gelassen.

Der Himmel begann aufzuklaren. So weit das Auge reichte , konnten wir weder Straße noch Pfad noch Pfad erkennen. Unsere einzige Gesellschaft waren die Raben des Schwarzwalds, die ihre hohlen Flügel weit über die Schneebänke ausbreiteten, von einem Ort zum anderen erfolglos nach Nahrung suchten und krächzten: „Elend! Elend!"

Gideon mit seinem wettergegerbten Gesicht, seinem Pelzmantel und seiner Mütze galoppierte voraus und pfiff Arien aus dem *Freyschütz* ; Manchmal, wenn er sich umdrehte, konnte ich die glitzernden Feuchtigkeitstropfen sehen, die an seinem langen Schnurrbart hingen.

„Nun, Fritz, mein Junge, das ist ein schöner Wintermorgen."

„So ist es, aber es ist ziemlich schwerwiegend; meinst du nicht auch?"

„Ich mag klaren, harten Frost", antwortete er; „Es fördert die Durchblutung. Wenn unser alter Pfarrer Tobias nur den Mut hätte, bei diesem Wetter aufzubrechen, hätte er bald ein Ende mit seinen rheumatischen Beschwerden."

Ich fürchte, ich lächelte unwillkürlich.

Nach einer Stunde dieses rasanten Tempos verlangsamte Sperver seine Geschwindigkeit und ließ mich neben sich her.

„Fritz, ich muss dir wohl irgendwann den Zweck dieser Reise verraten?"

„Ich begann zu denken, ich sollte wissen, was ich vorhabe."

„Viele Ärzte wurden bereits konsultiert."

"In der Tat!"

„Ja, einige kamen mit tollen Perücken aus Berlin und wollten nur die Zunge des Patienten sehen. Andere aus der Schweiz untersuchten ihn anders. Die Ärzte aus Paris starrten ihren Patienten durch eine Lupe an, um etwas aus seiner Physiognomie zu lernen. Aber ihre ganze Gelehrsamkeit war verschwendet, und sie erhielten hohe Gebühren als Belohnung für ihre Unwissenheit."

„Sprechen Sie so über uns medizinische Herren?"

„Ich spiele überhaupt nicht auf Sie an. Ich habe zu großen Respekt vor Ihnen, und wenn ich mir zufällig das Bein brechen sollte , weiß ich nicht, dass es etwas anderes gibt, das ich Ihnen vorziehen sollte, um mich als Patienten zu behandeln, aber Sie haben noch kein optisches Instrument entdeckt, um zu sagen, was in uns vorgeht.

"Wie kannst du das Wissen?"

Auf diese Antwort sah mich der würdige Bursche zweifelnd an, als halte er mich für einen Quacksalber wie die anderen, doch er antwortete:

„Nun, Fritz, wenn du tatsächlich so ein Glas hast, wird es jetzt gesucht, denn die Beschwerde des Grafen ist innerlich; es ist eine schreckliche Art von Krankheit, so etwas wie Wahnsinn. Du weißt, dass Wahnsinn entweder in neun Stunden oder in neun Tagen auftritt , oder neun Wochen?“

„ So heißt es; aber da ich es selbst nicht bemerkt habe, kann ich nicht sagen, dass es so ist.“

„ Dennoch wissen Sie, dass es Fieber gibt, die alle drei, sechs oder neun Jahre wiederkehren. Es gibt einzigartige Werke in unserer Maschinerie. Wann immer dieses menschliche Uhrwerk auf eine bestimmte Weise aufgezogen wird, Fieber, Verdauungsstörungen oder Zahnschmerzen kehrt zur genauen Stunde und am selben Tag zurück.

„Ja, Gideon, das ist mir durchaus bewusst. Diese regelmäßigen Beschwerden sind das größte Problem, das wir haben.“

„Es tut mir leid, das zu hören, denn die Beschwerde des Grafen kommt regelmäßig vor; sie kommt jedes Jahr, am selben Tag, zur selben Stunde; sein Mund läuft über von Schaum, seine Augen stehen weiß und starrend hervor, wie großes Billard …“ Eier; er zittert von Kopf bis Fuß und knirscht mit den Zähnen.“

„Vielleicht hat dieser Mann ernsthafte Probleme durchgemacht?“

„Nein, das hat er nicht. Wenn seine Tochter nur zustimmen würde, zu heiraten , wäre er der glücklichste Mann der Welt. Er ist reich und mächtig und voller Ehren . Er besitzt alles, was der Rest der Welt begehrt. Leider bleibt seine Tochter bestehen indem sie jeden Heiratsantrag ablehnt. Sie weiht ihr Leben Gott, und es belästigt ihn zu glauben, dass das alte Haus Nideck aussterben wird.

„Wie kam es zu seiner Krankheit?“ Ich fragte.

„Plötzlich, vor zehn Jahren“, war die Antwort.

Plötzlich schien der ehrliche Kerl sich zu besinnen. Er holte eine kurze Pfeife aus seiner Tasche, füllte sie und zündete sie an –

, „saß ich allein mit dem Grafen im Zeughaus des Schlosses Wir brachten zwei unserer Wildschweinhunde mit nach Hause, die vom Kopf bis zum Schwanz aufgerissen waren. Es war genauso kalt wie heute Nacht, mit Schnee und Frost. Der Graf ging mit dem Kinn auf der Brust im Zimmer auf und ab Seine Hände verschränkten er auf dem Rücken, wie ein Mann, der tief in Gedanken versunken ist. Von Zeit zu Zeit blieb er stehen, um zu beobachten, wie sich der Schnee an den hohen Fenstern sammelte, und ich wärmte mich in der Kaminecke, beklagte meine toten Hunde und verfluchte alle Wildschweine, die den Schwartzwald befallen. In Nideck hatten alle ein paar Stunden geschlafen, und man konnte kein Geräusch hören außer dem Schritt und dem Klirren der schweren Sporenstiefel des Grafen auf den Fahnen. Ich erinnere mich noch gut daran, dass es sich zweifellos um eine Krähe handelte getrieben von einem Windstoß, schlug er mit den Flügeln gegen die Fensterscheiben und stieß einen misstönenden Schrei aus, und wie die Schneeschichten von den Fenstern fielen und die Fenster sich plötzlich von weiß zu schwarz veränderten –"

„Aber was hat das alles mit der Krankheit deines Herrn zu tun?" Ich habe unterbrochen.

„Lass mich weitermachen – du wirst es bald sehen. Bei diesem Schrei raffte sich der Graf plötzlich mit einer zitternden Bewegung zusammen, seine Augen wurden zu einem glasigen Starren, seine Wangen waren blutleer und er beugte seinen Kopf nach vorne, wie ein Jäger beim Fangen das Geräusch seines bevorstehenden Spiels. Ich wärmte mich weiter und dachte: „Geht er jetzt nicht bald ins Bett?" denn, um die Wahrheit zu sagen , ich war von Müdigkeit überwältigt. Alle diese Einzelheiten, Fritz, sind mir noch in Erinnerung. Kaum hatte der Vogel des Unglücks seinen überirdischen Schrei ertönen lassen, als die alte Uhr elf schlug. In diesem Moment der Graf dreht sich auf dem Absatz um – er lauscht, seine Lippen zittern, ich kann ihn taumeln sehen wie ein Betrunkener. Er streckt seine Hände aus, seine Kiefer sind fest zusammengepresst, seine Augen sind starr und weiß. Ich rief: „Mein Herr, was ist das?" Gegenstand?' aber er fing an, unharmonisch wie ein Verrückter zu lachen, stolperte und fiel mit dem Gesicht nach unten auf den Steinboden. Ich rief um Hilfe; Diener kamen vorbei. Sébalt packte den Grafen bei den Schultern; wir brachten ihn zu einem Bett am Fenster; aber Gerade als ich das Halstuch des Grafen löste – denn ich fürchtete, es wäre ein Schlaganfall – kam die Gräfin und warf sich auf den Körper ihres Vaters, wobei sie so herzzerreißende Schreie ausstieß, dass mich die bloße Erinnerung daran erschaudern lässt.

Hier nahm Gideon seine Pfeife von den Lippen, klopfte die Asche auf den Knauf seines Sattels und erzählte seine Geschichte mit trauriger Stimme.

Nideck gekommen , und bessere Zeiten scheinen noch in weiter Ferne zu sein. Der Graf hat jedes Jahr am gleichen Tag und zur gleichen Stunde Schauderanfälle. Die Krankheit dauert von einer Woche bis zu vierzehn Tagen Er heult und schreit so fürchterlich, dass einem das Blut in den Adern gefriert, wenn er ihn hört. Dann erholt er sich langsam wieder von seiner gewohnten Gesundheit. Er ist immer noch blass und schwach und bewegt sich zitternd von einem Stuhl zum anderen, beim geringsten Geräusch oder jeder Bewegung aufschreckend , und voller Angst vor seinem eigenen Schatten. Die junge Gräfin, das süßeste Geschöpf der Welt, weicht nie von seiner Seite; aber er kann sie nicht ertragen, solange der Anfall über ihm liegt.

Er brüllt sie an: „Geh, verlass mich in diesem Moment!" Ich habe genug zu ertragen, ohne dich um mich hängen zu sehen!' Es ist ein schrecklicher Anblick. Ich bin ihm bei der Jagd immer dicht auf den Fersen, ich, der ich das Horn ertönen lasse, wenn er die Tiere des Waldes getötet hat; ich stehe an der Spitze all seiner Gefolgsleute, und ich würde mein Leben für ihn geben; Doch wenn es ihm schlecht geht, kann ich meine Hände kaum von seiner Kehle lassen, ich bin so entsetzt über die Art und Weise, wie er seine schöne Tochter behandelt.

Sperver sah einen Moment lang gefährlich wütend aus, gab seinem Pferd die Sporen und wir ritten in schnellem Galopp weiter.

Ich war in Träumereien verfallen. Die Heilung einer solchen Beschwerde erschien mir mehr als zweifelhaft, ja sogar unmöglich. Es handelte sich offensichtlich um eine psychische Störung. Um sie mit einiger Hoffnung auf Erfolg bekämpfen zu können, müsste man sie bis zu ihrem Ursprung zurückverfolgen, und dieser wäre für eine erfolgreiche Untersuchung zweifellos zu weit entfernt.

Alle diese Überlegungen verwirrten mich sehr. Die Geschichte des alten Jägers stärkte meine Hoffnungen nicht, sondern deprimierte mich nur – keine sehr günstige Voraussetzung für den Erfolg. Gegen drei Uhr sahen wir am Rande des Horizonts die alte Burg Nideck . Trotz der großen Entfernung konnten wir die vorspringenden Türme erkennen, die offenbar an den Ecken des Gebäudes hingen. Es war nur ein undeutlicher Umriss, der kaum vom blauen Himmel zu unterscheiden war, aber bald wurden die roten Punkte der Vogesen sichtbar.

In diesem Moment zog Sperver sein Zaumzeug und sagte:

„Fritz, wir müssen noch vor Einbruch der Dunkelheit dort sein – weiter!"

Aber es war vergebens, dass er die Sporen gab und auspeitschte. Das Pferd stand wie angewurzelt am Boden, die Ohren zurückgeworfen, die Nüstern geweitet, die Seiten keuchend, die Beine fest in einer Haltung des Widerstands aufgepflanzt.

„Was ist mit dem Biest los?" rief Gideon erstaunt. „Siehst du etwas, Fritz? Sicherlich –"

Er brach abrupt ab und zeigte mit der Peitsche auf eine dunkle Gestalt im Schnee, fünfzig Meter entfernt, am Hang des Hügels.

„Die schwarze Pest!" rief er mit einer Stimme der Verzweiflung, die mich fast meiner Selbstbeherrschung beraubte.

Als ich dem Wink seiner ausgestreckten Peitsche folgte, sah ich voller Erstaunen eine alte Frau, die auf dem verschneiten Boden hockte, die Arme um die Knie geschlungen und so zerfetzt, dass ihre roten Ellbogen durch ihre zerfetzten Ärmel ragten. Ein paar struppige graue Locken hingen um ihren langen, dürren, roten und geierartigen Hals.

Seltsamerweise lag ein Bündel auf ihren Knien, und ihre verstörten Augen waren auf entfernte Objekte in der weißen Landschaft gerichtet.

Spencer zog nach links und machte einen Bogen um das abscheuliche Objekt, so weit er konnte, und ich hatte einige Schwierigkeiten, ihm zu folgen.

„Nun", schrie ich, „was soll das alles? Machst du Witze?"

„ Ein Scherz? – sicherlich nicht! Ich mache nie Witze über solch ernste Dinge. Ich bin nicht dem Aberglauben verfallen, aber ich gestehe, dass ich über dieses Treffen beunruhigt bin!"

Dann drehte er den Kopf und bemerkte, dass die alte Frau sich nicht bewegt hatte und dass ihre Augen auf denselben Punkt gerichtet waren, und schien ein wenig Mut zu fassen.

„Fritz", sagte er feierlich, „du bist ein gelehrter Mann – du weißt viele Dinge, von denen ich überhaupt nichts weiß. Nun, ich kann dir sagen, dass ein Mann im Unrecht ist, der über etwas lacht, weil er Ich kann es nicht verstehen. Ich habe gute Gründe, diese Frau die Schwarze Pest zu nennen. Sie ist im ganzen Schwarzwald unter diesem Namen bekannt, aber hier in Nideck hat sie sich diesen Titel mit höchstem Recht verdient.

Und der gute Mann setzte seinen Weg ohne weitere Beobachtung fort.

„Jetzt, Sperver , erkläre einfach, was du meinst", fragte ich, „denn ich verstehe dich nicht."

„Diese Frau ist der Ruin von uns allen. Sie ist eine Hexe. Sie ist die Ursache von allem. Sie ist es, die den Grafen um Längen tötet."

"Wie ist das möglich?" rief ich aus. „Wie konnte sie einen so verderblichen Einfluss ausüben?"

„Ich kann nicht sagen, wie es ist. Ich weiß nur, dass Sie genau an dem Tag, an dem der Angriff erfolgt, genau in dem Moment, in dem Sie den Leuchtturmturm besteigen, die Schwarze Pest wie einen dunklen Fleck darauf hocken sehen werden der Schnee gerade zwischen dem Tiefenbach und dem Schloß Nideck . Sie sitzt dort allein und kauert dicht an den Schnee. Jeden Tag kommt sie ein wenig näher, und jeden Tag werden die Anfälle schlimmer. Man könnte meinen, er hört sie näher kommen. Manchmal auf dem Am ersten Tag, als ihn die Zitteranfälle überkamen, sagte er zu mir: „Gideon, ich fühle, wie sie kommt." Ich halte ihn an den Armen und unterdrücke das Schaudern ein wenig, aber er wiederholt immer noch, stammelnd und mit seiner Qual kämpfend, und seine Augen sind starr und starr: „Sie kommt – näher – oh – oh – sie kommt!" Dann steige ich auf den Turm von Hugh Lupus und überblicke das Land. Du weißt, ich habe ein scharfes Auge für entfernte Objekte. Endlich kann ich inmitten der grauen Nebel in der Ferne, zwischen Himmel und Erde, gerade noch einen dunklen Fleck erkennen. Der nächste Morgens ist der schwarze Fleck größer geworden. Der Graf von Nideck geht mit klappernden Zähnen zu Bett. Am nächsten Tag können wir wieder die Gestalt der alten Hexe erkennen, die heftigen Angriffe beginnen, der Graf schreit. Am nächsten Tag die Hexe ist am Fuße des Berges, und die Folge ist, dass die Kiefer des Grafen wie ein Schraubstock angespannt sind, sein Mund schäumt, seine Augen sich in seinem Kopf drehen. Abscheuliche Kreatur! Zwanzig Mal hatte ich sie in Schussweite, und der Graf hat geboten Ich habe kein Blut vergossen. „Nein, Sperver , nein; lass uns kein Blutvergießen haben." Armer Mann, er schont das Leben des Unglücklichen, der ihm sein Leben entzieht, denn sie bringt ihn um, Fritz; er wird auf Haut und Knochen reduziert.

Mein guter Freund Gideon war so wütend auf die unglückliche Frau, dass es nicht möglich war, ihn wieder zur Vernunft zu bringen. Und wer kann außerdem die Grenzen des Möglichen ziehen? Jeden Tag sehen wir, wie sich die Realität immer weiter ausdehnt. Unsichtbare und unbekannte Einflüsse, wunderbare Entsprechungen, unsichtbare Bindungen, eine Art geheimnisvoller Magnetismus werden einerseits als unbestrittene Tatsachen verkündet und andererseits mit Ironie und Skepsis geleugnet , und doch wer kann schon sagen, dass das nach einer Weile so sein wird Seien es nicht irgendwelche überraschenden Offenbarungen, die mitten unter uns allen einbrechen, wenn wir es am wenigsten erwarten? Inmitten so großer Unwissenheit scheint es leicht zu sein, den Anspruch auf Weisheit und Klugheit zu erheben.

Sperver daher nur , seinen Zorn zu mäßigen und auf keinen Fall auf die Schwarze Pest zu schießen, und warnte ihn, dass ein solches Vorgehen schweres Unglück über ihn bringen würde.

„Puh!" er weinte; „Im schlimmsten Fall konnten sie mich aufhängen."

Aber das sei, wie ich bemerkte, für einen ehrlichen Mann eine Menge zu ertragen.

„Überhaupt nicht", rief er; „Es ist nur eine Art von Tod unter vielen. Du bist erstickt, das ist alles. Ich würde daran ebenso sterben, wie daran, dass mir ein Hammer auf den Kopf fällt, wie an einem Schlaganfall, oder nicht schlafen zu können, oder." rauche oder schlucke oder verdaue mein Essen.

„Du, Gideon, mit deinem grauen Bart, du hast eine eigenartige Denkweise gelernt."

„Grauer Bart hin oder her, das ist meine Art, die Dinge zu sehen. Ich habe immer eine Kugel in meiner doppelläufigen Waffe, um der Hexe zur Verfügung zu stehen; von Zeit zu Zeit lade ich eine neue Ladung ein, und wenn ich die Gelegenheit dazu bekomme –“

Er fügte lediglich eine ausdrucksstarke Geste hinzu.

„Ganz falsch, Sperver , ganz falsch. Ich stimme mit dem Grafen von Nideck überein und sage, kein Blutvergießen. Ozeane können im Zorn vergossenes Blut nicht wegwischen . Denken Sie daran und feuern Sie das Fass gegen den ersten Eber ab, dem Sie begegnen.“

Diese Worte schienen auf den alten Jäger einen gewissen Eindruck zu machen; er ließ den Kopf hängen und sah nachdenklich aus.

Anschließend erklommen wir die bewaldeten Steilhänge, die das arme Dorf Tiefenbach von der Burg Nideck trennen .

Die Nacht war hereingebrochen. Wie es bei uns immer nach einem hellen, klaren Wintertag der Fall ist, begann es wieder zu schneien, schwere Flocken fielen und schmolzen auf die Mähnen unserer Pferde, die nun bei der nahen Aussicht darauf begannen, ihre Stimmung zu heben der gemütliche Stall.

Ab und zu blickte Sperver mit offensichtlichem Unbehagen über die Schulter; und ich selbst war nicht ganz frei von Besorgnis, als ich an den seltsamen Bericht dachte, den mir der Jäger über die Beschwerde seines Herrn gegeben hatte.

Darüber hinaus besteht eine gewisse Harmonie zwischen der äußeren Natur und dem Geist eines Menschen, und ich kenne nichts Bedrückenderes als einen düsteren Wald, der in allen Zweigen mit dickem Schnee und Raureif bedeckt ist und im Nordwind stöhnt. Die hageren und unheimlich aussehenden Stämme der hohen Kiefern und der knorrigen und massiven Eichen blicken traurig auf Sie und erfüllen Sie mit melancholischen Gedanken.

Als wir die felsige Anhöhe hinaufstiegen, wurden die Eichen weniger, und vereinzelte Birken, gerade und weiß wie Marmorsäulen, teilten das dunkle Grün der Waldkiefern, als wir einen Augenblick später aus einem Dickicht herauskamen und die alte Festung vor uns stand eine schwere Masse, deren dunkle Oberfläche mit leuchtenden Lichtpunkten übersät war.

Sperver hatte vor einem tiefen Tor zwischen zwei Türmen angehalten, das durch ein Eisengitter verschlossen war.

„Hier sind wir“, rief er und warf den Pferden die Zügel um den Hals.

Er ergriff den Griff der Hirschglocke, und der klare Klang einer Glocke durchbrach die Stille.

Nachdem wir ein paar Minuten gewartet hatten, flackerte das Licht einer Laterne im tiefen Torbogen und zeigte uns in seinem halbkreisförmigen Rahmen aus rötlichem Licht die Gestalt eines buckligen Zwergs, gelbbärtig, breitschultrig und von Kopf bis Fuß in Pelze gehüllt.

Man hätte ihn im tiefen Schatten für einen Gnom oder einen bösen Geist der Erde halten können, der aus den Träumen der Niebelungenlieder verwirklicht wurde .

Er kam in sehr gemächlichem Tempo auf uns zu und legte seine großen, flachen Gesichtszüge dicht an das massive Gitter, strengte seine Augen an und versuchte, uns in der Dunkelheit, in der wir standen, zu erkennen.

„Bist du das, Sperver ?" fragte er mit heiserer Stimme.

„Sofort aufmachen, Knapwurst ", war die schnelle Antwort. „Weißt du nicht, wie kalt es ist?"

„Oh! Ich kenne dich jetzt", rief der kleine Mann; „Du bist unverkennbar. Du sprichst immer, als würdest du Leute verschlingen."

Die Tür öffnete sich, und der Zwerg, der mich mit seiner Laterne musterte, empfing mich mit einem seltsamen Gesichtsausdruck mit „ Willkommen , Herr Doktor", der aber außerdem zu sagen schien: „Hier ist noch einer, der wieder gehen muss." wie andere es getan haben. Dann schloss er leise die Tür, während wir ausstiegen, und kam, um unsere Pferde am Zügel zu nehmen.

KAPITEL II.

Sperver folgend , der mit schnellen Schritten die Treppe hinaufstieg, konnte ich mich dennoch davon überzeugen, dass die Burg Nideck keinen unverdienten Ruf hatte.

Château d'ambuscade" bezeichnet wurde . Seine hohen Gewölbebögen hallten in der Ferne von unseren Schritten wider, und die Außenluft, die in scharfen Böen durch die Schießscharten – schmale Schlitze für die Bogenschützen früherer Zeiten – wehte, ließ unsere Fackeln über dem schwach erleuchteten Raum von Raum zu Raum aufflackern und flackern hervorstehende Linien der Bögen, als sie das unsichere Licht einfingen.

Sperver kannte jeden Winkel dieses riesigen Ortes. Er drehte sich mal nach rechts, mal nach links, und ich folgte ihm atemlos. Schließlich blieb er auf einem geräumigen Treppenabsatz stehen und sagte zu mir :

„Jetzt, Fritz, werde ich dich für eine Minute bei den Leuten des Schlosses lassen, um die junge Gräfin Odile von deiner Ankunft zu informieren.“

„Tue genau das, was du für richtig hältst.“

„Dann finden Sie den Oberbutler, Tobias Offenloch , einen alten Soldaten des Regiments von Nideck . Er kämpfte unter dem Grafen in Frankreich; und Sie werden seine Frau sehen, eine Französin, Marie Lagoutte , die vorgibt, aus einer vornehmen Familie zu stammen Familie."

„Und warum sollte sie nicht?“

„ Natürlich könnte sie das, aber unter uns gesagt, sie war nichts weiter als eine *Cantinière* in der Grande Armée. Sie brachte Tobias Offenloch auf ihrem Karren herein, dem ein Bein fehlte, und er hat sie aus Dankbarkeit geheiratet. Verstehen Sie? "

„Das reicht, aber offen, denn ich bin taub vor Kälte.“

Und ich wollte gerade weitermachen; Aber Sperver , so hartnäckig wie jeder andere gute Deutsche, wollte mich nicht gehen lassen, ohne mich über die Geschichte der Menschen aufzuklären, mit denen ich für eine Weile mein Schicksal vereinen würde , und hielt mich an den Fröschen meines Pelzmantels fest ging weiter-

„Außerdem ist da noch Sébalt Kraft, der Hundeführer; er ist ein eher düsterer Kerl, aber er hat nicht seinesgleichen im Hupenblasen; und da sind noch Karl Trumpf , der Butler, und Christian Becker und alle anderen, es sei denn sie sind alle zu Bett gegangen.

Daraufhin stieß Sperver die Tür auf, und ich stand überrascht auf der Schwelle einer hohen, dunklen Halle, dem Wachzimmer der alten Herren von Nideck .

Mein Blick fiel zunächst auf die drei Fenster am anderen Ende, von denen aus ich auf den steilen Felsabgrund blickte. Rechts stand ein altes Sideboard aus dunkler Eiche und darauf ein Fass, Gläser und Flaschen; Auf der linken Seite ragte ein gotischer Schornstein mit seinem schweren, massiven Kaminsims auf, der von dem strahlenden, prasselnden Feuer darunter violett gefärbt war und an der Vorderseite und an den Seiten mit Holzschnitzereien verziert war, die Szenen aus Wildschweinjagden im Mittelalter darstellten, sowie in der Mitte der Wohnung ein langer Tisch, auf dem eine riesige Lampe stand, die ihr Licht auf ein Dutzend Zinnkrüge warf.

Auf einen Blick sah ich das alles; aber der menschliche Teil der Szene interessierte mich am meisten.

Ich erkannte den Majordomo oder Oberbutler an seinem Holzbein, von dem ich bereits gehört hatte; Er war von kleiner Statur, rundlich, dick und rosig, und seine Knie kamen selten in Sichtweite; eine Nase, rot und bauchig wie eine reife Himbeere; auf dem Kopf trug er eine riesige hanffarbene Perücke , die über seinen dicken Nacken hervorragte; ein hellgrüner Plüschmantel mit Stahlknöpfen in der Größe eines Fünf-Franken-Stücks; Samthosen, Seidenstrümpfe und Schuhe mit silbernen Schnallen. Er lag gerade mit der Hand auf dem Fassdeckel, und auf seinen rötlichen Gesichtszügen strahlte ein Ausdruck unaussprechlicher Zufriedenheit, und seine Augen leuchteten im Profil im Widerschein des Feuers wie zwei Uhrgläser.

Seine Frau, die würdige Marie Lagoutte , deren hagere Figur in voluminöse Falten gehüllt war und deren langes, blasses Gesicht wie eine Haut aus Gämsenleder aussah, spielte Karten mit zwei Dienern, die ernst auf Sesseln mit gerader Rückenlehne saßen. Bestimmte kleine, gespaltene Pflöcke saßen rittlings über der Nase der alten Frau und der eines anderen Spielers, während der Dritte bedeutsam und listig mit den Augen zwinkerte und es zu genießen schien, sie auf diesen neuen Caudine Forks zum Opfer zu machen.

„Wie viele Karten?“ er fragte.

„Zwei“, antwortete die alte Frau.

„Und du, Christian?“

"Zwei."

„Aha! Jetzt habe ich dich also. Schlag den König ab – jetzt das Ass – hier ist einer, hier ist noch einer. Noch ein Pflock, Mutter! Das wird dir wieder einmal beibringen, nicht mit französischen Spielen zu prahlen.“

„Monsieur Christian, Sie behandeln das schöne Geschlecht nicht mit dem nötigen Respekt.“

„Beim Kartenspiel respektiert man niemanden.“

„Aber du siehst, ich habe keinen Platz mehr!“

„Puh, auf einer Nase wie deiner ist immer Platz für mehr!“

In diesem Moment rief Sperver:

„Freunde, hier bin ich!“

„Ha! Gideon, schon zurück?“

Marie Lagoutte schüttelte mit einer Kopfbewegung ihre zahlreichen Heringe ab. Der große Butler trank aus seinem Glas. Alle drehten sich in unsere Richtung.

„Ist Monseigneur besser?“

Der Butler antwortete mit einem zweifelnden Ausruf.

„Ist er genau derselbe?"

„Viel über", antwortete Marie Lagoutte , die mich nie aus den Augen ließ.

Sperver hat das bemerkt.

„Darf ich Ihnen meinen Ziehsohn Doktor Fritz aus dem Schwarzwald vorstellen", antwortete er stolz. „Jetzt werden wir eine Veränderung sehen, Meister Tobie. Jetzt, wo Fritz gekommen ist, werden die abscheulichen Anfälle ein Ende haben. Wenn man mir nur früher zugehört hätte – aber besser spät als nie."

Marie Lagoutte beobachtete uns immer noch, und ihr prüfender Blick schien zufriedenstellend, denn als sie sich an den Haushofmeister wandte, sagte sie:

„Nun, Herr Offenloch , geben Sie dem Arzt einen Stuhl, bewegen Sie sich doch ein wenig! Da stehen Sie mit weit aufgerissenem Maul wie ein Fisch. Ach, mein Herr, diese Deutschen!"

Und der gute Mann sprang auf, als würde er von einer Feder bewegt, und kam, um mir den Umhang auszuziehen.

„Erlauben Sie mir, Sir."

„Sie sind sehr nett, meine liebe Dame."

„Geben Sie es mir. Was für ein schreckliches Wetter! Ach, Monsieur, was für ein schreckliches Land das ist!"

Monseigneur ist also weder besser noch schlechter", sagte Sperver und schüttelte den Schnee von seiner Mütze; „Dann sind wir noch nicht zu spät. Ho, Kasper! Kasper!"

Ein kleiner Mann, dessen eine Schulter höher war als die andere und dessen Gesicht mit unzähligen Sommersprossen übersät war, kam aus der Kaminecke.

"Hier bin ich!"

„Sehr gut. Bereiten Sie jetzt für diesen Herrn das Schlafzimmer am Ende der langen Galerie vor – Hughs Zimmer; Sie wissen, was ich meine."

„Ja, Sperver , gleich."

„Und du wirst unterwegs den Rucksack des Arztes mitnehmen. Knapwurst wird ihn dir geben. Was das Abendessen betrifft –"

„Macht dir nichts aus. Das ist meine Sache."

„Also gut. Ich werde mich auf dich verlassen."

Der kleine Mann ging hinaus, und nachdem Gideon seinen Umhang ausgezogen hatte, verließ er uns, um der jungen Gräfin meine Ankunft zu melden.

Ich war ziemlich überwältigt von den Aufmerksamkeiten von Marie Lagoutte
.

„Gib deinen Platz auf, Sébalt ", rief sie dem Zwingerbesitzer zu. „Sie sind jetzt schon genug geröstet. Setzen Sie sich ans Feuer, Monsieur le docteur ; Sie müssen sehr kalte Füße haben. Strecken Sie Ihre Beine aus, so ist es."

Dann hielt sie mir ihre Schnupftabakdose hin –

„Nehmen Sie Schnupftabak?"

„Nein, sehr geehrte Frau, vielen Dank."

„Das ist schade", antwortete sie und füllte beide Nasenlöcher. „Es ist die herrlichste Angewohnheit."

Sie steckte ihre Schnupftabakdose zurück in die Tasche ihrer Schürze und fuhr fort:

„Sie sind kein bisschen zu früh gekommen. Monseigneur hatte gestern seinen zweiten Anfall; es war ein schrecklicher Anfall, nicht wahr, Monsieur Offenloch ?"

„In der Tat wütend", antwortete der Oberbutler ernst.

„Es ist nicht verwunderlich", fuhr sie fort, „wenn ein Mann keine Nahrung zu sich nimmt. Stellen Sie sich vor, mein Herr, dass er zwei Tage lang keine Brühe probiert hat!"

„Noch ein Glas Wein", fügte der Haushofmeister hinzu und kreuzte die Hände über seinem beleibten, wohlgeformten Körper.

Wie es von mir erwartet schien, drückte ich meine Überraschung aus, woraufhin Tobias Offenloch zu meiner Rechten Platz nahm und sagte:

„Herr Doktor, befolgen Sie meinen Rat, bestellen Sie ihm täglich eine Flasche Marcobrunner ."

Lagoutte ein , „einen Hühnerflügel zu jeder Mahlzeit. Der arme Mann ist furchtbar dünn."

„Wir haben Marcobrunner für sechzig Jahre in der Flasche", fügte der Haushofmeister hinzu, „denn es ist ein Fehler von Madame Offenloch anzunehmen, dass die Franzosen alles getrunken haben. Und Sie sollten besser Ordnung schaffen, wenn Sie dabei sind, ab und zu." , eine gute Flasche Johannisberg . Das ist der beste Wein, um einen Mann wieder fit zu machen."

„Die Zeit war", bemerkte der Hundeführer mit düsterer Stimme, „die Zeit war, als Monseigneur zweimal in der Woche jagte; dann ging es ihm gut; als er mit der Jagd aufhörte, wurde er krank."

„ Natürlich könnte es nicht anders sein", bemerkte Marie Lagoutte . „Die freie Luft macht Appetit. Der Arzt sollte ihm besser anordnen, dreimal pro Woche auf die Jagd zu gehen, um die verlorene Zeit aufzuholen."

„Zwei würden reichen", antwortete der Hundemann mit der gleichen Ernsthaftigkeit; „Genug genug. Die Hunde müssen ihre Ruhe haben. Hunde haben genauso viel Recht auf Ruhe wie wir."

Es herrschte einige Augenblicke Stille, in denen ich den Wind hören konnte, wie er gegen die Fensterscheiben schlug und seufzend und wehklagend durch die Schießscharten in die Türme strömte.

Sébalt saß mit gekreuzten Beinen da, den Ellbogen auf dem Knie, und blickte mit unbeschreiblicher Trauer ins Feuer. Nachdem Marie Lagoutte sich mit einer frischen Prise erfrischt hatte, bereitete sie gerade ihren Schnupftabak in der Dose zu, während ich dasaß und über die seltsame Angewohnheit der Menschen nachdachte, ihren Rat denen aufzudrängen, die ihn nicht wollen.

In diesem Augenblick erhob sich der Haushofmeister.

„Möchten Sie ein Glas Wein, Doktor?" sagte er und beugte sich über die Rückenlehne meines Sessels.

„Danke, aber ich trinke nie, bevor ich einen Patienten sehe."

„Was! Nicht einmal ein Gläschen?"

„Nicht das kleinste Glas, das Sie mir anbieten könnten."

Er riss die Augen weit auf und sah seine Frau erstaunt an.

„Der Arzt hat recht", sagte sie. „Ich bin ganz seiner Meinung. Ich trinke lieber zu meinem Fleisch und trinke danach ein Glas Cognac. Das machen die Damen in Frankreich so. Cognac ist modischer als Kirschwasser !"

Marie Lagoutte mit ihrer Dissertation fertig, öffnete Sperver leise die Tür und winkte mir, ihm zu folgen.

Ich verneigte mich vor der „ ehrenwerten Gesellschaft", und als ich den Flur betrat, hörte ich die Dame zu ihrem Mann sagen:

„Das ist ein netter junger Mann. Er hätte einen gutaussehenden Soldaten abgegeben."

Sperver wirkte unruhig, sagte aber nichts. Ich war voller eigener Gedanken.

Ein paar Schritte unter den dunklen Gewölben von Nideck ließen die seltsamen Gestalten von Tobias und Marie Lagoutte , arme, harmlose Geschöpfe, die wie Fledermäuse unter den mächtigen Flügeln des Geiers existierten, völlig aus meiner Erinnerung verschwinden.

Bald brachte mich Gideon in eine prächtige Wohnung, die mit violettem Samt und Goldverzierungen ausgestattet war . In einer Ecke stand eine Bronzelampe, deren Helligkeit durch eine Kugel aus gemahlenem Kristall gedämpft wurde; Dicke Teppiche, weich wie der Rasen auf den Hügeln, machten unsere Schritte geräuschlos. Es schien ein geeigneter Ort für Stille und Meditation zu sein.

Als Sperver eintrat , hob er die schweren Vorhänge hoch, die um ein Spitzbogenfenster fielen. Ich beobachtete, wie er seine Augen anstrengte, um in der dunklen Ferne etwas zu entdecken; er versuchte herauszufinden, ob die Hexe noch immer mitten in der Ebene auf dem Schnee kauerte; aber er konnte nichts sehen, denn über allem lag tiefe Dunkelheit.

Aber ich war schon ein paar Schritte weitergegangen und erblickte im schwachen Schein der Lampe eine blasse, zarte Gestalt, die in einem gotischen Stuhl unweit des kranken Mannes saß. Es war Odile von Nideck . Ihr langes schwarzes Seidenkleid, ihr sanfter Ausdruck ruhiger Selbsthingabe und völliger Resignation, der ideale engelhafte Ausdruck ihrer süßen Gesichtszüge erinnerten einen an die geheimnisvollen Schöpfungen des Bleistifts im Mittelalter, als die Malerei noch als wahre Kunst galt Kunst, die moderne Nachahmer jedoch verzweifelt aufgeben mussten, ohne sie jemals vergessen zu können.

Ich kann nicht sagen, welche Gedanken mir beim Anblick dieses schönen Geschöpfs schnell durch den Kopf gingen, aber sicherlich vermischte sich in meinen Gefühlen viel Hingabe. Ein Gefühl von Musik und Harmonie, das traurig von der Seele durchdrungen ist, mit schwachen Eindrücken der alten Balladen meiner Kindheit – jener frommen Lieder, mit denen die freundlichen Ammen des Schwarzwalds unsere kindlichen Sorgen in friedlichen Schlaf wiegen.

Als ich mich näherte, erhob sich Odile.

„Gerne geschehen, Monsieur le docteur ", sagte sie mit rührender Freundlichkeit und Einfachheit; Dann zeigte sie mit dem Finger auf eine Nische, in der der Graf lag, und fügte hinzu: „Da ist mein Vater."

Ich verneigte mich respektvoll und ohne zu antworten, denn ich fühlte mich zutiefst berührt, und näherte mich meinem Patienten.

Sperver , der am Kopfende des Bettes stand, hielt mit einer Hand die Lampe hoch und hielt mit der anderen seine Mütze. Odile stand zu meiner Linken.

Das Licht, gemildert durch das gedämpfte Licht der Kugel aus gemahlenem Kristall, fiel sanft auf das Gesicht des Grafen.

Sofort fiel mir etwas Seltsames im Gesicht des Grafen von Nideck auf, und trotz aller Bewunderung, die seine schöne Tochter sogleich von mir erfuhr, war mein erster Schluss: „Was für ein alter Wolf!"

Und so schien er tatsächlich zu sein. Ein grauer Kopf, bedeckt mit kurzen, dichten Haaren, seltsam voll hinter den Ohren und im Gesicht zu einer bedeutungsvollen Länge ausgezogen, wobei sich die schmale Stirn bis zu ihrem Scheitel über die Augenbrauen verbreiterte, die struppig und zusammenstoßend waren und nach unten zeigten über dem Nasenrücken, die kalten und ausdruckslosen Augen mit ihren schwarzen Umrissen nur unvollkommen beschattend; der kurze, raue Bart, der sich unregelmäßig über den kantigen, knochigen Umriss des Mundes verteilte – jedes Merkmal des schrecklichen Gesichtsausdrucks dieses Mannes ließ mich erschauern, und seltsame Vorstellungen kamen mir über die geheimnisvollen Verwandtschaften zwischen dem Menschen und der niederen Schöpfung in den Sinn.

Doch ich widerstand meinem ersten Eindruck und ergriff die Hand des Kranken. Es war trocken und drahtig, aber dennoch klein und stark; Meiner Meinung nach war der Puls schnell, fiebrig und deutete auf große Reizbarkeit hin.

Was sollte ich tun?

Ich stand da und dachte nach; auf der einen Seite stand die junge Dame und versuchte ängstlich, ein wenig Hoffnung in meinem Gesicht zu lesen; auf der anderen Seite Sperver , der ebenso besorgt ist und jede meiner Bewegungen beobachtet. Daher lag ein schmerzlicher Zwang auf mir, doch ich sah, dass es noch nichts Bestimmtes gab, was ich versuchen konnte.

Ich ließ den Arm fallen und lauschte auf den Atem. Von Zeit zu Zeit ließ ein krampfhaftes Schluchzen das Herz des Kranken erbeben, worauf eine Reihe schneller, kurzer Atemzüge folgte. Offenbar lastete eine Art Albtraum auf ihm – vielleicht Epilepsie oder Tetanus. Aber was könnte die Ursache oder der Ursprung sein?

Voller schmerzlicher Gedanken drehte ich mich um.

„Gibt es Hoffnung, Sir?" fragte die junge Gräfin.

„Die Krise von gestern neigt sich ihrem Ende zu", antwortete ich; „Wir müssen sehen, ob wir ein erneutes Auftreten verhindern können."

„Besteht die Möglichkeit dafür, Sir?"

Ich wollte gerade in allgemeinen medizinischen Begriffen antworten und wagte nicht, positive Behauptungen zu wagen, als der ferne Klang der Glocke am Tor an unsere Ohren drang.

„Besucher", sagte Sperver .

Es herrschte einen Moment Stille.

„Gehen Sie und sehen Sie, wer es ist", sagte Odile, deren Stirn einen Moment lang vor Angst getrübt war. „Wie kann man in einer solchen Zeit Fremden gegenüber gastfreundlich sein? Das ist kaum möglich!"

Aber die Tür öffnete sich und ein rosiges Gesicht mit goldenem Haar erschien im Schatten und sagte flüsternd:

„Es ist der Freiherr von Zimmer- Blüderich , mit einem Diener, und er bittet um Unterschlupf im Nideck . Er hat sich zwischen den Bergen verirrt."

„Sehr gut, Gretchen", antwortete die junge Gräfin freundlich; „Gehen Sie und sagen Sie dem Verwalter, er solle sich um den Baron de Zimmer kümmern. Teilen Sie ihm mit, dass der Graf sehr krank ist und dass dies allein ihn daran hindert, die von ihm gewünschten Höfe zu erweisen . Wecken Sie einige unserer Leute auf, um auf ihn aufzupassen, und Lass alles richtig machen."

Nichts konnte die süße und edle Einfachheit der jungen Châtelaine bei der Erteilung ihrer Befehle übertreffen. Wenn in manchen Familien ein Hauch von Vornehmheit erblich zu sein scheint, liegt das sicherlich daran, dass die Ausübung der Pflichten, die der Besitz von Reichtum mit sich bringt, eine natürliche Tendenz hat, den gesamten Charakter und die Haltung zu veredeln.

Diese Gedanken gingen mir durch den Kopf, während ich die Anmut und Sanftheit in jeder Bewegung von Odile von Nideck und die Klarheit und Reinheit der Umrisse bewunderte, die nur in den Merkmalen der höheren Aristokratie zu finden sind, und ich konnte mich an nichts Vergleichbares erinnern diese ideale Schönheit.

„Geh jetzt, Gretchen", sagte die junge Gräfin, „und beeil dich."

Die Wärterin ging hinaus, und ich blieb ein paar Sekunden unter dem Einfluss des Charmes ihres Benehmens stehen.

Odile drehte sich um und sagte zu mir: „Sehen Sie, Sir", sagte sie mit einem traurigen Lächeln, „man darf sich nicht ohne Pause der Trauer hingeben; wir müssen uns zwischen unserer inneren Zuneigung und der äußeren Welt aufteilen."

„Stimmt, meine Dame", antwortete ich; „Seelen höchster Ordnung dienen dem gemeinsamen Eigentum und Nutzen der Unglücklichen – des verlorenen Wanderers, der Kranken, der hungrigen Armen – jeder hat seinen Anspruch auf einen Anteil, denn Gott hat sie wie die Sterne am Himmel gemacht, um Licht zu spenden und." Freude an alle."

Die tief gefransten Augenlider verdeckten für einen Moment die blauen Augen, während Sperver meine Hand drückte.

Jetzt verfolgte sie –

„Ah, wenn Sie nur die Gesundheit meines Vaters wiederherstellen könnten!"

„Wie ich Ihnen mitteilen durfte, meine Dame, ist die Krise vorbei; die Rückkehr muss nach Möglichkeit vorhergesehen werden."

„Hoffen Sie, dass es klappt?"

„Mit Gottes Hilfe, meine Dame, ist es nicht unmöglich; ich werde es mir sorgfältig überlegen."

Odile begleitete mich sehr bewegt zur Tür. Sperver und ich durchquerten den Vorraum, wo ein paar Diener auf die Befehle ihrer Herrin warteten. Wir hatten gerade den Korridor betreten, als Gideon, der zuerst ging, sich schnell umdrehte, beide Hände auf meine Schultern legte und sagte:

„Komm, Fritz, man kann sich darauf verlassen, dass ich ein Geheimnis für mich bewahre. Was ist deine Meinung?"

„Ich denke, es gibt für heute Abend keinen Grund zur Besorgnis."

„Das weiß ich – das haben Sie der Gräfin gesagt – aber wie wäre es mit morgen?"

"Morgen?"

„Ja, drehen Sie sich nicht um. Ich nehme an, Sie können die Rückkehr der Beschwerde nicht verhindern; glauben Sie, Fritz, dass er daran sterben wird?"

„Es ist möglich, aber kaum wahrscheinlich."

"Gut gemacht!" rief der gute Mann und sprang vor Freude vom Boden auf; „Wenn Sie das nicht glauben, bedeutet das , dass Sie sicher sind."

Und er nahm meinen Arm und zog mich in die Galerie. Wir hatten es gerade erreicht, als dort auch der Baron von Zimmer- Bluderich und sein Bräutigam erschienen, begleitet von Sébalt mit einer brennenden Fackel in der Hand. Sie waren auf dem Weg zu ihren Gemächern, und diese beiden Gestalten mit ihren über die Schultern geworfenen Umhängen, ihren losen ungarischen Stiefeln bis zu den Knien, dem Körper eng umgürtet mit langen dunkelgrünen, mit Schnürsenkeln und Fröschen besetzten Tuniken und dem

Bärenfell Die Mütze, die eng und warm den Kopf bedeckte, wirkte im flackernden Licht der Kiefernfackel sehr malerisch.

„Da", flüsterte Sperver , „wenn ich mich nicht sehr irre, sind das unsere Freiburger Freunde; sie sind uns sehr dicht auf den Fersen."

„Sie haben völlig recht: Das sind die Männer. Den Jüngeren erkenne ich an seiner großen, schlanken Figur, seiner Adlernase und seinem langen, herabhängenden Schnurrbart."

Sie verschwanden durch einen Seitengang.

Gideon nahm eine Taschenlampe von der Wand und führte mich durch ein ziemliches Labyrinth aus Korridoren, Gängen, schmalen und breiten Gängen, unter hohen Gewölbedächern und unter niedrigen Bögen; Wer könnte sich erinnern? Es schien kein Ende zu geben.

„Hier ist der Saal der Markgrafen", sagte er; „Hier ist die Porträtgalerie und dies ist die Kapelle, in der keine Messe mehr abgehalten wurde, seit Ludwig der Kühne Protestant geworden ist."

Alle diese Einzelheiten interessierten mich sehr wenig.

Als wir das Ende erreicht hatten, mussten wir erneut Stufen hinuntergehen; Endlich erreichten wir glücklich das Ende unserer Reise vor einer niedrigen, massiven Tür . Sperver holte einen riesigen Schlüssel aus seiner Tasche, reichte mir die Taschenlampe und sagte:

„Achten Sie auf das Licht – achten Sie darauf!"

Gleichzeitig stieß er die Tür auf und die kalte Außenluft strömte in den engen Durchgang. Die Fackel flammte auf und sandte einen Funkensalve in alle Richtungen. Ich glaubte, einen dunklen Abgrund vor mir zu sehen, und schreckte vor Angst zurück.

"Hahaha!" rief der Jäger und öffnete seinen Mund von Ohr zu Ohr, „Du hast doch keine Angst, Fritz? Komm schon, erschrecke nicht! Wir sind auf der Wehrmauer zwischen der Burg und dem alten Turm."

Und mein Freund trat vor, um mir ein Beispiel zu geben.

Die schmale, von Granitwänden umgebene Plattform lag tief im Schnee und wurde von den wütenden Winden in wirbelnden Böschungen weggefegt. Jeder , der unsere flackernde Fackel von unten gesehen hätte, hätte gefragt: „Was machen die da oben in den Wolken? Was wollen sie um diese Zeit der Nacht?"

Vielleicht, dachte ich in mir, schaut die Hexe zu uns auf, und dieser Gedanke ließ mich schaudern. Ich zog die Falten meines Reiterumhangs enger zusammen, und mit der Hand auf dem Hut rannte ich Sperver nach ; Er hob die Lampe über seinen Kopf, um mir die Straße zu zeigen, und bewegte sich schnell vorwärts.

Wir stürmten in den Turm und dann in die Kammer von Hugh Lupus. Ein helles Feuer begrüßte uns hier mit seinen fröhlichen Strahlen; Wie herrlich, wieder einmal von dicken Mauern geschützt zu sein!

Ich blieb stehen, während Sperver die Tür schloss, und als ich über diesen alten Wohnsitz nachdachte, weinte ich:

„Gott sei Dank! Jetzt ruhen wir uns aus!"

„Mit einem gut gedeckten Tisch vor uns", fügte Gideon hinzu. „Stehen Sie nicht mit der Nase in die Luft, sondern überlegen Sie, was vor Ihnen liegt – eine Ziegenkeule, ein paar gebratene Hühner, ein frisch gefangener Hecht mit Petersiliensoße; Aufschnitt und heiße Weine, das ist es Gefällt mir. Kasper hat sich wie ein wirklich guter Kerl um meine Aufträge gekümmert."

Gideon hat die Wahrheit gesagt. Das Fleisch war kalt und die Weine warm, denn vor dem Feuer standen unter dem sanften Einfluss der Hitze eine Reihe kleiner Flaschen.

Beim Anblick dieser guten Dinge steigerte sich mein Appetit wunderbar. Aber Sperver , der verstand, was bequem ist, hielt mich davon ab.

„Fritz", sagte er, „lass uns nicht zu sehr in Eile sein, wir haben Zeit genug, die Vögel werden nicht wegfliegen. Deine Stiefel müssen dir wehtun. Nach acht Stunden zu Pferd ist es angenehm zu ertragen." Zieh die Stiefel aus, das ist mein Prinzip. Jetzt setz dich, steck deinen Stiefel zwischen meine Knie, da geht einer aus, jetzt der andere, so ist es; nun steck deine Füße in diese Pantoffeln, zieh deinen Mantel aus und wirf diesen leichteren Mantel darüber deine Schultern. Jetzt sind wir bereit."

Und mit seiner fröhlichen Aufforderung setzte ich mich mit ihm an die Arbeit, einer auf jeder Seite des Tisches, und erinnerte mich an das deutsche Sprichwort: „Durst kommt vom Bösen, aber guter Wein von den Mächten oben."

<hr>

KAPITEL III.

Wir aßen mit dem großen Appetit, den zehn Stunden im Schnee des Schwarzwalds mit Sicherheit hervorrufen würden.

Sperver griff wahllos das Kind, die Vögel und den Fisch an und murmelte mit vollem Mund:

„Die Wälder, die Seen und Flüsse und die Heidehügel sind voller guter Dinge!"

Dann beugte er sich über die Stuhllehne, legte seine Hand auf die erste Flasche, die ihm in die Hände fiel, und fügte hinzu:

„Und wir haben Hügel, die im Frühling grün sind und im Herbst, wenn die Trauben reifen, lila. Auf deine Gesundheit, Fritz!"

„Dein, Gideon!"

Wir waren ein Wunder. Wir bewunderten uns gegenseitig.

Das Feuer knisterte, die Gabeln klapperten, die Zähne waren in voller Aktivität, Flaschen gurgelten, Gläser klirrten, während draußen vor dem winterlichen Wind die hohen, stöhnenden Bergwinde traurig das Klagelied des Jahres sangen, diese seltsame Klagehymne, mit der sie das Jahr begleiten Der Schock des Sturms und das schnelle Vorbeiziehen der grauen, mit Schnee und Hagel beladenen Wolken, während der blasse Mond die düstere und grässliche Kampfszene erhellt.

Aber im Verborgenen fühlten wir uns wohl, und unser Appetit versank in der Geschichte. Sperver hatte das „ wieder " ausgefüllt komm ", das „Komm wieder", mit altem Wein von Brumberg ; der funkelnde Schaum umsäumte seine großzügigen Ränder; er reichte es mir und sagte:

„Trinken Sie auf die Gesundheit von Yeri -Hans, dem Herrn von Nideck . Trinken Sie bis zum letzten Tropfen und zeigen Sie ihnen, dass Sie es ernst meinen!"

Was getan wurde.

Dann füllte er es wieder auf und wiederholte es mit einer Stimme, die in den alten Mauern widerhallte: „Auf die Genesung meines edlen Herrn, des hohen und mächtigen Herrn von Nideck ", und leerte es ebenfalls aus.

Dann überkam uns sanft ein Gefühl zufriedener Fülle und wir waren mit allem zufrieden.

Ich ließ mich in meinen Stuhl zurückfallen, mein Gesicht war zur Decke gerichtet und meine Arme hingen träge herab. Ich begann träumerisch darüber nachzudenken, an was für einen Ort ich geraten war.

Es handelte sich um eine niedrige, aus dem Fels gehauene, fast ofenförmige Gewölbedecke, die an der höchsten Stelle kaum zwölf Fuß hoch war. Am anderen Ende sah ich eine Art tiefe Nische, in der mein Bett auf dem Boden lag, und bestand, wie ich zu sehen glaubte , aus einem riesigen Bärenfell oben, und ich konnte nicht sagen, was unten, und darin noch einem anderen

kleinere Nische mit einer aus demselben Granit geschnitzten Figur der Jungfrau Maria, gekrönt von einem Bündel verdorrten Grases.

„Du schaust dir dein Zimmer an“, sagte Spencer. „ *Parbleu !* Es ist weder das Größte noch das Prächtigste, nicht ganz wie die Räume im Schloss. Wir befinden uns jetzt im Turm von Hugh Lupus, einem Ort, der so alt ist wie der Berg selbst und bis in die Zeit Karls des Großen zurückreicht. In jenen Wie Sie sehen, hatten die Menschen damals noch nicht gelernt, hohe, runde oder spitze Bögen zu bauen. Sie arbeiteten direkt in den Fels hinein.“

„Nun, trotzdem hast du mich in einer seltsamen Unterkunft untergebracht.“

„Täuschen Sie sich nicht, Fritz; es ist der Ehrenplatz . Hier hat der Graf alle seine angesehensten Freunde untergebracht. Bedenken Sie: Hugh Lupus‘ Turm ist die ehrenvollste Unterkunft , die wir haben.“

„Und wer war Hugh Lupus?“

„Warum, Hugh der Wolf, gewiss. Er war das Oberhaupt der Familie von Nideck , ein rauher Krieger, das kann ich Ihnen sagen. Er kam, um sich hier niederzulassen, mit einer Schar von Reitern und Hellebardiern aus seinem Gefolge . Sie kletterten auf diesen Felsen – den höchsten Felsen unter diesen Bergen. Das werden Sie morgen sehen. Sie bauten diesen Turm und verkündeten: „Jetzt sind wir die Herren! Wehe den elenden Unglücklichen, die vorbeikommen, ohne an uns Zoll zu zahlen.“ ! Wir werden ihnen die Wolle vom Rücken reißen, und notfalls auch ihr Fell. Von diesem Wachturm aus werden wir einen weiten Blick rundherum haben. Die Pässe von Rhéthal , von Steinbach, von Koche Plate und von Die ganze Schwarzwaldlinie steht unter unseren Augen. Hüten Sie sich vor den jüdischen Hausierern und Händlern!‘ Und die edlen Kerle taten, was sie versprochen hatten. Hugh der Wolf war an ihrer Spitze. Knapwurst erzählte mir eines Nachts im Stehen alles darüber.

„Wer ist Knapwurst ?“

„Dieser kleine Buckelwal, der uns das Tor geöffnet hat. Er ist ein seltsamer Kerl, Fritz, und wohnt fast in der Bibliothek.“

„ Sie haben also einen Gelehrten in Nideck ?“

„Ja, das haben wir, der Schlingel! Anstatt sich auf die Pförtnerloge, seinen eigentlichen Platz, zu beschränken, ist er den ganzen Tag zwischen den staubigen Büchern und Pergamenten der Familie. Er kommt und geht einfach an den Regalen der Bibliothek entlang wie eine große Katze. Knapwurst kennt unsere Geschichte besser als wir sie selbst. Er würde dir die längsten Geschichten erzählen, Fritz, wenn du ihn nur lassen würdest. Er nennt sie Chroniken – ha, ha!“

Und Sperver , dem der Wein ein wenig in den Kopf stieg, fing an zu lachen, er konnte kaum sagen warum.

„Also, Gideon, nennst du diesen Turm, Hughs Turm, den Hugh-Lupus-Turm?"

„Habe ich es dir nicht schon gesagt? Worüber bist du so erstaunt?"

"Nichts Spezielles."

„Aber das tust du. Ich kann es in deinem Gesicht sehen. Du denkst an etwas Seltsames. Was ist das?"

„Oh, egal! Es ist nicht der Name des Turms, der mich überrascht. Ich frage mich, wie es kommt, dass du, ein alter Wilderer, seit deiner Kindheit nirgendwo anders als in den Tannenwäldern gelebt hast , zwischen den schneebedeckten Gipfeln des Waldhorns und den Pässen des Rhéthal – Du, der es in Deiner Blütezeit für den größten Spaß hielt, über die Wildhüter des Grafen zu lachen und die Bergpfade des Schwarzwalds zu durchstreifen, und Fahren Sie durch die Büsche dort, atmen Sie die freie Luft ein und sonnen Sie sich im strahlenden Sonnenschein zwischen den Hügeln und Tälern – hier finde ich Sie, am Ende von sechzehn Jahren eines solchen Lebens, eingesperrt in diesem Loch aus rotem Granit. Das ist es überrascht mich und was ich nicht verstehen kann. Komm, Sperver , zünde deine Pfeife an und erzähl mir alles darüber.

Lederjacke ein Stück einer geschwärzten Pfeife hervor ; er füllte es nach Belieben, nahm mit seiner hohlen Hand eine glühende Glut auf und legte sie auf den Kopf seiner Pfeife; dann antwortete er mit verträumtem Blick zur Decke nachdenklich:

„Alte Falken, Gerfalken und Habichte beenden ihr Leben in einem Loch in einem Felsen, wenn sie lange über die Ebenen gefegt sind. Natürlich mag ich die weite Weite des Himmels und der Erde. Ich mochte sie schon immer; aber stattdessen Wenn ich nachts auf einem hohen Ast eines großen Baumes sitze und vom Wind geschaukelt werde, ziehe ich es jetzt vor, in meine Höhle zurückzukehren, ein Glas zu trinken, einen Hirschknochen zu pflücken und mein Gefieder vor einem warmen Feuer zu trocknen. Der Graf von Nideck verachtet Sperver nicht , den alten Falken, den wahren Mann des Waldes. Eines Abends, als er mich im Mondlicht traf, sagte er offen zu mir: „Alter Kamerad, du jagst nur nachts. Komm und jage tagsüber mit mir." Du hast einen scharfen Schnabel und starke Krallen. Nun, jage los, wenn das deine Natur ist; aber jage mit meinem Führerschein , denn ich bin der Adler auf diesen Bergen, und mein Name ist Nideck !""

Sperver schwieg ein paar Minuten; dann fuhr er fort:

„Das war genau das, was mir gepasst hat, und jetzt jage ich wie früher und trinke in aller Stille mit einem Freund meine Flasche Affenthal oder …"

In diesem Moment gab es einen Stoß, der die Tür zum Vibrieren brachte; Sperver blieb stehen und lauschte.

„Es ist ein Windstoß", sagte ich.

„Nein, es ist etwas anderes. Hörst du nicht das Kratzen der Krallen? Es ist ein entlaufener Hund. Auf, Lieverlé , auf, Blitzen!" rief der Jäger und erhob sich; aber er hatte noch nicht ein paar Schritte gemacht, als ein furchterregend aussehender Hund der dänischen Rasse in den Turm einbrach und rannte, um seine schweren Pfoten auf die Schultern seines Herrn zu legen und ihm mit seiner langen rosafarbenen Zunge den Bart und die Wangen zu lecken . Währenddessen stieß er kurzes Bellen und Jaulen aus, um seine Freude zum Ausdruck zu bringen.

Sperver hatte seinen Arm um den Hals des Hundes gelegt und sagte zu mir:

„Fritz, welcher Mann könnte mich so lieben wie dieser Hund? Schau dir doch diesen Kopf an, diese Augen, diese Zähne!"

Er legte die Zähne des Tieres frei und zeigte Reißzähne, die einen Büffel heruntergerissen und zerrissen hätten. Dann wehrte er ihn mit Mühe ab, denn der Hund verdoppelte seine Liebkosungen –

„Runter, Lieverlé . Ich weiß, dass du mich liebst. Wenn du es nicht tätest, wer würde es dann tun?"

Noch nie hatte ich einen so großartigen Hund gesehen wie diesen Lieverlé . Seine Größe erreichte zweieinhalb Fuß. Bei einem Angriff wäre er eine äußerst furchteinflößende Kreatur gewesen. Seine Stirn war breit, flach und mit feinem, weichem Haar bedeckt; Sein Auge war scharf, seine Pfoten waren sehr lang, seine Seiten und Beine waren ein Geflecht aus Muskeln und Nerven, breit über Rücken und Schultern, schlank und zu den Hinterbeinen hin schmaler. Aber er hatte keinen Geruch. Wenn solch monströse und mächtige Hunde mit dem Geruch des Terriers ausgestattet wären, wäre das Spiel bald zu Ende.

Sperver war zu seinem Platz zurückgekehrt und strich stolz mit der Hand über Lieverlés massigen Kopf und zählte mir seine hervorragenden Qualitäten auf.

Lieverlé schien ihn zu verstehen.

„Sehen Sie, Fritz, dieser Hund erdrosselt einen Wolf mit einem einzigen Schlag seines Kiefers. Was Mut und Stärke angeht, ist er perfekt. Er ist noch keine fünf Jahre alt, aber er ist in seinen besten Jahren. Ich brauche Ihnen nicht zu sagen, dass er trainiert ist." um den Eber zu jagen. Jedes Mal, wenn wir auf eine Herde von ihnen stoßen, zittere ich um Lieverlé ; sein Angriff ist zu direkt, er fliegt pfeilgerade auf das Wild zu. Deshalb habe ich Angst vor den Stoßzähnen der Tiere. Lege dich hin , Lieverlé , leg dich auf den Rücken!"

Der Hund gehorchte und zeigte seine fleischfarbenen Seiten .

„Schau, Fritz, auf diesen langen weißen Saum ohne Haare, der von unter dem Oberschenkel bis zur Brust reicht. Das hat ein Eber getan. Das arme Geschöpf! Er hielt ihn am Ohr fest und ließ ihn nicht los; wir haben ihn aufgespürt zwei am Blut. Ich war der Erste bei ihnen. Als ich mein Lieverlé sah , schrie ich, sprang vom Pferd, fing ihn zwischen meinen Armen, warf ihn in meinen Umhang und brachte ihn nach Hause. Ich war fast außer mir . Glücklicherweise waren die lebenswichtigen Teile nicht verletzt worden. Ich habe seinen Bauch trotz seines Heulens und Schreiens zugenäht, denn er litt furchtbar; aber nach drei Tagen leckte er bereits seine Wunde, und ein Hund, der sich selbst leckt, ist bereits gerettet. Du Merk dir das, Lieverlé , hey! Und sind wir uns jetzt nicht lieber als je zuvor?"

Ich war sehr berührt von der Zuneigung des Mannes zu diesem Hund und des Hundes zu seinem Herrn; Sie schienen in die Tiefen der Seelen des anderen zu blicken. Der Hund wedelte mit dem Schwanz und der Mann hatte Tränen in den Augen.

Sperver fuhr fort:

„Was für eine erstaunliche Kraft! Siehst du, Fritz, er hat sein Seil gerissen, um zu mir zu gelangen – ein Seil aus sechs Strängen; er hat meine Spur herausgefunden und hier ist er! Hier, Lieverlé , fang!"

Und er warf ihm die Reste des Beins des Zickleins zu. Die Kiefer öffneten sich weit und schlossen sich mit einem schrecklichen Krachen wieder, und Sperver blickte mich bedeutungsvoll an und sagte:

„Fritz, wenn er dich an der Hose packen würde, kommst du nicht so leicht davon!"

„ Ich nehme an, auch sonst niemand ."

Der Hund streckte sich bequem in voller Länge unter dem Kaminsims aus, das Bein fest zwischen seinen mächtigen Pfoten. Er begann es in Stücke zu reißen. Sperver sah ihn aus dem Augenwinkel mit großer Zufriedenheit an. Der Knochen zerfiel in der mächtigen Mühle, die ihn zerschmetterte, schnell in kleine Fragmente. Lieverlé hatte eine Vorliebe für Knochenmark!

„Aha! Fritz, wenn du gebeten würdest, ihm diesen Knochen wegzuholen, was würdest du sagen?"

„Ich denke, es ist eine Mission, die außerordentliches Feingefühl und Fingerspitzengefühl erfordert."

Dann brachen wir in herzhaftes Lachen aus, und Sperver saß in seinem Ledersessel, den linken Arm über den Kopf geworfen, eines seiner männlichen Beine über einem Hocker und das andere vor einem riesigen Baumstamm, der war An seinem Ende tropfte der austretende Saft, und hellgraue Rauchwolken schossen auf das Dach.

Ich dachte immer noch über den Hund nach, als mir plötzlich unser unterbrochenes Gespräch einfiel und ich fortfuhr:

„Nun, Sperver , du hast mir nicht alles erzählt. Als du den Berg zum Schloss verließt, geschah das nicht wegen des Todes von Gertrude, deiner guten, ausgezeichneten Frau?"

Gideon runzelte die Stirn und eine Träne verdunkelte seine Augen; Er richtete sich auf, schüttelte die Asche seiner Pfeife auf seinem Daumennagel aus und sagte:

Creuse nicht ohne Schmerzen betrachten . Ich habe meinen Flug in diese Richtung gelenkt: Ich jage weniger im Wald und kann alles von dort aus sehen." weiter oben, und wenn das Rudel zufällig in diese Richtung abweicht , lasse ich es los. Ich drehe mich um und versuche, an etwas anderes zu denken.

Sperver war wortkarg geworden. Den Kopf auf die Brust gesenkt, den Blick auf den Steinboden gerichtet, saß er schweigend da. Es tat mir leid, diese melancholischen Erinnerungen in ihm geweckt zu haben. Dann kehrten meine Gedanken wieder zu der Schwarzen Pest zurück, die im Schnee kauerte , und überkam mich ein Schauder des Entsetzens.

Wie merkwürdig! Nur ein einziges Wort hatte uns in eine Reihe unglücklicher Gedanken versetzt. Eine ganze Welt voller Erinnerungen wurde durch einen Zufall wachgerufen.

Ich weiß nicht, wie lange diese Stille anhielt, als uns ein tiefes, langes und schreckliches Knurren, wie entfernter Donner, aufschrecken ließ.

Wir schauten uns den Hund an. Der halb abgenagte Knochen befand sich noch immer zwischen seinen Vorderpfoten, aber mit hoch erhobenem Kopf, aufgestellten Ohren und blitzenden Augen lauschte er aufmerksam – er lauschte sozusagen der Stille, und ein wütendes Zittern lief über seinen Rücken.

Sperver und ich blickten uns besorgt an; Doch draußen war kein Laut, kein Hauch, denn der Wind hatte nachgelassen; Nichts war zu hören außer dem tiefen, langwierigen Knurren, das tief aus der Brust des edlen Hundes kam.

Plötzlich sprang er auf und sprang mit einem heiseren, rauen Bellen von furchterregender Lautstärke ungestüm gegen die Wand. Die Wände hallten wider, als hätte ein Donnerschlag die Fensterflügel erschüttert.

Lieverlé schien mit gesenktem Kopf durch den Granit sehen zu wollen, und seine von den Zähnen zurückgezogenen Lippen entdeckten sie bis zum Zahnfleisch und zeigten zwei enge Reihen elfenbeinweißer Reißzähne. Er knurrte immer noch . Für einen Moment hielt er abrupt inne und schnüffelte mit heftigen Atemzügen dicht an der Wand, neben dem Boden; dann erhob er sich in neuer Wut wieder und schien mit seinen Vorderpfoten den Granit zu durchbrechen.

Wir sahen schweigend zu, ohne zu verstehen, was seine Aufregung verursachte.

Ein weiterer Wutschrei, noch schrecklicher als der erste, ließ uns von unseren Sitzen aufspringen.

„ Lieverlé ! Was besessen dich? Wirst du verrückt?“

Er ergriff einen Baumstamm und begann, die Wand zu ertönen, was nur das tote, harte Geräusch einer Wand aus massivem Fels zurückgab. Es war keine Mulde darin; Dennoch stand der Hund in der Angriffshaltung.

„Du musst eindeutig böse Träume geträumt haben“, sagte der Jäger. „Komm, leg dich hin und beunruhige uns nicht mehr mit deinem Unsinn.“

In diesem Moment drang ein Geräusch von draußen an unsere Ohren. Die Tür öffnete sich, und das dicke, ehrliche Gesicht von Tobias Offenloch mit seiner Laterne in der einen und seinem Stock in der anderen Hand, seinem Dreispitz auf dem Kopf, erschien lächelnd und fröhlich in der Öffnung.

„ *Salut! l'honourable compagnie!* “ rief er, als er eintrat; "was machst du hier?"

„Es war dieser Schlingel Lieverlé , der für den ganzen Krach gesorgt hat. Stellen Sie sich vor – er lehnte sich an die Wand, als würde er einen Dieb wittern. Was könnte er meinen?“

„Warum *Parbleu* ! Er hörte den Punkt, Punkt meines Holzbeins, als ich die Turmtreppe hinaufstapfte,“ antwortete der fröhliche Kerl lachend.

Dann stellte er seine Laterne auf den Tisch –

„Das wird dir beibringen, Freund Gideon, deine Hunde anzubinden. Du bist törichterweise schwach gegenüber deinen Hunden – sehr töricht. Diese Tiere von dir werden nicht zufrieden sein, bis sie uns alle ins Freie gebracht haben. Gerade in dieser Minute traf ich mich Blitzen in der langen Galerie: Er sprang auf mein Bein – sehen Sie, da sind die Abdrücke seiner Zähne als Beweis für das, was ich sage; und es ist ein ganz neues Bein – ein brutaler Hund!“

„Fesselt meine Hunde! Das ist doch eine neue Idee", sagte der Jäger. „Gefesselte Hunde nützen überhaupt nichts; sie werden zu wild. Außerdem war Lieverlé nicht doch gefesselt? Sehen Sie, wie seine Leine gerissen ist."

„Was ich dir erzähle, geschieht nicht auf meine eigene Rechnung. Wenn sie in meine Nähe kommen , halte ich immer meinen Stock hoch und stelle mein Holzbein nach vorne – das ist meine Disziplin. Ich sage, Hunde in ihren Zwingern, Katzen auf dem Dach und so weiter Leute im Schloss.

Tobias setzte sich, nachdem er so seine Gefühle geäußert hatte, und mit beiden Ellbogen auf dem Tisch und vor Freude weit aufgerissenen Augen vertraute er uns an, dass er gerade Junggeselle sei.

„Das meinst du nicht so!"

„Ja, Marie Anne sitzt mit Gertrude im Vorzimmer des Monseigneurs ."

„Dann hast du es also nicht eilig wegzugehen?"

„Nein, überhaupt keine. Ich möchte in Ihrer Gesellschaft bleiben."

„Wie bedauerlich, dass Sie so spät gekommen sind!" bemerkte Sperver ; „Alle Flaschen sind leer."

Die Enttäuschung über den verunsicherten Haushofmeister erregte mein Mitgefühl. Der arme Mann hätte seine Witwenschaft so gerne genossen. Aber trotz meiner Bemühungen, es zu unterdrücken, breitete sich ein langes Gähnen in meinem Mund aus.

„Na ja, ein andermal", sagte er und stand auf. „Was nur aufgeschoben wird, wird nicht aufgegeben."

Und er nahm seine Laterne.

„Gute Nacht, meine Herren."

„Halt – warte auf mich", rief Gideon. „Ich sehe, dass Fritz schläfrig ist. Wir werden zusammen hinuntergehen."

„Gerne, Sperver . Unterwegs reden wir mit Trumpf , dem Butler. Er ist unten bei den anderen und Knapwurst erzählt ihnen Geschichten."

„In Ordnung. Gute Nacht, Fritz."

„Gute Nacht, Gideon. Vergiss nicht, mich zu holen, wenn die Zählung schlimmer wird."

„Ich werde tun, was du willst. Lieverlé , komm."

Bahnsteig überquerten, hörte ich, wie die Nidecker Uhr elf schlug. Ich war müde und schlief bald ein.

KAPITEL IV.

Das Tageslicht begann sich durch das einzige Fenster in meinem Kerkerturm bläulich-grau zu färben, als ich von den anhaltenden fernen Tönen eines Jagdhorns aus meiner Nische im Granit geweckt wurde.

Es gibt nichts Traurigeres und Melancholischeres als das Heulen dieses Instruments, wenn der Tag mit der Nacht zu kämpfen beginnt – wenn weder ein Seufzer noch ein Ton die einsame Herrschaft der Stille stört; Besonders die letzte lange Note, die sich in immer größeren Wellen über die Weite der Ebene darunter ausbreitet und die fernen, fernen Echos zwischen den Bergen erweckt, hat ein poetisches Element in sich, das die Tiefen der Seele aufwühlt.

Auf meinen Ellbogen in meinem Bärenfell gestützt, lag ich da und lauschte dem klagenden Klang, der etwas an die Feudalzeit erinnerte. Die Betrachtung meiner Kammer, der alten Höhle des Wolfs von Nideck , mit ihrem niedrigen, dunklen Bogen, der beinahe herunterzufallen drohte, um den Bewohner zu zerquetschen; und weiter hinten verstärkte das kleine bleierne Fenster, das gerade bis zur Decke reichte, mehr Breite als Höhe und tief in der Wand versenkt war, den Eindruck noch mehr.

Ich stand schnell auf und rannte, um das Fenster weit zu öffnen.

Dann bot sich meinen erstaunten Augen ein solch wundersames Schauspiel, wie es keine sterbliche Sprache, keine menschliche Feder beschreiben kann – die weite Aussicht, die der Adler, der Bewohner der hohen Alpen, jeden Morgen beim Aufgang der Berge mit seinem weitreichenden Blick erfasst der tiefviolette Schleier, der den Horizont bei Nachtbergen in der Ferne bedeckte! Berge weit weg! und doch wieder in der blauen Ferne – stille Berge, die sich mit den grauen Nebeln des Morgens am schattigen Horizont vermischen! – regungslose Wogen, die in der blauen Ferne der Ebenen Lothringens in Frieden und Stille versinken. Dies ist eine schwache Vorstellung von der mächtigen Landschaft der Vogesen, grenzenlosen Wäldern, silbernen Seen, schillernden Kämmen, Graten und Gipfeln, die ihre klaren Umrisse auf das Stahlblau der schneebedeckten Täler projizieren. Darüber hinaus unendlicher Raum!

Könnte irgendein Enthusiasmus eines Dichters oder ein Können eines Malers die erhabene Höhe einer solchen Szene erreichen?

Ich stand stumm vor Bewunderung da. Mit jedem Augenblick traten die Einzelheiten im zunehmenden Morgenlicht deutlicher hervor; Weiler, Bauernhäuser und Dörfer schienen sich aus jeder Wellung des Landes zu erheben und hervorzuschauen. Etwas mehr Aufmerksamkeit brachte immer mehr Objekte ins Blickfeld.

Ich hatte mich mehr als eine Viertelstunde lang nachdenklich aus meinem Fenster gelehnt, als eine Hand sanft auf meine Schulter gelegt wurde; Ich drehte mich erschrocken um, als Gideons ruhige Gestalt und sein stilles Lächeln mich mit … begrüßten.

„ Guten Tag, Fritz! Guten Morgen!"

Dann stützte er auch seine Arme auf das Fenster und rauchte seine kurze Pfeife. Er streckte seine Hand aus und sagte:

„Schau, Fritz, und bewundere! Du bist ein Sohn des Schwarzwaldes, und das alles musst du bewundern. Schau da unten, da ist Roche Creuse . Siehst du es? Erinnerst du dich nicht an Gertrude? Wie fern von diesen Zeiten." scheine jetzt!"

Sperver wischte eine Träne weg. Was könnte ich sagen?

Wir saßen lange da und dachten über dieses großartige Schauspiel nach. Von Zeit zu Zeit bemerkte der alte Wilderer, dass ich den Blick auf einen entfernten Gegenstand gerichtet hatte, und erklärte:

„Das ist das Waldhorn; das ist das Tiefenthal ; da ist der Fall des Steinbachs; er hat jetzt aufgehört zu fließen; er hängt in großen Fransentüchern herab, wie die Vorhänge über der Schulter des Harbergs – ein kalter Wintermantel! Runter." Es gibt einen Weg, der nach Freiburg führt; in vierzehn Tagen wird es schwierig sein, ihn zu verfolgen.

So verging unsere Zeit.

Ich konnte mich von einer so schönen Aussicht nicht losreißen. Ein paar Raubvögel, deren Flügel zu einer anmutigen Kurve geformt und an beiden Enden scharf zugespitzt waren, und deren Schwanz fächerförmig ausgebreitet war, schwirrten lautlos um den in den Felsen gehauenen Turm; Reiher flogen unversehrt über ihnen hinweg, da sie sich vor dem Griff der scharfen Krallen und des reißenden Schnabels der Höhe ihres Fluges sicher fühlten.

Keine Wolke trübte die Schönheit des blauen Himmels; der ganze Schnee war auf die Erde gefallen; noch einmal erweckte das Horn des Jägers das Echo.

„Das ist mein Freund Sébalt, der da unten klagt", sagte Sperver . „Er weiß alles über Pferde und Hunde, und er bläst das Jägerhorn besser als jeder andere Mann in Deutschland. Hören Sie, Fritz, wie sanft und sanft die Töne sind! Armer Sébalt ! Er schmachtet vor Monseigneurs Krankheit; er kann nicht so jagen wie er Sein einziger Trost besteht darin, jeden Morgen bei

Sonnenaufgang auf den Altenberg aufzustehen und die Lieblingslieder des Grafen zu spielen . Er glaubt, ihn dadurch heilen zu können!"

Sperver hatte mit dem guten Geschmack eines Mannes, der schöne Landschaften zu schätzen weiß, meine Betrachtungen nicht unterbrochen; Aber als ich mich mit geblendeten und vor so viel Licht schwammen Augen in die Dunkelheit des Turms umdrehte, sagte er zu mir:

„Fritz, es ist alles in Ordnung; der Graf hatte keinen neuen Anfall."

Diese Worte brachten mich zurück zu einem Gefühl für die Realität des Lebens.

„Ah, das freut mich sehr!"

„Es ist alles dir zu verdanken, Fritz."

„Was meinst du? Ich habe noch kein Rezept verschrieben."

„Was bedeutet? Du warst da; das hat gereicht."

„Du machst nur Witze, Gideon! Was nützt meine Anwesenheit, wenn ich nicht verschreibe?"

„Warum, du bringst ihm viel Glück!"

Ich sah ihn direkt an, aber er lächelte nicht einmal!

„Ja, Fritz, du bist nur ein Bote des Guten; die letzten zwei Jahre hatte der Herr einen weiteren Angriff am nächsten Tag nach dem ersten, dann einen dritten und einen vierten. Du hast dem ein Ende gesetzt. Was könnte klarer sein?"

„Nun, für mich ist es nicht so ganz klar; im Gegenteil, es ist sehr dunkel."

„Wir sind nie zu alt zum Lernen", fuhr der gute Mann fort. „Fritz, es gibt Boten des Bösen und es gibt Boten des Guten. Nun, dieser Schlingel Knapwurst , er ist ein sicherer Bote des Bösen. Wenn ich ihn jemals auf der Jagd treffe, ist mir sicher, dass ein Missgeschick passiert; meine Waffe verfehlt das Feuer." , oder ich verstauche mir den Knöchel, oder ein Hund wird zerrissen ! – Unheil aller Art kommt. Da ich mir dessen durchaus bewusst bin, versuche ich immer, bei frühem Tagesanbruch aufzubrechen, vor diesem Unfugstifter, der wie ein Siebenschläfer schläft , hat seine Augen geöffnet; sonst schlüpfe ich durch einen Hintergang durch das Hintertor hinaus. Verstehst du das nicht?"

„Ich verstehe dich sehr gut, aber deine Ideen kommen mir sehr seltsam vor, Gideon."

„Du, Fritz", fuhr er fort, ohne meine Unterbrechung zu bemerken, „du bist ein ganz ausgezeichneter Junge; der Himmel hat dein Haupt mit unzähligen

Segnungen bedeckt; nur ein Blick auf dein fröhliches Gesicht, deine offenen, klaren Augen, deine Gutmütigkeit." Lächeln ist genug, um jeden glücklich zu machen. Du bringst auf jeden Fall Glück mit. Das habe ich immer gesagt, und möchtest du jetzt einen Beweis haben?"

„Ja, das sollte ich tatsächlich. Es würde sich lohnen zu wissen, wie viel in mir steckt, ohne dass ich es weiß."

„Nun", sagte er und ergriff mein Handgelenk, „schau da unten!"

Er deutete auf einen Hügel, der ein paar Schüsse von der Burg entfernt war.

„Siehst du dort einen halb im Schnee vergrabenen Felsen, an dessen Seite ein zerlumpter Busch steht?"

"Ziemlich gut."

„Sehen Sie etwas in der Nähe?"

"NEIN."

„Nun, dafür gibt es einen Grund. Du hast die Schwarze Pest vertrieben! Jedes Jahr beim zweiten Angriff dort hielt sie ihre Füße zwischen ihren Händen. Nachts zündete sie ein Feuer an, sie wärmte sich und kochte Wurzeln. Sie gebar ein Fluch mit ihr. Heute Morgen war das allererste, was ich tat, hierher zu kommen. Ich kletterte auf den Leuchtturmturm; ich sah rundum gut aus; die alte Hexe war nirgends zu sehen. Ich beschattete meine Augen mit der Hand. Ich schaute nach oben und unten, nach rechts und links und überallhin, nirgendwo ein Zeichen der Kreatur. Sie hatte dich offensichtlich gewittert.

Und der gute Kerl schüttelte mir in einem Anfall von Begeisterung herzlich die Hand und weinte vor lauter Rührung:

„Ah, Fritz, wie froh ich bin, dass ich dich hierher gebracht habe! Die Hexe *wird* verkauft, oder?"

Nun, ich gestehe, ich schämte mich ein wenig dafür, dass ich mein ganzes Leben lang ein so sehr verdienter junger Mann gewesen war, ohne selbst etwas von den Umständen zu wissen.

„Also, Sperver ", sagte ich, „hat der Graf eine gute Nacht verbracht?"

„Eine sehr gute."

„Dann bin ich sehr zufrieden. Lasst uns hinuntergehen."

Wir überquerten erneut die hohe Brüstung, und ich konnte nun diesen Zugangsweg besser untersuchen, dessen Wälle aus ungeheurer Tiefe aufragten; und sie erstreckten sich entlang des scharfen, schmalen Felsrückens bis zum tiefsten Talgrund. Es war eine lange, gezackte, steile

Treppe, die von der Wolfshöhle, oder besser gesagt vom Adlernest, hinunter in das tiefe Tal führte.

Als ich nach unten blickte, wurde mir schwindelig, und ich schreckte erschrocken in die Mitte der Plattform zurück und stieg hastig den Weg hinunter, der zum Hauptgebäude führte.

Wir hatten bereits mehrere große Korridore durchquert, als eine große offene Tür vor uns stand. Ich schaute hinein und entdeckte oben auf einer Doppelleiter den kleinen Zwerg Knapwurst, dessen seltsames Aussehen mir in der Nacht zuvor aufgefallen war.

Der Saal selbst erregte durch sein imposantes Aussehen meine Aufmerksamkeit. Es war der Aufbewahrungsort der Archive des Hauses Nideck, eine hohe, dunkle, staubige Wohnung mit langen gotischen Fenstern, die vom Deckenwinkel bis auf wenige Meter über den Boden reichten.

In geräumigen Regalen wurden unter der Obhut der alten Äbte nicht nur alle Dokumente, Eigentumsurkunden und Familiengenealogien des Hauses Nideck gesammelt, um ihre Rechte und Bündnisse sowie Verbindungen zu allen großen historischen Familien zu belegen Deutschland, aber daneben gab es alle Chroniken des Schwarzwalds, die gesammelten Werke des alten Minnesängers und große Foliobände aus den Pressen von Gutenberg und Faust, die aufgrund ihrer bemerkenswerten Geschichte und der dauerhaften Solidität gleichermaßen Verehrung verdienten ihrer Bindung. Die tiefen Schatten der Kreuzgewölbe, deren Bögen durch massive Rippen getrennt waren und teilweise an den kalten grauen Wänden herabfielen, erinnerten an die düsteren Klöster des Mittelalters. Und inmitten dieser charakteristischen Umgebung saß ein hässlicher Zwerg oben auf seiner Leiter, mit einem rot umrandeten Band auf seinen knochigen Knien, den Kopf halb in einer rauen Pelzmütze vergraben, kleine graue Augen, breiter, unförmiger Mund, Höcker auf dem Rücken und … Schultern, ein äußerst uneinladender Gegenstand, der vertraute Geist – die Ratte, wie Sperver es nennen würde – dieses letzten Zufluchtsortes aller Gelehrsamkeit, die der fürstlichen Rasse von Nideck angehört.

Aber dieser Raum hatte in der langen Reihe von Familienporträts, die fast vollständig eine Seite der alten Bibliothek einnahmen, eine wahrhaft historische Bedeutung. Alle waren da, Männer und Frauen; von Hugo dem Wolf bis Yeri-Hans, dem jetzigen Besitzer; vom ersten groben Pinselstrich barbarischer Zeiten bis zum perfekten Werk der besten modernen Maler.

Meine Aufmerksamkeit wurde natürlich in diese Richtung gelenkt.

Hugh I., eine kahlköpfige Gestalt, schien dich anzustarren wie ein Wolf, der dich um die Ecke eines Waldes schleicht. Seine grauen, blutunterlaufenen

Augen, sein roter Bart und seine großen, haarigen Ohren verliehen ihm ein furchterregendes und wildes Aussehen.

Neben ihm war, wie das Lamm neben dem Wolf, das Porträt einer jungen Dame zu sehen, mit sanften blauen Augen, die Hände über einem Andachtsbuch auf der Brust gekreuzt, und blonde, lange, seidige Haarsträhnen, die ihr süßes Gesicht umschlossen eine herrliche goldene Aureola . Dieses Bild beeindruckte mich durch seine wunderbare Ähnlichkeit mit Odile von Nideck .

Ich habe noch nie etwas Schöneres und Bezaubernderes gesehen als dieses alte Gemälde auf Holz, das in seinen Umrissen zwar steif genug, aber herrlich erfrischend und naiv war.

Ich hatte dieses Bild einige Minuten lang aufmerksam betrachtet, als ein anderes Frauenporträt, das daneben hing, meine Aufmerksamkeit widerwillig abwandte. Hier war eine Frau vom echten westgotischen Typus, mit einer breiten, niedrigen Stirn, gelblichen Augen, hervorstehenden Wangenknochen, rotem Haar und einer Nase, die wie ein Adlerschnabel gebogen war.

Diese Frau muss hervorragend zu Hugh gepasst haben, dachte ich, und begann über das Kostüm nachzudenken, das perfekt zu der Energie passte, die im Kopf zum Ausdruck kam, denn die rechte Hand ruhte auf einem Schwert, und ein eiserner Brustpanzer umgab die Figur.

Es würde mir einige Schwierigkeiten bereiten, die Gedanken auszudrücken, die mir bei der Betrachtung dieser drei Porträts durch den Kopf gingen. Mein Blick wanderte mit einzigartiger Neugier von einem zum anderen.

Sperver , der an der Bibliothekstür stand, hatte die Aufmerksamkeit von Knapwurst mit einem scharfen Pfiff erregt, der den Würdigen dazu veranlasste, einen Blick in seine Richtung zu werfen, der ihn jedoch nicht von seiner Höhe herunterholte.

„Bin ich es, dass du pfeifst, um einen Hund zu mögen?“ sagte der Zwerg.

„Das bin ich, du Ungeziefer! Das ist eine Ehre, die du nicht verdienst.“

„Hör mir einfach zu, Sperver “, antwortete der kleine Mann mit erhabener Verachtung; „Du kannst nicht so hoch spucken wie mein Schuh!“ was er verächtlich hinhielt.

„Angenommen, ich würde hochkommen?“

Stufe hochkommst, werde ich dich mit diesem Band platt machen!“

Gideon lachte und antwortete:

„Werde nicht böse, Freund. Ich möchte dir nicht schaden. Im Gegenteil, ich respektiere dich sehr für deine Gelehrsamkeit. Aber was ich wissen möchte, ist, was du hier so früh am Morgen tust. im Lampenlicht? Du siehst aus, als hättest du hier übernachtet."

„ Das habe ich. Ich habe die ganze Nacht gelesen."

„Sind die Tage nicht lang genug, um sich einzulesen?"

„Nein, ich verfolge eine wichtige Anfrage und möchte nicht schlafen, bis ich zufrieden bin."

„In der Tat; und was könnte diese sehr wichtige Frage sein?"

„Ich muss herausfinden, unter welchen Umständen Ludwig von Nideck meinen Vorfahren Otto den Zwerg in den Wäldern Thüringens entdeckt hat. Du weißt, Sperver , dass mein Vorfahre Otto nur eine Elle groß war, also anderthalb Fuß. Er erfreute die Welt mit seiner Weisheit und machte eine ehrenvolle Figur bei der Krönung Herzog Rudolphs . Graf Ludwig ließ ihn in einem kalten gebratenen Pfau in seinem ganzen Gefieder servieren . Es war damals eine der größten Köstlichkeiten, die serviert wurden rundum mit Spanferkeln geschmückt, vergoldet und versilbert. Während des Banketts breitete Otto immer wieder den Pfauenschwanz aus, und alle Herren, Höflinge und Damen von hoher Geburt staunten und freuten sich über dieses wunderbare Stück Mechanismus. Endlich kam er heraus Er hielt das Schwert in der Hand und schrie mit lauter Stimme: „Lang lebe Herzog Rudolf !" und der Ruf wurde von der ganzen Tafel mit Jubelrufen wiederholt. Bernard Herzog erwähnt dieses Ereignis, hat es aber versäumt, uns mitzuteilen, woher dieser Zwerg kam aus, ob er von hoher Abstammung oder von niedriger Herkunft war, was jedoch sehr unwahrscheinlich ist, denn die niedere Art von Menschen hat nicht so viel Verstand."

Ich war erstaunt darüber, wie stolz ein so kleines Wesen war, doch meine Neugier hielt mich davon ab, zu viel von meinen Gefühlen zu zeigen, denn er allein konnte mir Informationen über die Porträts liefern, die dem von Hugh Lupus beigefügt waren.

„Monsieur Knapwurst ", begann ich sehr respektvoll, „würden Sie mir den Gefallen tun, indem Sie mich über bestimmte historische Zweifel aufklären?"

„Sprechen Sie, mein Herr, ohne Zwang; beim Thema Familiengeschichte und Chroniken stehe ich Ihnen voll und ganz zur Verfügung. Andere Dinge interessieren mich nicht."

„Ich möchte einige Einzelheiten über die beiden Porträts auf jeder Seite des Gründers dieser Rasse erfahren."

"Aha!" rief Knapwurst mit einem Glanz der Befriedigung, der seine abscheulichen Gesichtszüge erhellte; „Du meinst Hedwige und Huldine , die beiden Frauen von Hugh Lupus."

Und er legte sein Buch nieder und stieg von der Leiter herab, um in aller Ruhe sprechen zu können. Seine Augen glänzten und die Freude befriedigter Eitelkeit strahlte aus ihnen, als er seine große Gelehrsamkeit zur Schau stellte.

Als er an meiner Seite angekommen war , verneigte er sich mit feierlichem Ernst vor mir. Sperver stand hinter uns und war sehr zufrieden, dass ich den Zwerg von Nideck bewunderte . Trotz des Unglücks, das seiner Meinung nach mit dem Erscheinen des kleinen Monsters einherging, respektierte er sein überlegenes Wissen und prahlte damit.

„Herr", sagte Knapwurst und zeigte mit seiner gelben Hand auf die Porträts, „Hugh von Nideck , der erste seiner berühmten Rasse, heiratete 832 Hedwig von Lützelbourg , die ihm die Grafschaften Giromani und Haut Barr als Mitgift brachte." , die Burgen Geroldseck , Teufelshorn und andere. Hugh Lupus hatte keine Nachkommenschaft mit seiner ersten Frau, die jung im Jahr unseres Herrn 837 starb. Dann weigerte sich Hugo, Herr und Besitzer der Mitgift geworden zu sein, sie herzugeben , und es kam zu schrecklichen Kämpfen zwischen ihm und seinen Schwagern. Aber seine zweite Frau, Huldine , die Sie dort in einem stählernen Brustharnisch sehen, stand ihm mit ihrem weisen Rat zur Seite. Es ist nicht bekannt, woher oder aus welcher Familie sie kam. Trotzdem rettete sie Hugh das Leben, der von Franz von Lützelbourg gefangen genommen worden war . Er hätte noch am selben Tag gehängt werden sollen, und auf den Stadtmauern war bereits ein Galgen aufgestellt worden, als Huldine an der Spitze ihres Mannes stand Vasallen, die sie mit ihrem eigenen Mut bewaffnet und inspiriert hatte, brachen tapfer ein, ließen Hugh frei und hängten Frantz an seiner Stelle auf. Hugh hatte seine Frau im Jahr 842 geheiratet und hatte mit ihr drei Kinder.

„Also", fuhr ich nachdenklich fort, „die erste dieser Frauen hieß Hedwige , und die Nachkommen von Nideck sind nicht mit ihr verwandt?"

"Gar nicht."

„Bist du dir ganz sicher?"

„Ich kann Ihnen unseren Stammbaum zeigen; Hedwige hatte keine Kinder; Huldine , die zweite Frau, hatte drei."

„Das überrascht mich."

„Warum?"

„Ich dachte, ich hätte eine Ähnlichkeit festgestellt."

„Oho! Ähnlichkeit! Quatsch!“ rief Knapwurst mit einem misstönenden Lachen. „Sehen Sie – schauen Sie sich diese hölzerne Schnupftabakdose an. Darin sehen Sie ein Porträt meines Urgroßvaters Hanswurst . Seine Nase ist so lang und spitz wie ein Feuerlöscher und seine Kiefer wie Nussknacker. Wie wirkt sich das auf sein Wesen aus? Großvater von mir – eines Mannes mit fein geformten Gesichtszügen und einem angenehmen Mund?“

„Oh nein! – natürlich nicht.“

„Nun, so ist es auch mit den Nidecks . Einige von ihnen mögen wie Hedwige sein , aber trotzdem ist Huldine das Oberhaupt ihrer Vorfahren. Sehen Sie sich den Stammbaum an. Nun, Sir, sind Sie zufrieden?“

Dann trennten wir uns – Knapwurst und ich – ausgezeichnete Freunde.

KAPITEL V.

„Trotzdem“, dachte ich, „gibt es die Ähnlichkeit. Es ist kein Zufall. Was ist Zufall? So etwas gibt es nicht; es ist Unsinn, vom Zufall zu reden. Es muss etwas Höheres sein!“

versunken folgte ich meinem Freund Sperver , der nun seinen Spaziergang durch den Korridor fortsetzte. Das Porträt von Hedwige in seiner ganzen schlichten Einfachheit vermischte sich in meiner Vorstellung mit dem Gesicht von Odile.

Plötzlich blieb Gideon stehen, und als ich den Blick hob, sah ich, dass wir vor der Tür des Grafen standen.

„Komm herein, Fritz“, sagte er, „und ich werde den Hunden Futter geben. Wenn der Herr weg ist, vernachlässigen die Diener ihre Pflicht; ich werde dich nach und nach holen.“

Ich trat ein, denn der Wunsch, die junge Dame zu sehen, war größer als der Graf, ihr Vater. Ich habe mir selbst die Schuld für meine Nachlässigkeit gegeben, aber es gibt keine Kontrolle über die eigenen Interessen und Zuneigungen. Ich war sehr überrascht, im Dämmerlicht der Nische die liegende Gestalt des Grafen zu sehen, der sich auf seinen Ellbogen stützte und mich mit tiefer Aufmerksamkeit beobachtete. Ich war so wenig auf diese Prüfung vorbereitet, dass es mir ziemlich an Selbstbeherrschung mangelte.

„Kommen Sie näher, Monsieur le docteur “, sagte er mit schwacher, aber fester Stimme und streckte seine Hand aus. „Mein treuer Sperver hat mir gegenüber oft deinen Namen erwähnt; und ich wollte unbedingt deine Bekanntschaft machen.“

„Hoffen wir, mein Herr, dass es unter günstigeren Umständen weitergehen wird . Ein wenig Geduld, und wir werden diesen Angriff abwenden."

„Ich glaube nicht", antwortete er. „Ich spüre, wie meine Zeit naht."

„Sie irren sich, Mylord."

„Nein; die Natur gewährt uns als letzten Gefallen die Vorahnung unseres nahenden Endes."

„Wie oft habe ich solche Vorahnungen verfälscht gesehen!" Sagte ich mit einem Lächeln.

Er blickte mich forschend an, wie es bei Patienten üblich ist, die sich Sorgen um ihre Zukunftsaussichten machen. Es ist ein schwieriger Moment für den Arzt. Die moralische Stärke seines Patienten hängt vom Ausdruck der Festigkeit seiner Überzeugungen ab; das Auge des Leidenden dringt in die innerste Seele seines Bewusstseins ein; wenn er glaubt, irgendeinen Hinweis oder einen Hauch von Zweifel entdecken zu können, ist sein Schicksal besiegelt; Depressionen setzen ein; Die geheimen Quellen, die die Elastizität des Geistes aufrechterhalten, geben nach, und die Unordnung nimmt ihren ganz eigenen Lauf.

Ich bestand meine Prüfung fest und erfolgreich, und der Graf schien wieder Selbstvertrauen zu gewinnen; er drückte erneut meine Hand und ergab sich ruhig und zuversichtlich meiner Behandlung.

Erst dann bemerkte ich Mademoiselle Odile und eine alte Dame, zweifellos ihre Gouvernante, die an ihrem Bett am anderen Ende der Nische saßen.

Sie grüßten mich schweigend, und plötzlich tauchte das Bild in der Bibliothek wieder vor mir auf.

„Sie ist es", sagte ich, „Hughs erste Frau. Da ist die schöne und edle Stirn, da sind die langen Wimpern und dieses traurige, unergründliche Lächeln. Oh, wie viel Vergangenes liegt im Lächeln einer Frau! Suche nicht, Dann, für unvergleichliche Freude und Vergnügen! Ihr Lächeln dient nur dazu, unsagbare Sorgen, Zukunftsängste und sogar herzzerreißende Sorgen zu verschleiern. Die Magd, die Frau, die Mutter, lächeln und lächeln, selbst wenn das Herz bricht und sich der Abgrund öffnet . O Frau! Das ist dein Teil im tödlichen Kampf des menschlichen Lebens!"

Ich ging diesen Überlegungen nach, als der Herr von Nideck zu sprechen begann:

„Wenn mein liebes Kind Odile nur meine Wünsche berücksichtigen würde , glaube ich, dass meine Gesundheit zurückkehren würde."

Ich blickte zur jungen Gräfin; Sie richtete ihren Blick auf den Boden und schien schweigend zu beten.

„Ja", fuhr der Kranke fort, „ich würde dann ins Leben zurückkehren; die Aussicht, mich von einer jungen Familie umgeben zu sehen, Enkelkinder an mein Herz zu drücken und die Nachfolge meines Hauses zu sehen, würde mich wiederbeleben."

Der milde und sanfte Ton der Bitte, in dem dies gesagt wurde, berührte mich zutiefst mit Mitgefühl; aber die junge Dame antwortete nicht.

Nach ein oder zwei Minuten fuhr der Graf, der sie wachsam im Auge behielt, fort:

„Odile, du weigerst dich, deinen Vater zu einem glücklichen Mann zu machen? Ich bitte nur um eine schwache Hoffnung Auszeichnung und mit Ehre . Wer wäre nicht stolz, die Hand meiner Tochter zu gewinnen? Es steht Ihnen völlig frei, selbst zu entscheiden.

Er stoppte.

Für einen Fremden gibt es nichts Schmerzlicheres als diese Familienstreitigkeiten. Es sind so widersprüchliche Interessen und so viele private Motive am Werk, dass es uns aus bloßer Bescheidenheit zur Pflicht machen sollte, uns von solchen Diskussionen fernzuhalten. Ich hatte Schmerzen und wäre gerne in den Ruhestand gegangen. Doch die Umstände des Falles ließen dies zu.

„Mein lieber Vater", sagte Odile, als wollte sie jeder weiteren Diskussion ausweichen, „es wird dir besser gehen. Der Himmel wird dich nicht von denen wegnehmen, die dich lieben. Wenn du nur wüsstest, mit welcher Inbrunst ich für dich bete!"

„Das ist keine Antwort", sagte der Graf trocken. „Welche Einwände können Sie gegen meinen Vorschlag erheben? Ist er nicht fair und natürlich? Soll mir der Trost vorenthalten werden, der den Bedürftigsten und Elendsten zuteil wird? Sie wissen, dass ich Ihnen gegenüber offen und offen gehandelt habe."

„Das hast du, mein Vater."

„Dann nennen Sie mir den Grund für Ihre Ablehnung."

„Mein Entschluss steht fest – ich habe mich Gott geweiht."

So viel Festigkeit in einem so gebrechlichen Wesen ließ mich zittern. Sie stand wie die skulpturale Madonna in Hughs Turm, ruhig und unbeweglich, so schwach ihr Aussehen auch sein mochte.

Die Augen des Grafen entzündeten sich mit einem bedrohlichen Feuer. Ich versuchte, der jungen Gräfin durch Zeichen zu verstehen zu geben, wie gern ich hören würde, wenn sie auch nur die geringste Hoffnung machte und seine aufkeimende Leidenschaft besänftigte; aber sie schien mich nicht zu sehen.

„Also", rief er mit gedämpfter Stimme, als würde er erwürgen, „also wirst du zusehen, wie dein Vater umkommt? Ein Wort würde ihn wieder zum Leben erwecken, und du weigerst dich, dieses eine Wort zu sagen?"

„Das Leben liegt nicht in der Hand des Menschen, denn es ist Gottes Geschenk; mein Wort kann nichts nützen."

„Das sind nichts weiter als fromme Maximen", antwortete der Graf verächtlich, „um dich von deiner Pflicht zu entbinden. Aber hat Gott nicht gesagt: ‚Ehre deinen Vater und deine Mutter?'"

„Ich ehre dich wirklich ", antwortete sie sanft. „Aber es ist meine Pflicht, nicht zu heiraten."

Ich konnte das Knirschen und Knirschen der Zähne des Mannes hören. Er lag scheinbar ruhig da, drehte sich aber plötzlich um und rief:

„Verlass mich; dein Anblick beleidigt mich!"

Und als ich mit widersprüchlichen Gefühlen aufgeregt daneben stand, sprach er mich an:

„Doktor", rief er mit einem wilden Grinsen, „können Sie mir irgendein heftiges, bösartiges Gift verabreichen – etwas, das mich wie ein Blitz zerstört? Es wäre eine Gnade, mich wie einen Hund zu vergiften, anstatt mich leiden zu lassen." wie ich es tue."

Seine Gesichtszüge zuckten krampfhaft, seine Farbe wurde bläulich.

Odile stand auf und ging zur Tür.

"Bleiben!" er heulte wütend: „Bleib, bis ich dich verflucht habe!"

Bisher hatte ich schweigend danebengestanden und es nicht gewagt, zwischen Vater und Tochter einzugreifen, aber jetzt konnte ich es nicht länger zurückhalten .

„Monseigneur", rief ich, „beruhigen Sie sich im Interesse Ihrer eigenen Gesundheit, im Interesse der bloßen Gerechtigkeit und Fairness; Ihr Leben steht auf dem Spiel."

„Was zählt mein Leben? Was zählt die Zukunft? Gibt es hier ein Messer, das mir ein Ende setzt? Lass mich sterben!"

Seine Aufregung steigerte sich von Minute zu Minute. Es schien mir zu fürchten, dass er in einem hektischen Moment aus dem Bett springen und das Leben seines Kindes zerstören könnte. Aber sie kniete ruhig, wenn auch totenbleich, vor der Tür, die offen stand, und draußen konnte ich Sperver sehen , dessen Gesichtszüge die tiefste Angst verrieten. Er näherte sich lautlos und beugte sich zu Odile –

„Oh, Mademoiselle!" Er flüsterte: „Mademoiselle, der Graf ist so ein würdiger, guter Mann. Wenn Sie nur sagen würden: ‚Vielleicht – nach und nach – werden wir sehen.'"

Sie gab keine Antwort und änderte ihre Haltung nicht.

In diesem Moment überredete ich den Herrn von Nideck , ein paar Tropfen Laudanum zu nehmen; Er ließ sich seufzend zurückfallen, und schon bald wurden sein Keuchen und seine unregelmäßige Atmung unter dem Einfluss eines tiefen und schweren Schlafs gemäßigter.

Odile stand auf, und ihre alte Freundin, die ihre Lippen nicht geöffnet hatte, ging mit ihr hinaus. Sperver und ich beobachteten, wie sich ihre Gestalten langsam zurückzogen. Im Schritt der jungen Gräfin lag eine ruhige Erhabenheit, die das Bewusstsein erfüllter Pflichten zum Ausdruck zu bringen schien.

Als sie den langen Korridor entlang verschwunden war, drehte sich Gideon zu mir um.

„Nun, Fritz", sagte er ernst, „was ist deine Meinung?"

Ich senkte den Kopf, ohne zu antworten. Die unglaubliche Festigkeit dieses Mädchens überraschte und verwirrte mich.

KAPITEL VI.

Spervers Empörung wuchs.

„Da ist das Glück und die Glückseligkeit der Reichen! Was nützt es, Herr von Nideck zu sein , mit Burgen, Wäldern, Seen und all den schönsten Teilen des Schwarzwalds, wenn ein unschuldig aussehendes Mädchen kommt und in ihrer Süße zu dir sagt sanfte Stimme: „Ist das dein Wille? Nun, es ist nicht meiner. Sagst du, ich muss? Nun, ich sage nein, ich werde nicht." Ist es nicht furchtbar? Wäre es nicht besser, der Sohn eines Holzfällers zu sein und ruhig vom Lohn der Arbeit zu leben? Komm schon, Fritz, lass uns gehen. Ich ersticke hier, ich will ins Freie. "

Und der gute Kerl packte mich am Arm und zerrte mich den Korridor entlang.

Es war jetzt ungefähr neun Uhr. Der Himmel war schön gewesen, als wir aufgestanden waren, aber jetzt hatten die Wolken wieder die trostlose Erde bedeckt, der Nordwind wirbelte den Schnee in geisterhaften Wirbeln gegen die Fensterscheiben, und ich konnte die Gipfel der benachbarten Berge kaum erkennen.

Offenloch , den würdigen Haushofmeister, in einem Zustand großen Herzklopfens gegenüberstanden .

"Hallo!" schrie er und versperrte uns mit seinem Stock quer durch den Gang den Weg; „Wo willst du so eilig hin? Was ist mit unserem Frühstück?“

„Frühstück! Welches Frühstück meinst du?“ fragte Sperver .

„Was meinst du damit, so zu tun, als hättest du vergessen, welches Frühstück? Wollen wir nicht heute Morgen mit Doktor Fritz frühstücken?“

„Aha! So sind wir! Ich hatte es ganz vergessen.“

Und Offenloch brach in ein lautes Lachen aus, das sein fröhliches Gesicht von einem Ohr zum anderen teilte.

„Ha ha! Fühlen Sie sich dort wohl. Auf Wiedersehen, Herr Doktor.“

„Kommst du nicht mit uns mit?“ fragte Sperver .

„Nein, ich werde der Gräfin sagen, dass der Baron von Zimmer- Bluderich die Ehre erbittet , ihr persönlich zu danken, bevor er das Schloss verlässt.“

„Der Baron de Zimmer?“

„Ja, dieser Fremde, der gestern mitten in der Nacht kam.“

„Nun, Sie müssen sich beeilen.“

„Ja, es dauert nicht lange. Bevor du mit dem Entkorken der Flaschen fertig bist , werde ich wieder bei dir sein.“

Und er humpelte so schnell er konnte davon.

Spervers Gedanken eine andere Wendung gegeben .

„Genau“, bemerkte er und drehte sich um; „Der beste Weg, alle Sorgen zu ertränken, ist, einen guten Schluck Wein zu trinken. Ich bin sehr froh, dass wir in meinem Zimmer frühstücken. Unter diesen großen hohen Gewölben in der Fechtschule, wenn man an einem kleinen Tisch sitzt, fühlt man sich Genau wie Mäuse, die in einer Ecke einer großen Kirche an einer Nuss knabbern. Hier sind wir, Fritz. Hören Sie einfach dem Wind zu, der durch die Schießscharten pfeift. In einer halben Stunde wird es stürmen.

Er stieß die Tür auf; und Kasper, der nur mit den Fingern auf die Fensterscheiben trommelte, schien sich sehr zu freuen, uns zu sehen. Dieser kleine Mann hatte flachsblondes Haar und eine Stupsnase. Sperver hatte ihn zu seinem Faktotum gemacht; Er war es, der seine Waffen zerlegte und reinigte, das Geschirr der Reitpferde reparierte, in seiner Abwesenheit die

Hunde fütterte und in der Küche die Zubereitung seiner Lieblingsgerichte überwachte . Bei großen Anlässen war er Vorreiter. Er stand nun da, eine Serviette über dem Arm, und entkorkte ernst die langhalsige Flasche Rheinisch.

„Kasper", sagte sein Herr, sobald er diesen zufriedenstellenden Stand der Dinge überblickt hatte, „Kasper, ich war gestern sehr zufrieden mit dir; alles war ausgezeichnet, das gebratene Zicklein, das Huhn und der Fisch. Ich mag fair." -spielen, und wenn ein Mann seine Pflicht getan hat, sage ich es ihm gerne. Heute bin ich genauso zufrieden. Der Eberkopf sieht mit seiner Weißweinsauce hervorragend aus, die Flusskrebssuppe auch . Nicht wahr? auch deine Meinung, Fritz?"

Ich stimmte zu.

„Nun", sagte Sperver , „da es so ist, werden Sie die Ehre haben , unsere Gläser zu füllen. Ich habe vor, Sie Schritt für Schritt zu erziehen, denn Sie sind ein sehr verdienstvoller Kerl."

Kasper blickte verschämt nach unten und errötete; er schien das Lob seines Meisters zu genießen.

Wir nahmen unsere Plätze ein, und ich wunderte mich über diesen alten Wilderer, der sich in früheren Jahren damit zufrieden gab, in seinem Cottage seine eigenen Kartoffeln zu kochen, und nun die Mienen eines großen Seigneurs annahm. Wäre er als Herr von Nideck geboren worden, hätte er bei Tisch keine edlere und würdevollere Haltung an den Tag legen können. Ein einziger Blick brachte Kasper an seine Seite und brachte ihn dazu, die eine oder andere Flasche oder das Gericht zu bringen, das er brauchte.

Wir wollten gerade den Kopf des Ebers angreifen, als Meister Tobias persönlich erschien, gefolgt von keinem Geringeren als dem Baron von Zimmer- Blüderich , begleitet von seinem Stallknecht.

Wir erhoben uns von unseren Plätzen. Der junge Baron kam uns mit unbedecktem Haupt entgegen. Es war ein edler Kopf, blass und hochmütig, umgeben von feinem dunklen Haar. Er blieb vor Sperver stehen .

„Monsieur", sagte er mit diesem rein sächsischen Akzent, an den kein anderer Dialekt herankommt, „ich bin gekommen, um Sie um Informationen über diesen Ort zu bitten. Madame la Comtesse de Nideck sagt mir, dass niemand diese Berge so gut kennt wie Sie." "

„Das ist völlig wahr, Monseigneur , und ich stehe Ihnen voll und ganz zur Verfügung."

„Umstände von großer Dringlichkeit zwingen mich, mitten im Sturm aufzubrechen", antwortete der Baron und deutete auf die Fensterscheiben, die dicht mit Schneeflocken bedeckt waren. „Ich muss Wald Horn erreichen, sechs Meilen von hier entfernt!"

„Das wird eine schwierige Angelegenheit, Mylord, denn alle Straßen sind mit Schnee verstopft."

„Das ist mir bewusst, aber die Notwendigkeit verpflichtet."

„Dann brauchen Sie einen Führer. Ich werde, wenn Sie mir erlauben, zu Sébalt Kraft gehen, dem Oberjägermeister von Nideck . Er kennt die Berge fast so gut wie ich."

„Ich bin Ihnen für Ihre freundlichen Angebote sehr dankbar und sehr dankbar, kann sie aber dennoch nicht annehmen. Ihre Anweisungen werden völlig ausreichen."

Sperver verbeugte sich, dann trat er an ein Fenster und öffnete es weit. Ein wütender Windstoß strömte herein, trieb den wirbelnden Schnee bis zum Korridor und schlug die Tür mit einem Krachen zu.

Ich blieb bei meinem Stuhl und lehnte mich auf die Rückenlehne. Kasper schlich sich in eine Ecke. Sperver und der Baron standen mit seinem Bräutigam am offenen Fenster.

„Meine Herren", sagte Sperver mit lauter Stimme, um sich im heulenden Wind Gehör zu verschaffen, und mit ausgestrecktem Arm, „Sie sehen das Land vor sich auf einer Karte. Wenn das Wetter schön wäre , würde ich Sie auf den Turm bringen und dann." Wir könnten den ganzen Schwarzwald zu unseren Füßen sehen, aber jetzt nützt es nichts. Hier sehen Sie den Gipfel des Altenbergs . Weiter hinten hinter diesem weißen Grat können Sie das Waldhorn sehen, das von einem wütenden Sturm heimgesucht wurde. Sie Sie müssen geradeaus auf das Waldhorn zusteuern. Vom Gipfel des Felsens, der wie eine Mitra geformt zu sein scheint und Roche Fendue heißt , sehen Sie drei Gipfel, den Behrenkopp , den Geierstein und den Trielfels . Letzterer befindet sich hier Auf der rechten Seite müssen Sie weitergehen. Es gibt einen Wildbach, der das Rhéthal -Tal durchquert , aber jetzt muss er zugefroren sein. Wenn Sie nicht weiterkommen, finden Sie auf der linken Seite, wenn Sie dem Ufer folgen, einen Höhle auf halber Höhe des Hügels, Roche Creuse genannt . Dort können Sie die Nacht verbringen und morgen, wenn der Wind nachlässt, werden Sie höchstwahrscheinlich das Waldhorn vor sich sehen. Wenn Sie das Glück haben, einen Köhler zu treffen, kann er Ihnen vielleicht zeigen, wo sich eine Furt über dem Bach befindet. aber ich bezweifle, dass man an einem solchen Tag irgendwo einen finden wird. Aus unserer Nachbarschaft gibt es keine . Achten Sie nur darauf, direkt am Fuß des Behrenkopfes vorbeizugehen , da Sie auf der anderen Seite nicht absteigen können. Es ist ein Abgrund."

Während dieser Beobachtungen beobachtete ich Sperver , dessen klare, energische Töne die verschiedenen Punkte der Straße mit größter Präzision anzeigten, und ich beobachtete auch den jungen Baron, der mit größter Aufmerksamkeit zuhörte. Kein Hindernis schien ihn zu beunruhigen. Der alte Bräutigam schien nicht weniger an dem Unternehmen interessiert zu sein.

Gerade als sie das Fenster verließen, brach für einen Moment ein Licht durch die grauen Schneewolken – einer dieser Momente, in denen der wirbelnde Wind die fallenden Schneewolken ergreift und sie wie schwebende weiße Gewänder wieder zurückschleudert. Dann gab es für einen Moment einen Blick auf die Ferne. Hinter dem Altenberg ragten die drei Gipfel hervor . Die Beschreibung, die Sperver von unsichtbaren Objekten gegeben hatte, wurde für einige Augenblicke sichtbar; dann war die Luft wieder von gespenstischen Wolken fliegenden Schnees umgeben.

„Danke“, sagte der Baron. „Jetzt habe ich den Punkt erkannt, den ich anstreben soll, und dank Ihrer Erklärungen hoffe ich, ihn zu erreichen.“

Sperver verbeugte sich, ohne zu antworten. Nachdem der junge Mann und sein Diener uns gegrüßt hatten, zogen sie sich langsam und ernst zurück.

Gideon schloss das Fenster und wandte sich an Meister Tobias und mich:

„Es muss ein Mann sein, bei so einem schrecklichen Wetter wie diesem aufzubrechen. Ich könnte an einem Tag wie diesem kaum einen Wolf ausschalten. Allerdings ist es ihre Sache, nicht meine. Ich scheine mich an das Gesicht dieses jungen Mannes zu erinnern.“ , und die seines Dieners auch. Jetzt lasst uns trinken! Maître Tobie, Ihre Gesundheit!“

Ich war zum Fenster gegangen, und als der Baron Zimmer und sein Stallknecht in der Mitte des Hofes zu Pferd saßen, sah ich trotz des Schnees, der die Luft erfüllte, links einen Türmchen mit langen gotischen Fenstern , das blasse Gesicht von Odile richtete sich lange und besorgt auf den jungen Mann.

„Hallo, Fritz! Was machst du?“

„Ich schaue mir nur die Pferde dieser Fremden an.“

„Oh, die Walachen! Ich habe sie heute Morgen im Stall gesehen. Es sind prächtige Tiere.“

Die Reiter galoppierten mit voller Geschwindigkeit davon, und der Vorhang im Turmfenster fiel herunter.

Kapitel VII.

Es folgten mehrere ereignislose Tage. Mein Leben in Nideck wurde langweilig und eintönig. Jeden Morgen ertönte der traurige Signalhornruf des Jägers, dessen Beschäftigung verschwunden war; dann kam ein Besuch beim Grafen; nach diesem Frühstück, mit Spervers endlosen Spekulationen über die Schwarze Pest, dem unaufhörlichen Geschwätz und Geschwätz von Marie Lagoutte , Maître Tobias und der ganzen Meute müßiger Diener, die nichts zu tun hatten, als zu essen und zu trinken, zu rauchen und schlafen zu gehen. Der einzige Mann, der überhaupt eine individuelle Existenz hatte, war Knapwurst , der den ganzen Tag bis zur Spitze seiner roten Nase in alten Chroniken vergraben saß und sich nicht um die Kälte kümmerte, solange es in seinen neugierigen Nachforschungen noch etwas zu entdecken gab .

Man kann sich leicht vorstellen, dass ich all dem überdrüssig bin. Zehnmal hatte Sperver mich durch die Ställe und Zwinger geführt; Die Hunde begannen mich zu kennen. Ich kannte alle groben Höflichkeiten des Haushofmeisters über seine Flaschen und Marie Lagouttes unveränderliche Antworten auswendig. Sébalts Melancholie steckte mich an; Gerne hätte ich ein wenig in sein Horn geblasen, um den Bergen meine *Langeweile zu verkünden* , und mein Blick war unaufhörlich auf Freiburg gerichtet.

Noch immer nahm die Unruhe von Yeri -Hans, dem Herrn von Nideck , ihren gewohnten Lauf, und dies gab meinem einzigen Beruf ernsthaftes Interesse. Alle Einzelheiten, mit denen Sperver mich bekannt gemacht hatte, erschienen mir deutlich; Manchmal erwachte der Graf erschrocken, erhob sich halb und murmelte, auf den Ellenbogen gestützt, mit ausgestrecktem Hals und verstörten Augen: „Sie kommt, sie kommt!“

Dann schüttelte Gideon den Kopf und stieg den Signalturm hinauf, aber weder rechts noch links konnte die Schwarze Pest entdeckt werden.

Nach langem Nachdenken über diese seltsame Krankheit kam ich zu dem Schluss, dass der Betroffene verrückt war. Der seltsame Einfluss, den die alte Hexe auf ihn ausübte, seine abwechselnden Phasen des Wahnsinns und der Klarheit bestätigten mich in dieser Ansicht.

Mediziner, die dem Thema geistiger Aberrationen besondere Aufmerksamkeit gewidmet haben, sind sich bewusst, dass periodischer Wahnsinn nicht selten vorkommt. In manchen Fällen tritt die Krankheit mehrmals im Jahr auf, in anderen nur zu bestimmten Jahreszeiten. Ich kenne in Freiburg eine alte Dame, die seit dreißig Jahren regelmäßig an der Tür der Anstalt erscheint. Auf ihren eigenen Wunsch sperren sie sie ein; Dann erlebt die unglückliche Frau jede Nacht die schrecklichen Szenen der Französischen Revolution, deren Zeugin sie in ihrer Jugend war. Sie zittert in den Händen des Henkers; sie glaubt, vom Blut der Opfer durchnässt zu sein; Sie weint und weint unaufhörlich. Im Laufe einiger Wochen kehrt der Geist zu seinem gewohnten Sitz zurück, und sie wird wieder in die Freiheit entlassen, in der festen Erwartung, dass sie in einem Jahr wieder zurückkehren wird.

„Der Graf von Nideck leidet unter einem ähnlichen Anfall“, sagte ich; „Unbekannte Ketten verbinden sein Schicksal mit dem der Schwarzen Pest. Wer kann das sagen?“ dachte ich; „Diese Frau war einst jung, vielleicht schön!“

Und sobald meine Fantasie in Gang gekommen war, führte sie mich in die interessanten Regionen der Romantik; aber ich achtete darauf, niemandem zu sagen, was ich dachte. Wenn ich Sperver diese Vermutungen offengelegt hätte, hätte er mir nie verziehen, dass ich mir eingebildet hätte, dass es irgendeine Vertrautheit zwischen seinem Meister und der Schwarzen Pest gegeben haben könnte; und was Mademoiselle Odile betrifft, so wagte ich nicht, ihr Wahnsinn vorzuschlagen.

Die arme junge Dame war offensichtlich sehr unglücklich. Ihre Weigerung, zu heiraten, hatte den Grafen so gegen sie erbittert, dass er es kaum ertragen konnte, sie in seiner Gegenwart zu haben. Er machte ihr bittere Vorwürfe wegen ihrer Undankbarkeit und ihres Ungehorsams und äußerte sich ausführlich über die Grausamkeit undankbarer Kinder. Manchmal folgten den Besuchen seiner Tochter sogar heftige Flüche. Die Dinge waren schließlich so schlimm, dass ich mich gezwungen sah, einzugreifen. Deshalb wartete ich eines Abends im Vorzimmer der Gräfin auf und bat sie, auf die persönliche Betreuung ihres Vaters zu verzichten. Doch hier trat entgegen allen Erwartungen ein ganz unvorhergesehenes Hindernis auf. Trotz all meiner Bitten bestand sie standhaft darauf, bei ihrem Vater aufzupassen und ihn zu pflegen, wie sie es bisher getan hatte.

„Es ist meine Pflicht“, wiederholte sie, „und keine Argumente werden meine Absicht erschüttern“, sagte sie bestimmt.

„Madam“, erwiderte ich in einem letzten Versuch, „Auch der Arztberuf hat seine Pflichten, und ein ehrenhafter Mann muss sie bis zur Härte und Grausamkeit erfüllen; Ihre Anwesenheit bringt Ihren Vater um.“

Ich werde mich mein ganzes Leben lang an die plötzliche Veränderung im Gesichtsausdruck von Odile erinnern.

Meine feierlichen Worte der Warnung schienen das Blut zum Herzen zurückfließen zu lassen; Ihr Gesicht wurde weiß wie Marmor, und ihre großen blauen Augen, die fest auf meine gerichtet waren, schienen in die geheimsten Winkel meiner Seele zu lesen.

„Ist das möglich, Herr?“ sie stammelte; „Bei Eurer Ehre , erklären Sie das? Sagen Sie es mir wahrheitsgemäß!“

„Ja, Madam, bei meiner Ehre .“

Es herrschte langes und schmerzhaftes Schweigen, das schließlich nur durch diese Worte mit leiser Stimme unterbrochen wurde:

„Der Wille Gottes geschehe!“

Und mit gesenktem Blick zog sie sich zurück.

Am Tag nach dieser Szene, gegen acht Uhr morgens, ging ich im Turm von Hugh Lupus auf und ab und dachte an die Krankheit des Grafen, deren Verlauf ich nicht vorhersagen konnte – und ich dachte auch an meine Patienten in Freiburg, die Ich könnte durch eine zu lange Abwesenheit verlieren – als drei diskrete Klopfen an meiner Tür meine Gedanken in einen anderen Kanal lenkten.

"Komm herein!"

Die Tür öffnete sich, und Marie Lagoutte stand drinnen und machte einen tiefen Knicks vor mir.

Der Besuch dieser alten Dame machte mich wütend, und ich wollte sie gerade anflehen, ihren Besuch zu verschieben, als etwas Geheimnisvolles in ihrem Gesicht meine Aufmerksamkeit erregte. Sie hatte einen rot-grünen Schal über ihre Schultern geworfen; Sie biss sich mit gesenktem Kopf auf die Lippen, und sobald sie die Tür geschlossen hatte, öffnete sie sie wieder und spähte hinaus, um sich zu vergewissern, dass ihr niemand gefolgt war.

„Was will sie von mir?“ Ich dachte; „Was bedeuten all diese Vorsichtsmaßnahmen?“

Und ich war ziemlich verwirrt.

„Monsieur le Docteur “, sagte die würdige Dame und kam auf mich zu, „ich bitte um Verzeihung, dass ich Sie so früh am Morgen störe, aber ich habe Ihnen etwas sehr Ernstes zu sagen.“

„Dann erzähl mir bitte alles darüber.“

„Es ist die Zählung.“

"In der Tat!"

„Ja, Sir; Sie wissen, dass ich letzte Nacht bei ihm gesessen habe.“

„Ich weiß. Bitte setzen Sie sich.“

Sie saß vor mir in einem großen Sessel, und ich konnte nicht umhin, den energischen Charakter ihres Kopfes zu bemerken, der mir am Abend meiner Ankunft im Schloss nur grotesk vorgekommen war.

„Doktor“, fuhr sie nach einer kurzen Pause fort und blickte mich mit ihren dunklen Augen an, „Sie wissen, dass ich weder schüchtern bin noch leicht

Angst habe. Ich habe im Laufe meines Lebens so viele schreckliche Dinge gesehen, dass ich mich jetzt über nichts wundere." Wenn man Marengo, Austerlitz und Moskau gesehen hat, gibt es nichts mehr, was einen aus der Fassung bringen könnte."

„Da bin ich mir sicher, Ma'am."

„Ich möchte mich nicht rühmen; das ist nicht der Grund, warum ich Ihnen das erzähle; sondern ich möchte Ihnen zeigen, dass ich kein entflohener Wahnsinniger bin und dass Sie mir glauben können, wenn ich Ihnen erzähle, was ich gesehen habe." "

Das wurde interessant.

„Nun", fuhr die gute Frau fort, „gestern Abend, zwischen neun und zehn, gerade als ich zu Bett ging, kam Offenloch herein und sagte zu mir: ‚Marie, du musst heute Abend beim Grafen sitzen.' ' Zuerst war ich überrascht. „Was ! wird Mademoiselle sich nicht aufsetzen?" „Nein, Mademoiselle geht es schlecht, und Sie müssen ihren Platz einnehmen." Armes Mädchen, sie ist krank; ich wusste, dass es damit vorbei sein würde, ich habe es ihr hundertmal gesagt; aber es ist immer so. Junge Leute glauben denen, die älter sind, nicht; und dann ist es ihr Vater . Also nahm ich mein Strickzeug, sagte Tobias gute Nacht und ging in Monseigneurs Zimmer. Dort wartete Sperver auf mich und ging zu Bett; da war ich also ganz allein.

Hier hielt die gute Frau einen Moment inne, gönnte sich eine Prise Schnupftabak und versuchte, ihre Gedanken zu ordnen. Ich lauschte mit gespannter Aufmerksamkeit auf das, was kommen würde.

„Gegen halb elf", fuhr sie fort, „saß ich neben dem Bett und zog von Zeit zu Zeit den Vorhang zu, um zu sehen, was der Graf tat; er rührte sich nicht, er schlief so ruhig wie ein Kind." Bis elf Uhr war alles in Ordnung, dann wurde ich müde. Eine alte Frau, mein Herr, kann nicht anders, sie muss trotz allem einschlafen. Ich habe nicht gedacht, dass etwas passieren würde, und ich sagte ich zu mir: „Er schläft sicher bis zum Morgengrauen." Gegen zwölf ließ der Wind nach; die großen Fenster hatten geklappert, aber jetzt war es still. Ich stand auf, um zu sehen, ob sich draußen etwas regte. Es war alles schwarz wie Tinte; also kehrte ich zu meinem Sessel zurück. I warf einen weiteren Blick auf den Patienten; ich sah, dass er sich keinen Zentimeter gerührt hatte, und begann mit dem Stricken; aber ein paar Minuten später begann ich zu nicken, zu nicken, und schlief sofort ein. Ich konnte nicht anders, Der Sessel war so weich und das Zimmer so warm, wer hätte das ändern können? Ich hatte wohl eine Stunde geschlafen, als mich ein scharfer Windstoß weckte. Ich öffnete meine Augen, und was denken Sie? Ich sah? Das hohe Mittelfenster stand weit offen, die Vorhänge waren zugezogen, und da in der Öffnung stand der Graf in seinem weißen Nachthemd, direkt auf dem Fensterbrett.

"Die Zählung?"

"Ja."

„Nein, das ist unmöglich; er kann sich nicht bewegen!“

„ Das dachte ich auch; aber so sah ich ihn eben. Er stand mit einer Fackel in der Hand; die Nacht war so dunkel und die Luft so still, dass die Flamme ganz gerade stand.“

Ich blickte Marie Anne voller Erstaunen an.

„Zuallererst“, sagte sie nach einem Moment des Schweigens, „den Anblick dieses langen, dünnen Mannes, der da mit seinen nackten Beinen stand, ich kann Ihnen versichern, dass es eine solche Wirkung auf mich hatte! Ich wollte schreien, aber dann dachte ich.“ „Vielleicht wandelt er im Schlaf; wenn ich schreie, wacht er auf, springt herunter und dann –“ Also sagte ich kein Wort, sondern starrte und starrte, bis ich sah, wie er seine Fackel in die Höhe hob Luft über seinem Kopf, dann senkte er es, dann wieder hoch und wieder runter, und das tat er dreimal, genau wie ein Mann, der Signale gibt; dann warf er es auf die Stadtmauer, schloss das Fenster, zog die Vorhänge zu und ging daran vorbei ohne etwas zu sagen, und ging ins Bett und murmelte ein paar Worte, die ich nicht verstehen konnte.

„Sind Sie sicher, dass Sie das alles gesehen haben, Ma'am?“

"Ziemlich sicher."

„Nun, es ist seltsam.“

„Das weiß ich, aber es ist wahr. Ah! Es hat mich zuerst überrascht, und als ich ihn dann wieder ins Bett legen sah und die Hände vor der Brust verschränkte, als wäre nichts passiert, sagte ich mir: , „Marie Anne, du hattest einen bösen Traum; das kann nicht wahr sein.“ Und so ging ich zum Fenster und dort sah ich die Fackel noch brennen; sie war in einen Busch nahe dem dritten Tor gefallen, und dort leuchtete sie wie ein Feuerfunke. Es war nicht zu leugnen.

Marie Lagoutte sah mich einige Augenblicke schweigend an.

„Sie können sicher sein, Herr Doktor, dass ich danach nicht mehr geschlafen habe; ich saß da und war auf alles vorbereitet. Jeden Moment glaubte ich, etwas hinter dem Sessel zu hören. Ich hatte keine Angst – das war es nicht – aber Ich war unruhig und unruhig. Als der Morgen kam, lief ich sehr früh los, weckte Offenloch und schickte ihn zum Grafen. Als ich den Korridor entlangging, bemerkte ich, dass beim ersten Klingeln keine Fackel war, und als ich herunterkam, fand ich sie in der Nähe der Enge Weg zum Schwarzwald; da ist er!"

Und die gute Frau holte unter ihrer Schürze die Spitze einer Fackel hervor und warf sie auf den Tisch.

Ich war verwirrt.

Wie konnte dieser Mann, den ich in der Nacht zuvor schwach und erschöpft gesehen hatte, aufstehen, gehen, das schwere Fenster hochheben und schließen? Was bedeutete dieses Signal bei Nacht? Es kam mir vor, als wäre ich Zeuge dieser seltsamen, mysteriösen Szene, und meine Gedanken wanderten sofort zur Schwarzen Pest. Als ich mich aus dieser Betrachtung meiner eigenen Gedanken erwachte, sah ich, wie Marie Lagoutte aufstand und sich zum Gehen bereit machte.

„Sie haben es ganz richtig gemacht", sagte ich, als ich sie zur Tür führte, „mir von diesen Dingen zu erzählen, und ich bin Ihnen sehr dankbar. Haben Sie sonst noch jemandem von diesem Abenteuer erzählt?"

„Niemand, Herr; solche Dinge dürfen nur dem Priester und dem Arzt gesagt werden."

„Komm, ich sehe, du bist eine sehr weise, vernünftige Frau."

Diese Worte wurden an der Tür meines Turms ausgetauscht. In diesem Moment erschien Sperver am Ende der Galerie, gefolgt von seinem Freund Sébalt .

„Fritz!" Er rief: „Ich habe dir Neuigkeiten zu erzählen."

„Ach, komm!" dachte ich: „Noch mehr Neuigkeiten! Das ist ein seltsamer Zustand."

Marie Lagoutte war verschwunden und der Jäger und sein Freund betraten den Turm.

KAPITEL VIII.

Auf dem Gesicht Spervers lag ein Ausdruck unterdrückten Zorns, auf dem seines Begleiters bittere Ironie. Dieser würdige Sportler, dessen traurige Physiognomie mir bei meiner ersten Ankunft in Nideck aufgefallen war , war dünn und dürr wie eine Latte. Seine Jagdjacke war mit einem Gürtel fest um ihn gegürtet, an dem ein Jagdmesser mit Horngriff hing; lange Ledergamaschen reichten bis über seine Knie; das Horn ging von rechts nach links über seine Schulter, die weite Öffnung unter seinem Arm; auf dem Kopf einen breitkrempigen Hut mit einem Reiherbusch in der Schnalle. Sein

Profil, das in einem rötlichen Büschel spitz zulief, sah dem einer Ziege nicht unähnlich.

„Ja", rief Sperver , „ich habe dir seltsame Dinge zu erzählen."

Er warf sich auf einen Stuhl und umfasste seinen Kopf mit seinen geballten Händen, während der düstere Sébalt ruhig sein Horn über seinen Kopf zog und es auf den Tisch legte.

„Jetzt, Sébalt ", rief Gideon, „rede dich zu Wort."

„Die Hexe treibt sich im Schloss herum."

Diese Information hätte mich nicht interessiert, bevor ich Marie Lagoutte gesehen habe , aber jetzt traf sie mich noch stärker. Es gab sicherlich eine mysteriöse Verbindung zwischen dem Herrn von Nideck und dieser alten Frau. Ich wusste nichts über die Natur dieser Verbindung und hatte das Gefühl, dass ich sie um jeden Preis wissen musste.

„Wartet einen Moment, Freunde", sagte ich zu Sperver und seinem Kameraden. „Ich möchte zunächst einmal wissen, woher dieser schwarze Schädling kommt?"

Sperver starrte mich erstaunt an.

„Herkommen? Wer kann das sagen?"

„Na gut, das geht nicht. Aber wann kommt sie in Sichtweite von Nideck ?"

„Wie ich Ihnen schon sagte, zehn Tage vor Weihnachten, jedes Jahr zur gleichen Zeit."

„Und wie lange bleibt sie?"

„Vierzehn Tage oder drei Wochen."

„ Ist sie jemals zuvor gesehen worden? Nicht einmal unterwegs? Und auch danach nicht?"

"NEIN."

„Dann müssen wir sie fangen, ergreifen", rief ich. „Das widerspricht der Natur. Wir müssen herausfinden, wo sie herkommt, was sie hier will, was sie ist."

„Ergreifen Sie sie!" rief Sperver aus ; „Ergreifen Sie sie! Ist das Ihr Ernst?" und er schüttelte den Kopf. „Fritz, dein Rat ist auf seine Weise gut genug, aber er ist leichter gesagt als getan. Ich könnte ihr fast jederzeit eine Kugel hinterherschicken; aber der Graf ist mit dieser Maßnahme nicht einverstanden; und was das Fangen angeht." auf keine andere Weise als mit Pulver und Schrot, also gehen Sie besser zuerst und fangen Sie ein

Eichhörnchen am Schwanz! Hören Sie sich Sébalts Geschichte an, und Sie werden selbst urteilen."

Der Hundeführer saß mit gekreuzten Beinen auf dem Tisch, blickte mich traurig an und begann seine Geschichte.

Altenberg herunterkam , folgte ich der hohlen Straße nach Nideck . Der Schnee füllte sie vollständig aus. Ich ging weiter und dachte an nichts Besonderes, als ich eine Fußspur bemerkte; sie war es tief hinunter und ging über die Straße. Der Mensch war das Ufer heruntergekommen und auf der anderen Seite wieder hinaufgegangen. Es war keine weiche Hasenpfote, die kaum einen Eindruck hinterlässt, sie war nicht gegabelt wie eine Wildschweinspur, das war sie nicht wie ein gespaltener Huf wie der des Wolfes – es war ein tiefes Loch. Ich blieb stehen, bückte mich und räumte den losen Schnee weg, der herumfiel, und stieß auf die Spur der Schwarzen Pest!"

„Bist du sicher, dass es das war?"

„ Natürlich bin ich das. Ich erkenne die alte Frau besser an ihrem Fuß als an ihrer Figur, denn ich gehe immer mit dem Blick auf den Boden, Sir. Ich erkenne jeden an seinen Fußspuren; und was diese betrifft, könnte ein Kind es tun es wissen."

„Was zeichnet diesen Fuß denn so besonders aus?"

„Er ist so klein, dass man ihn mit der Hand bedecken könnte; er ist fein geformt, die Ferse ist ziemlich lang, der Umriss sauber, der große Zeh liegt dicht an den anderen Zehen, und sie sind alle so schön, als wären sie drin." Ein Damenschuh. Es ist ein wunderschöner Fuß. Vor zwanzig Jahren hätte ich mich in so einen Fuß verlieben sollen. Immer wenn ich ihn sehe, hat er eine solche Wirkung auf mich! Niemand würde glauben, dass so ein Fuß dazu gehören könnte die Schwarze Pest.

Und der arme Kerl legte seine Hände ineinander und betrachtete mit traurigen Augen den Steinboden.

„Na, Sébalt , was kommt als Nächstes?" fragte Sperver ungeduldig.

„Ah, ja, natürlich! Nun, ich erkannte die Spur und machte mich auf die Suche. Ich hatte gehofft, die Kreatur in ihrem Versteck zu fangen, aber ich werde dir sagen, wie sie mich mitgenommen hat. Ich bin am Ufer entlang hochgeklettert Straßenrand, nur zwei Schüsse von Nideck entfernt. Ich gehe den Hügel entlang und halte den Weg zu meiner Rechten; er führte am Waldrand im Rhéthal entlang . Auf einmal springt er über den Graben in den Wald. Ich blieb dabei, Aber als ich zufällig etwas nach links schaute, sah ich eine andere Spur, die der Schwarzen Pest gefolgt war. Ich blieb stehen: War es Spervers ? oder Kasper Trumpfs ? oder wessen? Ich bin darauf gestoßen, und Sie können sich vorstellen, wie erstaunt Ich war es, als ich sah, dass es niemand von unserem Ort war! Ich kenne jeden Fuß im Schwarzwald von Freiburg bis Nideck . Dieser Fuß war wie keiner von uns. Er muss aus der Ferne gekommen sein. Der Stiefel – denn er war eine Art gut gemachter, weicher Herrenstiefel, mit Sporen, die einen kleinen Abdruck hinterlassen – der Stiefel war an den Zehen nicht rund, sondern eckig. Die Sohle war dünn und verbogen sich bei jedem Schritt, und es waren keine Nägel drin. Der Spaziergang war schnell und die kurzen Schritte ähnelten denen eines jungen Mannes von zwanzig bis fünfundzwanzig Jahren. Mir fielen sofort die Nähte im Seitenleder auf, und ich glaube, ich habe noch nie etwas Feineres gesehen.

„Wer kann das sein?“ rief Sperver .

Sébalt hob die Schultern und streckte die Hände aus, sagte aber nichts.

„Wer kann etwas dagegen haben, der alten Frau zu folgen?“ Ich habe Sperver gefragt .

„Niemand auf der Welt kann es sagen“, war die Antwort.

Und so saßen wir ein paar Minuten da und dachten über das nach, was wir gehört hatten.

Schließlich fuhr er mit seiner Erzählung fort :

„Ich folgte dem Weg weiter; er ging den nächsten Bergrücken hinauf durch den Kiefernwald. Dann drehte er sich um die Koche herum Fendue Ich sagte mir: „Ah, du verfluchte Pest!“ Wenn es viel Spiel Ihrer Art gäbe, gäbe es nicht viel Sport; es wäre besser, wie ein Nigger zu arbeiten!' So kommen wir alle drei – die beiden Gleise und ich – oben auf dem Schnéeberg an . Dort wehte der Wind stark; der Schnee lag knietief – aber egal! Ich muss weiter! Ich gelangte an den Rand des Steinbaches und verlor dort die Spur. Ich blieb stehen und sah, dass die Stiefel des Herrn nach mehreren Versuchen auf und ab den Tiefenbach hinuntergegangen waren . Das war ein schlechtes Zeichen. Ich blickte auf die andere Seite des Wildbachs, aber dort war nichts von einer Spur zu sehen – überhaupt keine! Die alte Hexe war den Bach auf und ab gepaddelt, um jeden von der Fährte abzubringen, der ihr folgen wollte. Wohin sollte ich gehen ? – nach rechts oder nach links oder geradeaus? Ohne es zu wissen, kam ich nach Nideck zurück .

„Sie haben uns nichts von ihrem Frühstück erzählt“, sagte Sperver .

„Nein, ich habe es vergessen. Am Fuße des Roche Fendue sah ich, dass dort ein Feuer gebrannt hatte; dort war ein schwarzer Ort; ich legte meine Hand darauf und dachte, es könnte warm sein, was bewiesen hätte, dass es die Schwarze Pest nicht gegeben hatte weit weg; aber es war so kalt wie Eis. Ganz in der Nähe sah ich eine Drahtfalle im Gebüsch. Es scheint, dass die Kreatur weiß, wie man Wild fängt. Ein Hase war darin gefangen; der

Abdruck seines Körpers war noch deutlich sichtbar und lag flach im Schnee. Die Hexe hatte das Feuer angezündet, um es zu kochen; sie hatte ein gutes Frühstück gehabt, ich bin sicher."

Daraufhin schrie Sperver empört:

„Stell dir nur diese alte Hexe vor, die sich von Fleisch ernährt, während so viele ehrliche Leute in unseren Dörfern nichts Besseres als Kartoffeln zu essen haben! Das ist es, was mich aufregt, Fritz! Ah! Wenn ich nur –"

Aber seine Gedanken blieben unerzählt; Er wurde totenblass, und wir alle drei standen einen Augenblick lang starr und regungslos da und starrten einander mit Entsetzen in die gespenstischen Gesichter.

Ein Schrei – der heulende Schrei des Wolfes an den langen, kalten Wintertagen – der Schrei, den sich niemand vorstellen kann, der nicht den schrecklichsten und erschütterndsten aller tierischen Laute gehört hat – dieser schreckliche Schrei hallte durch das Schloss nicht weit von uns ! Es stieg die Wendeltreppe hinauf und füllte das riesige Gebäude, als stünde das hungrige, wilde Biest vor unserer Tür!

Reisende sprechen vom tiefen Brüllen des Löwen, der die Stille der Nacht inmitten der felsigen Wüsten Afrikas stört; Aber während in den tropischen Regionen, schwül und heiß, die Schwingungen der mächtigen Stimme des wilden Monarchen der Wüste widerhallen und die Luft vom fernen Donner seines schrecklichen Schreis erbeben lässt, haben auch die riesigen Schneewüsten des Nordens ihre Eigenheiten Schrei – ein seltsamer, beklagenswerter Schrei, der zum Charakter der trostlosen Winterszene zu passen scheint. Diese Stimme der nördlichen Wüste ist das Heulen des Wolfes!

In dem Augenblick, nachdem dieser schreckliche Ton die Stille durchbrochen hatte, folgte eine weitere gewaltige Schar unharmonischer Geräusche – das Bellen und Schreien von sechzig Hunden –, die von den Stadtmauern von Nideck antworteten . Das ganze Rudel gab im selben Moment seine Stimme – das tiefe Bellen des Bluthundes, der scharfe Schrei des Vorstehhundes, das klagende Jaulen der Spaniels und das melancholische Geheul der Doggen, alles vermischt mit dem Rasseln der Hundeketten , das Zittern der Zwinger unter den Versuchen der Hunde, sich zu befreien; und über alles dominierend der lange, düstere, anhaltende Ton des monotonen Heulens des Wolfes; Er war der Hauptdarsteller in diesem schrecklichen Hundekonzert!

Sperver sprang von seinem Sitz auf und rannte auf die Plattform, um nachzusehen, ob ein Wolf in den Graben gefallen war. Aber nein – das Heulen kam von keinem von beiden. Dann wandte er sich zu uns und rief:

„Fritz! Sébalt ! – komm, komm schnell!"

Wir flogen zu viert die Stufen hinunter und stürmten in die Fechtschule. Hier hörten wir allein den Schrei des Wolfes, der unter den hallenden Bögen anhielt, das ferne Bellen und Schreien des Rudels wurde in der Ferne fast unhörbar; Die Hunde waren heiser vor Wut und Aufregung, ihre Ketten verhedderten sich. Vielleicht erwürgten sie sich gegenseitig.

Sperver zog die scharfe Klinge seines Jagdmessers. Sébalt tat dasselbe; Sie gingen vor mir die Galerie entlang.

Dann wurden die furchteinflößenden Geräusche zu unserem Wegweiser zum Zimmer des Kranken. Sperver sprach nichts mehr; er eilte vorwärts. Sébalt streckte seine langen Beine aus. Ich spürte, wie ein schaudernder Schrecken meinen ganzen Körper durchströmte – eine schreckliche Vorahnung von etwas Schrecklichem und Abscheulichem überkam uns.

Als wir uns den Gemächern des Grafen näherten, trafen wir den ganzen Haushalt zu Fuß – die Wildhüter, die Jäger, die Zwinger, die Küchenjungen waren alle untereinander und drängten sich gegenseitig und fragten:

„Was ist los? Woher kommen diese Schreie?"

Ohne anzuhalten liefen wir in den Gang, der in das Schlafzimmer des Grafen führte, wo wir die arme Marie Lagoutte trafen , die als Einzige vor uns den Mut gehabt hatte, dorthin einzudringen. Sie hielt die junge Gräfin in ihren Armen, die ohnmächtig geworden war, ihr Kopf war zurückgefallen, ihr Haar floss hinter ihr herab; sie trug sie so schnell sie konnte weg.

Wir kamen so schnell an ihr vorbei, dass wir kaum Zeit hatten, diesem traurigen Anblick beizuwohnen. Aber seitdem ist es in meine Erinnerung zurückgekehrt, und das blasse Gesicht von Odile, die auf den breiten Schultern des guten Dieners liegt, hinterlässt noch immer einen lebhaften Eindruck in meiner Erinnerung, es ähnelt dem armen Lamm, das klaglos seine Kehle dem Messer entgegenstreckt und vor Angst stirbt bevor der Schlaganfall fällt.

Endlich hatten wir die Kammer des Grafen erreicht.

Das Heulen kam hinter seiner Tür.

Wir warfen einander verstohlene, ängstliche Blicke zu, ohne zu versuchen, den schrecklichen Lärm zu erklären oder die Anwesenheit eines so wilden Gastes im Haus zu erklären. Tatsächlich hatten wir keine Zeit; Unsere Ideen befanden sich in völliger Verwirrung.

Sperver stieß hastig die Tür auf und stürmte mit dem Messer in der Hand in den Raum; aber er stand regungslos wie ein Stein auf der Schwelle.

Noch nie habe ich ein so schreckliches Bild gesehen, wie er da stand, wie angewurzelt, die Augen vom Kopf ausgehend, den Mund weit geöffnet und nach Luft schnappend.

Ich schaute über seine Schulter und der Anblick, der sich meinen Augen bot, ließ das Blut in meinen Adern gefrieren wie Schnee.

Der Herr von Nideck hockte auf allen Vieren auf seinem Bett, die Arme nach vorn gebeugt, den Kopf gesenkt, seine Augen funkelten in wildem Feuer und stieß lautes, langwieriges Geheul aus !

Er war der Wolf!

Diese niedrige, fliehende Stirn, dieses scharfkantige Gesicht, dieser fuchsartige Bart, der von beiden Wangen sträubt; die lange, magere Gestalt, die sehnigen Glieder, das Gesicht, der Schrei. Die Haltung verkündete die Anwesenheit des wilden Tieres, halb verborgen, halb enthüllt unter einer menschlichen Maske!

Manchmal hielt er für eine Sekunde inne und lauschte aufmerksam mit geneigtem Kopf, und dann zitterten die purpurroten Vorhänge unter dem Zittern seiner Glieder, wie vom Wind geschütteltes Laub; dann würde das melancholische Wehklagen von neuem ertönen.

Sperver , Sébalt und ich standen am Boden festgenagelt; Wir hielten den Atem an, versteinert vor Angst.

Plötzlich hörte die Zählung auf. Als ein wildes Tier den Wind witterte, hob er den Kopf und lauschte erneut.

Dort, dort, weit weg, unten in den dichten Tannenwäldern, die von dichten Schneeflecken weiß waren, war ein Schrei als Antwort zu hören – zunächst schwach; Dann wurde das Geräusch lauter und steigerte sich zu einem langgezogenen Heulen, das die schwächeren Anstrengungen der Hunde übertönte: Es war die Wölfin, die dem Wolf antwortete!

Sperver drehte sich voller Ehrfurcht um, sein Gesicht war blass wie Asche, zeigte auf den Berg und murmelte leise:

„Hör zu – da ist die Hexe!"

Und der Graf, der immer noch regungslos hockte, aber jetzt den Kopf in der Haltung der Aufmerksamkeit erhoben, den Hals ausgestreckt und die Augen brennend, schien die Bedeutung dieser fernen Stimme zu verstehen, die inmitten der Pässe und Gipfel des Schwarzwalds verloren ging, und eine Art in seinen wilden Zügen schimmerte furchtbare Freude.

In diesem Moment schrie Sperver , der sich nicht länger zurückhalten konnte oder wollte, mit vor Emotionen gebrochener Stimme:

„Graf von Nideck – was machen Sie?"

Der Graf fiel wie vom Donner gerührt zurück. Wir eilten ins Zimmer, um ihm zu helfen. Es war an der Zeit. Der dritte Angriff hatte begonnen und es war schrecklich, dies mitzuerleben!

KAPITEL IX.

Der Herr von Nideck lag im Sterben.

Was kann die Wissenschaft angesichts des großen tödlichen Konflikts zwischen Tod und Leben tun? Was nützt die Heilkunst in der höchsten Stunde, wenn die unsichtbaren Ringer Körper an Körper und Glied an Glied zusammengekrümmt werden, keuchend, jeder nach dem anderen immer wieder zu Boden geht? Man kann nur zusehen, zittern und lauschen!

Manchmal scheint der Kampf unterbrochen zu sein – es wurde ein Waffenstillstand geschlossen; Das Leben hat sich in ihren Halt zurückgezogen. Sie ruht; Sie sammelt den Mut der Verzweiflung. Aber der unerbittliche Feind schlägt an den Toren; er platzt herein; Dann springt das Leben zur Rettung und ringt erneut mit seinem Gegner. Der Streit wird erneut angeheizt, indem dem Feuer der tödlichen Energie neues Öl hinzugefügt wird, je näher das verhängnisvolle Thema rückt.

Und der erschöpfte Patient, der selbst das Schlachtfeld ist, im kalten Schweiß des Todes zitternd, mit starren Augen und kraftlosem Arm, kann nichts für sich tun. Sein Atem, manchmal kurz, unterbrochen und quälend, manchmal lang, tief, mühsam und schwer, weist auf die verschiedenen Phasen dieses schrecklichen Kampfes hin.

Die Umstehenden beobachten die Gesichter der anderen und denken: „Der Tag wird kommen, an dem wir abwechselnd das Feld desselben Kampfes sein werden, und der siegreiche Tod wird uns in das Grab, seine Höhle, tragen, wie die Spinne sie fortträgt." Fliege." Aber das wahre Leben, das einzige Leben, die Seele, die ihre unsterblichen Flügel ausbreitet, wird ihren Flug in eine andere Welt beschleunigen, mit dem jubelnden Schrei: „Ich habe den guten Kampf gekämpft. Ich habe meinen Weg beendet. Ich habe den Glauben bewahrt!" " Und der Tod, enttäuscht von seiner Beute, wird zu dem befreiten Wesen aufblicken, das ihm nicht folgen kann und in seinen Fängen nur einen kalten und verwesenden Leichnam hält, der bald nur noch eine Handvoll Staub sein wird. „O Tod, wo ist dein Stachel? O Grab, wo ist dein Sieg?" O bester und einziger Trost, die Hoffnung und der Glaube an den endgültigen Triumph der Gerechtigkeit, die Gewissheit des unsterblichen Lebens durch Jesus Christus, den Erlöser ! Wahrlich, grausam ist derjenige, der den Menschen des größten Glanzes und der höchsten Herrlichkeit des Lebens berauben will!

Gegen Mitternacht schien der Graf von Nideck fast verschwunden zu sein; die Qual des Todes war nahe; der gebrochene, geschwächte Puls deutete auf das Nachlassen der Lebenskräfte hin; dann könnte es in einen aktiveren Zustand zurückkehren; aber es schien keine Hoffnung zu geben.

Meine einzige verbleibende Pflicht bestand darin, zu bleiben und diesen unglücklichen Mann sterben zu sehen.

Ich war erschöpft vor Müdigkeit und Angst; Was auch immer Kunst tun konnte, ich hatte versucht.

Ich sagte Sperver , er solle sich aufsetzen und im Tod die Augen seines Meisters schließen. Der arme treue Kerl war in größter Not; er machte sich Vorwürfe mit seinem unwillkürlichen Schrei: „Graf von Nideck – was machen Sie?“ und riss sich in bitterer Reue die Haare aus.

Ich ging allein zum Turm von Hugh Lupus, da ich kaum Zeit hatte, Essen zu mir zu nehmen, aber ich verspürte keinen Mangel daran.

Im Herd brannte ein helles Feuer; Ich warf mich angezogen auf das Bett, und bald kam der Schlaf, der meine Last der Befürchtungen erleichterte – dieser schwere Schlaf, der durch das Bewusstsein unterbrochen wurde, dass man jeden Moment von Tränen und Wehklagen geweckt werden könnte.

Ich schlief so, das Gesicht dem Feuer zugewandt, und wie es so oft vorkommt, warf die Flamme, die unruhig auf- und abstieg, ein flatterndes, flackerndes Licht wie das von rötlichen Flügelschlägen gegen die Wände und ermüdete meine hängenden Augenlider noch mehr.

Versunken in einem verträumten Schlaf, öffnete ich halb die Augen, um die Ursache für diese abwechselnden Lichter und Schatten herauszufinden, doch der seltsamste Anblick überraschte mich.

Nahe am Kamin, kaum sichtbar im schwachen Licht einiger erlöschender Glutnester, erkannte ich mit Bestürzung das dunkle Profil der Schwarzen Pest!

Sie saß auf einem niedrigen Hocker und wärmte sich offensichtlich.

Zuerst glaubte ich, von meinen Sinnen getäuscht worden zu sein, was nach den aufregenden Szenen der letzten Tage ganz natürlich gewesen wäre; Ich stützte mich auf den Ellbogen und blickte voller Angst und Entsetzen in die Augen.

Sie war es tatsächlich! Ich lag entsetzt da, denn da saß sie ruhig und unbeweglich, die Hände über den mageren Knien verschränkt, so wie ich sie im Schnee gesehen hatte, mit ausgestrecktem langen, dürren Hals, gebogener Nase und zusammengepressten Lippen.

Wie war die Schwarze Pest hierher gekommen? Wie hatte sie den Weg in diesen hohen Turm gefunden, der die gefährlichen Abgründe krönte? Alles, was Sperver mir über dieses mysteriöse Wesen erzählt hatte, schien wahr zu werden! Und jetzt schien das unerklärliche Verhalten von Lieverlé , der so heftig gegen die Wand knurrte, klar wie das Tageslicht. Ich drängte mich eng in die Nische, wagte kaum zu atmen und starrte auf dieses regungslose Profil, so wie eine Maus aus ihrem Loch ihren gelähmten Blick auf die Katze richtet, die nach ihr Ausschau hält.

Die alte Frau bewegte sich nicht mehr als die in den Fels gehauenen Säulen auf beiden Seiten des Herdsteins, und ihre Lippen murmelten unartikulierte Laute.

Mein Herz klopfte, meine Ängste nahmen während der langen Stille für einen Moment zu und wurden durch die regungslose übernatürliche Gestalt, die dort vor mir saß, noch erschreckender.

Dies hatte eine Viertelstunde gedauert, als das Feuer einen Splitter Tannenholz erfasste, ein Lichtblitz ausbrach, der Späne sich drehte und flammte und ein paar Lichtstrahlen bis zum Ende des Raumes strahlten.

Dieser leuchtende Strahl reichte aus, um mir zu zeigen, dass das Geschöpf ein altes Kleid aus kräftiger violetter Seide trug, die so steif wie Pappe war und ein violettes Muster aufwies; An ihrem linken Handgelenk befand sich ein massives Armband, und ein goldener Pfeil steckte in ihrem dichten grauen Haar, das über ihren Hinterkopf gedreht war. Es war wie eine Erscheinung aus vergangenen Zeiten .

Dennoch konnte die Pest keine feindseligen Absichten gegen mich hegen, sonst hätte sie leicht meinen Schlaf ausnutzen können, um sie in die Tat umzusetzen.

Dieser Gedanke begann mir etwas Selbstvertrauen zu geben, als sie plötzlich von ihrem Sitz aufstand und mit langsamen Schritten auf mein Bett zuging, in der Hand eine Fackel, die sie gerade angezündet hatte. Dann bemerkte ich, dass ihre Augen starr und eingefallen waren.

Ich bemühte mich, aufzustehen und laut zu schreien, aber kein Muskel meines Körpers wollte meinen Wünschen gehorchen, kein Atemzug kam zu meinen Lippen; und die alte Frau, die sich zwischen den Vorhängen über mich beugte, richtete ihren steinernen Blick mit einem seltsamen, überirdischen Lächeln auf mich. Ich wollte um Hilfe rufen, ich wollte sie von mir vertreiben, aber ihr angsteinflößender Blick schien mich zu faszinieren und zu lähmen , so wie der der Schlange den kleinen Vogel regungslos vor sich fixiert.

Während dieser sprachlosen Betrachtung kamen mir Minuten wie Stunden vor. Was hatte sie vor? Ich war für jedes Ereignis gerüstet.

Plötzlich drehte sie den Kopf, ging auf dem Absatz herum, lauschte, schritt durch das Zimmer und öffnete die Tür.

Endlich gewann ich ein wenig Mut zurück ; Eine Willensanstrengung brachte mich auf die Beine, als würde eine Feder auf mich einwirken; Ich lief ihren Schritten nach; Mit einer Hand hielt sie ihre Fackel hoch und hielt mit der anderen die Tür offen.

Ich wollte sie gerade an den Haaren packen, als ich am Ende der langen Galerie, unter dem gotischen Torbogen der Burg, der zu den Stadtmauern führte, eine große Gestalt sah.

Es war der Graf von Nideck !

Der Graf von Nideck , den ich für einen Sterbenden gehalten hatte, war in ein riesiges Wolfsfell gekleidet, dessen Oberkiefer wie ein Visier grimmig über seine Augen ragte, die gewaltigen Krallen über jeder Schulter hingen und der Schwanz hinter ihm herzog Flaggen.

Er trug kräftige, schwere Schuhe, eine silberne Spange fasste das Wolfsfell um seinen Hals, und sein ganzes Aussehen, bis auf den eiskalten, tödlichen Ausdruck seines Gesichts, verkündete den Mann, der zum Befehl geboren war – den Meister!

In der Gegenwart einer so imposanten Persönlichkeit wurden meine Vorstellungen vage und verwirrend. Ein Fliegen war nicht mehr möglich, dennoch hatte ich die Geistesgegenwart, mich in die Fensternische zu stürzen.

Der Graf betrat mein Zimmer, den Blick auf die alte Frau gerichtet und seine Gesichtszüge unentspannt. Sie flüsterten heiser miteinander, so leise, dass ich kein Wort verstehen konnte. Aber ihre Gesten waren unverkennbar. Die Frau zeigte auf das Bett.

Auf Zehenspitzen näherten sie sich dem Kamin. Dort im dunklen Schatten der Nische an seiner Seite entrollte die Schwarze Pest mit einem schrecklichen Lächeln einen großen Beutel.

Sobald der Graf die Tasche sah , sprang er zum Bett und kniete sich mit einem Knie darauf nieder; Die Vorhänge zitterten, sein Körper verschwand unter ihren Falten, und ich konnte nur noch ein Bein sehen, das noch auf dem Boden ruhte, und den Schwanz des Wolfes, der sich unregelmäßig von einer Seite zur anderen bewegte.

Sie schienen in einer grässlichen Pantomime einen Mord zu spielen. Keine wirkliche Szene, so schrecklich sie auch sein mag, hätte mich mehr erregen können als diese stumme Darstellung einer schrecklichen Tat.

Dann lief ihm die alte Frau zu Hilfe und trug die Tasche bei sich. Wieder zitterten die Vorhänge und die Schatten fielen über die Wände; Aber das Schlimmste von allem war, dass ich glaubte, eine Blutlache zu sehen, die über den Boden kroch und langsam den Herd erreichte. Aber es war nur der Schnee, der an den Stiefeln des Grafen klebte und in der Hitze schmolz.

Ich starrte immer noch auf diesen dunklen Bach und spürte, wie meine trockene Zunge an meinem Gaumen klebte, als es eine große Bewegung gab; Die alte Frau und der Graf stopften die Bettlaken in den Sack, sie stießen und stampften sie hinein, mit derselben Eile wie ein Hund, der an einem Loch kratzt, dann warf der Herr von Nideck dieses unförmige Bündel über seine Schulter und für die Tür gemacht; ein Laken schleifte hinter ihm her, und die alte Frau folgte ihm mit der Fackel in der Hand. Sie gingen über den Platz.

Meine Knie gaben unter mir fast nach; Sie klopften aus Angst zusammen. Ich betete um Kraft.

Nach ein paar Minuten war ich in ihren Fußstapfen, angetrieben von einem plötzlichen unwiderstehlichen Impuls.

Ich durchquerte den Hof im Laufschritt und wollte gerade die Tür des Turms betreten, als ich zu meinen Füßen eine tiefe, aber schmale Grube bemerkte, durch die eine Wendeltreppe hinunterführte, und dort weit unten konnte ich die Fackel sehen, die eine Spirale darstellte wie ein kleiner Stern um die Steinschiene laufen; schließlich verschwand es in der Ferne .

Nun stieg ich auch die ersten Stufen dieser neu entdeckten Treppe hinab und richtete meinen Kurs nach diesem fernen Licht; plötzlich war es verschwunden. Die alte Frau und der Graf hatten den Grund des Abgrunds erreicht. Gestützt auf das Steingeländer setzte ich meinen Abstieg fort und war sicher, wieder aufsteigen zu können, wenn mein weiteres Vorwärtskommen aufgehalten wurde.

Bald erreichte ich die letzte Stufe; Ich schaute mich um und entdeckte zu meiner Linken einen schmalen Streifen Mondlicht, der unter einer niedrigen Tür durch die Brennnesseln und Brombeersträucher schien; Ich bahnte mir einen Weg durch diese Hindernisse, räumte den Schnee mit meinen Füßen weg und stellte dann fest, dass ich mich am Fuße des Bergfrieds befand – Hughs Donjon-Turm.

Wer hätte gedacht, dass ein solches Loch in die Burg führen würde? Wer hatte es der alten Frau gezeigt? Ich bin nicht geblieben, um mich über diese Punkte zu überzeugen.

Die weite Ebene lag vor mir ausgebreitet und in ein Licht getaucht, das fast dem des Tages ähnelte. Zur Rechten erstreckte sich die dunkle Linie des Schwarzwaldes mit seinen schroffen Felsen, seinen Schluchten und seinen Pässen, soweit das Auge reichte.

Die Nachtluft war scharf und scharf, aber vollkommen ruhig, und ich fühlte mich im höchsten Maße geweckt, fast als ob meine Sinne durch die stille und eiskalte Luft verflüchtigt würden.

Meine erste Erkundung des Horizonts galt den Gestalten des Grafen und seines seltsamen Begleiters. Bald erkannte ich ihre hohen, dunklen Gestalten, die sich deutlich vom sternenübersäten violetten Himmel abhoben. Am Ende der Schlucht hätte ich sie fast überholt.

Der Graf bewegte sich mit bedächtigen Schritten, das imaginäre Wickeltuch schleifte langsam hinter ihm her. In den Bewegungen beider lag eine automatische Präzision.

Ich blieb sechs bis acht Meter hinter ihnen auf der Hohlstraße zum Altenberg , mal im Schatten, mal im vollen Licht, denn der Mond schien mit erstaunlicher Helligkeit. Ein paar Wolken schwebten träge über dem Zenit und schienen sie in ihren langen Armen umfassen zu wollen, aber sie entzog sich immer ihrem Griff, und ihre Strahlen, scharf wie eine Klinge aus Stahl, schnitten mir bis ins Mark meiner Knochen.

Am liebsten hätte ich umgedreht, aber eine unsichtbare Kraft trieb mich weiter, um diesem Trauerzug pantomimisch zu folgen. Noch heute habe ich das Gefühl, den holprigen Bergpfad durch den Schwarzwald zu sehen, den knisternden Schnee unter meinen Füßen knistern zu hören und die toten Blätter im leichten Nordwind rascheln zu hören; Ich kann mir vorstellen, dass ich diesen beiden stillen Wesen folge, aber ich kann nicht verstehen, welche geheimnisvolle Macht mich in ihre Fußstapfen zog.

Endlich erreichen wir den Wald und schreiten zwischen den hohen, kahlen Buchen voran ; Die dunklen Schatten ihrer höheren Äste kreuzen die niedrigeren Äste und fallen gebrochen auf die schneebedeckte Straße. Manchmal habe ich das Gefühl, Schritte hinter mir zu hören; Ich drehe mich scharf um, kann aber niemanden sehen.

Wir hatten gerade den langen Felsrücken erreicht, der den Kamm des Altenbergs bildet ; dahinter fließt der Wildbach des Schnéebergs , im Winter ist jedoch keine Strömung sichtbar; Kaum ein Streifen seines blauen Wassers rinnt unter der dicken Eiskruste. Hier wird die tiefe Einsamkeit durch keine murmelnden Bäche, kein Vogelgezwitscher , kein Donnern des Wasserfalls unterbrochen. In der weiten, ununterbrochenen Einsamkeit ist die schreckliche Stille schrecklich.

Der Graf von Nideck und die alte Frau fanden eine Lücke in der Felswand, die sie mit erstaunlicher Geschwindigkeit gerade hinaufstiegen, während ich mich an den Büschen hochziehen musste.

Kaum hatten sie den Kamm der Klippen erreicht, der fast bis zu einem Punkt reichte, als ich mich nur noch drei Meter von ihnen entfernt befand und dahinter einen schrecklichen Abgrund erblickte, dessen Grund ich nicht erkennen konnte. Links hing wie ein riesiges Blatt der Fall des Schnéebergs in der Luft , eine Eismasse. Diese Ähnlichkeit mit einer riesigen Welle, die mit einem Schlag den Abgrund ergreift, auf ihrer Brust Bäume trägt, die von Büschen gesäumt sind, und die langen Efeuzweige ausbreitet, die in ihrem zarten Flechtwerk die Form einer starren, glasigen Woge zeigen; Dieser bloße Anschein von Bewegung inmitten der Stille und Unbeweglichkeit des Todes und die Anwesenheit dieser beiden sprachlosen Kreaturen, die mit automatischer Präzision ihrer grässlichen Arbeit nachgingen, verstärkten den Schrecken, vor dem ich bereits zitterte.

Die Natur selbst schien vor Entsetzen zu schrumpfen.

Der Graf hatte seine Bürde niedergelegt; Die alte Frau und er hoben es zusammen auf, schwangen es einen Moment lang über den Rand des Abgrunds, dann schwebte das lange Leichentuch über dem Abgrund, und die imaginären Mörder beugten sich schweigend vor, um es fallen zu sehen.

Das lange weiße Laken, das in der Luft schwebt, liegt immer noch vor meinen Augen. Es steigt herab, es fällt wie ein wilder Schwan, der in die Wolken geschossen ist, seine breiten Flügel ausbreitet, den langen Hals zurückgeworfen, und wirbelt zur Erde, um zu sterben.

Die weiße Last verschwand in den dunklen Tiefen des Abgrunds.

Schließlich hüllte die Wolke, die ich schon lange gesehen hatte, die helle Scheibe des Mondes zu bedecken , ihn in seine stahlblauen Falten, und seine Strahlen hörten auf zu leuchten.

Die alte Frau, die den Grafen an der Hand hielt und ihn mit hastigen Schritten vorwärts zerrte, kam für einen Moment in Sicht.

Die Wolke hatte den Mond überschattet, und ich konnte ihnen nicht ausweichen, ohne Gefahr zu laufen, über den Abgrund zu fallen.

Nach ein paar Minuten, in denen ich so nah wie möglich lag, entstand ein Riss in der Wolke. Ich schaute noch einmal hinaus. Ich stand allein auf der Spitze des Gipfels, der Schnee reichte mir bis zu den Knien.

Voller Entsetzen und Besorgnis verließ ich meine gefährliche Lage und rannte so bestürzt zum Schloss, als hätte ich mich eines großen Verbrechens schuldig gemacht.

Was den Herrn von Nideck und seinen Gefährten betrifft, ich habe sie aus den Augen verloren.

KAPITEL X.

Ich wanderte um die Burg Nideck herum und konnte den Ausgang nicht finden, von dem aus ich meine melancholische Reise begonnen hatte.

So viel Angst und Unruhe machten sich in meinem Kopf bemerkbar; Ich taumelte weiter und fragte mich, ob ich nicht verrückt war, nicht in der Lage, an das zu glauben, was ich gesehen hatte, und doch beunruhigt über die Klarheit meiner eigenen Wahrnehmungen.

Mein verwirrter Geist blickte auf den seltsamen Mann zurück, der seine Fackel über mir in der Dunkelheit schwenkte, wie ein Wolf heulte, kalt und genau alle Einzelheiten eines imaginären Mordes durchging, ohne ein schreckliches Detail oder einen grässlichen Umstand auszulassen, und dann entkam und sich darauf einließ der wütende Strom lüftet das Geheimnis seines Verbrechens; All diese Dinge belästigten meinen Geist, huschten verwirrt an meinen Augen vorbei und gaben mir das Gefühl, als würde ich unter einem Albtraum leiden .

Verloren im Schnee rannte ich keuchend und beunruhigt hin und her und wusste nicht, in welche Richtung ich meine Schritte lenken sollte.

Als der Tag näher rückte, wurde die Kälte schärfer; Ich schauderte, ich verfluchte Sperver dafür, dass er mich aus Freiburg mitgebracht hatte, um an diesem schrecklichen Abenteuer teilzunehmen.

Schließlich entdeckte ich, erschöpft, mein Bart eine Eismasse, meine Ohren fast erfroren, das Tor und klingelte mit aller Kraft.

Es war dann etwa vier Uhr morgens. Die Knapwurst ließ mich furchtbar lange warten. Seine kleine, in den Fels gehauene Hütte schwieg; Ich dachte, der kleine bucklige Kerl hätte sich nie angezogen; denn natürlich ging ich davon aus, dass er im Bett liegen und schlafen würde.

Ich klingelte noch einmal.

Diesmal tauchte seine groteske Gestalt plötzlich auf und er schrie mir von der Tür aus wütend zu:

"Wer bist du?"

„ Ich? – Doktor Fritz.“

„Oh, das ändert den Fall“, und er ging zurück in seine Hütte, um eine Laterne zu holen, überquerte den äußeren Hof, wo der Schnee bis zu seiner Mitte reichte, und starrte mich durch das Gitter an und rief:

„Ich bitte um Verzeihung, Doktor Fritz. Ich dachte, Sie würden dort oben im Turm von Hugh Lupus schlafen. Haben Sie geklingelt ? Das erklärt nun, warum Sperver gegen Mitternacht zu mir kam, um zu fragen, ob jemand ausgegangen sei. Ich sagte nein, was auch der Fall war ganz wahr, denn ich habe dich nie ausgehen sehen.

„Aber bitte, Monsieur Knapwurst , lassen Sie mich um Himmels willen herein, und ich werde Ihnen nach und nach alles darüber erzählen.“

„Kommen Sie, kommen Sie, mein Herr, ein wenig Geduld.“

Und der Bucklige öffnete mit der langsamsten Überlegung das Vorhängeschloss und zog die Riegel heraus, während meine Zähne klapperten und ich vom Kopf bis zu den Füßen zitternd dastand.

„Ihnen ist sehr kalt, Doktor“, sagte der kleine Mann, „und Sie können nicht ins Schloss gelangen. Sperver hat die Innentür verschlossen, ich weiß nicht warum; normalerweise tut er das nicht; das Außentor reicht.“ Komm her und wärme dich. Du wirst mein kleines Loch allerdings nicht sehr einladend finden. Es ist nichts weiter als ein Schweinestall , aber wenn ein Mann so kalt ist wie du, neigt er nicht dazu, wählerisch zu sein.

Ohne auf sein Geschwätz zu antworten , folgte ich ihm so schnell ich konnte hinein.

Wir gingen in die Hütte, und trotz meiner völligen Taubheit konnte ich nicht umhin, den Zustand malerischer Unordnung zu bewundern, in dem ich den Ort vorfand. Das an den Felsen gelehnte Schieferdach, das mit der anderen Seite auf einer höchstens zwei Meter hohen Mauer ruhte, zeigte von einem Ende zum anderen die rauchigen, geschwärzten Dachsparren.

Das ganze Gebäude bestand nur aus einer einzigen Wohnung, die mit einem sehr unansehnlichen Bett ausgestattet war, für dessen Herstellung sich der Zwerg nicht oft die Mühe machte, und zwei kleinen Fenstern mit sechseckigen Scheiben, deren verwittertes Perlmutt in den Regenbogenfarben schimmerte. Ein großer quadratischer Tisch füllte die Mitte, und es wäre schwer zu erklären, warum diese massive Eichenplatte eingebaut wurde, wenn man nicht annahm, dass sie schon vor dem Bau der Hütte dort gewesen war.

Auf Regalen an der Wand lagen Pergamentrollen und alte große und kleine Bücher. Weit geöffnet auf dem Tisch lag ein schöner, in Pergament gebundener, mit Silber umwickelter und mit Silber umwickelter Buchband in schwarzer Schrift und Buchmalerei, offenbar eine Sammlung alter Chroniken. Außerdem gab es nichts als zwei Ledersessel, auf denen der unverkennbare Eindruck der missgestalteten Gestalt dieses gelehrten Herrn entstand.

Ich brauche nicht mehr zu tun, als die Füllfederhalter, das Tabakglas, fünf oder sechs Pfeifen, die hier und da herumliegen, und einen kleinen gusseisernen Ofen in einer Ecke zu erwähnen, dessen niedrige, offene Tür weit geöffnet ist und jetzt weggeworfen wird und dann eine Salve heller Funken; Und um das Bild zu vervollständigen, krümmte die Katze ihren Rücken und spuckte mich mit erhobener bewaffneter Pfote drohend an.

Diese ganze Szene war von jenem tiefen, satten Bernsteinlicht getönt, an dem sich die alten flämischen Maler erfreuten und dessen Geheimnis sie allein besaßen und das sie den Generationen nach ihnen nie überließen.

„ Sie sind also letzte Nacht ausgegangen, Doktor?“ fragte mein Gastgeber, nachdem wir uns beide eingerichtet hatten und ich meine Hände an einer warmen Stelle auf dem Herd hatte.

„Ja, ziemlich früh“, antwortete ich. „Ich musste mich um einen Patienten kümmern.“

Diese kurze Erklärung schien den kleinen Buckligen zu befriedigen, und er zündete seine geschwärzte Buchsbaumpfeife an, die über seinem Kinn hing.

„Sie rauchen nicht, Doktor?“

„Ich bitte um Verzeihung, das tue ich.“

„Nun, füllen Sie eines dieser Rohre. Ich war hier“, sagte er und breitete seine gelbe Hand über das offene Volumen aus. „Ich habe die Chroniken von Hertzog gelesen, als du kamst.“

„Ah, das erklärt die Zeit, die ich warten musste! Natürlich bist du geblieben, um das Kapitel zu beenden?“ Sagte ich lächelnd.

Er besaß es, grinste, und wir lachten beide zusammen.

„Aber wenn ich gewusst hätte , dass du es bist“, sagte er, „hätte ich das Kapitel ein anderes Mal zu Ende lesen sollen.“

Es herrschte eine kurze Stille, während der ich die sehr eigenartige Physiognomie dieses missgestalteten Wesens beobachtete – diese langen, tiefen Falten, die sich in seinem breiten Mund befanden, seine kleinen Augen mit den Krähenfüßen an den äußeren Ecken, diese verzerrte Nase, an deren knolligen Stellen Ende, und vor allem seine riesige doppelstöckige Stirn. Die ganze Figur erinnerte mich nicht wenig an die erhaltenen Bilder des Sokrates, und während ich mich wärmte und dem Knistern des Feuers lauschte, ging ich in Betrachtungen über die sehr vielfältigen Schicksale der Menschheit über.

„Hier ist dieser Zwerg", dachte ich, „eine schlecht geformte, verkümmerte Karikatur, verbannt in eine Ecke von Nideck , und dort lebt er wie die Grille, die unter dem Herdstein zirpt. Hier ist diese kleine Knapwurst , die mitten in der Aufregung , große Jagden, ritterliche Reiterzüge, die ein- und ausgehen, das Bellen der Hunde, das Trampeln der Pferde und die Schreie der Jäger, lebt ruhig, ganz allein, in seinen Büchern vergraben und denkt an nichts anderes als an die langen Zeiten vergangen, während Freude oder Trauer, Lieder oder Tränen die Welt um ihn herum erfüllen, während Frühling und Sommer, Herbst und Winter kommen und durch seine trüben Fenster hereinschauen, die abwechselnd das Antlitz der Natur draußen erhellen, erwärmen und betäuben. Während der Mensch in der Außenwelt den sanften Einflüssen der Liebe oder den strengeren Impulsen des Ehrgeizes oder der Gier, des Hoffens, Begehrens, der Sehnsucht und des Verlangens unterworfen ist, hofft er weder, noch wünscht er sich, noch begehrt er irgendetwas. Solange er raucht seine Pfeife, seine Augen weiden an einem muffigen Pergament, er lebt im Genuss von Träumen, und er gerät ins Schwärmen über Dinge, die längst vergangen sind oder die es nie gegeben hat; es ist alles eins für ihn. „Hertzog sagt das und das, jemand anderes erzählt die Geschichte anders", und er ist vollkommen glücklich! Sein ledriges Gesicht wird immer faltiger, sein gebrochener, eckiger Rücken biegt sich in immer spitzere Winkel und Ecken, seine spitzen Ellbogen graben sich in den Eichentisch, seine mageren Finger vergraben sich in seinen Wangen, seine schweinsgrauen Augen werden über Manuskripten immer röter , Latein, Griechisch oder Mittelalter. Er gerät ins Schwärmen, er schmatzt mit den Lippen, er leckt sich die Koteletts wie eine Katze über ein köstliches Gericht, und dann wirft er sich auf die schmutzige Sänfte, die Knie bis zum Kinn, und er denkt, er hatte einen wunderbaren Tag! Oh, Vorsehung Gottes, wird die Pflicht eines Menschen am besten erfüllt, werden seine Verantwortlichkeiten am besten erfüllt, am oberen Ende oder am unteren Ende der Skala des menschlichen Lebens?"

Doch der Schnee schmolz von meinen Beinen, die wohlige Wärme des Ofens übte einen angenehmen Einfluss auf meine Gefühle aus und ich spürte, wie ich in dieser gemischten Atmosphäre aus Tabakrauch und brennendem Kiefernholz wieder auflebte.

Knapwurst legte ernst seine Pfeife auf den Tisch, breitete ehrfurchtsvoll seine Hand auf dem Blatt aus und sagte mit einer Stimme, die aus dem Grunde seines Bewusstseins zu kommen schien: oder, wenn es Ihnen besser gefällt, vom Boden eines 20-Gallonen-Fasses –

„Doktor Fritz, hier ist das Gesetz und die Propheten!"

„Wieso? Was meinst du?"

„Pergament – altes Pergament – das liebe ich! Diese alten gelben, rostigen, wurmstichigen Blätter sind alles, was uns von der Vergangenheit geblieben ist, von der Zeit Karls des Großen bis heute. Die ältesten Familien verschwinden, die alten Pergamente bleiben. Wo wäre der Ruhm der Hohenstauffens , der Leiningens , der Nidecks und so vieler anderer angesehener Familien? Wo wäre der Ruhm ihrer Titel, ihrer Waffentaten, ihrer prächtigen Rüstungen , ihrer Expeditionen ins Heilige Land , ihre Bündnisse, ihre Ansprüche auf die ferne Antike, ihre einst vollendeten, nun schon vor langer Zeit annullierten Eroberungen? Wo wären all diese großen Ansprüche auf historischen Ruhm ohne diese Pergamente? Nirgendwo. Überhaupt nirgendwo. Diese hohen und mächtigen Barone, diese großen Herzöge und Fürsten, Es wäre, als hätte es sie nie gegeben – sie und alles, was nah und fern mit ihnen zu tun hatte. Ihre starken Burgen, ihre Paläste, ihre Festungen verfallen und verwesen zu Massen von Ruinen, vagen Erinnerungen! Von all dieser Größe ist nur noch ein Denkmal übrig – die Chroniken, die Lieder der Barden und Minnesänger. Nur das Pergament bleibt übrig!"

Er saß einen Moment lang still da und ging dann seinen Überlegungen nach.

„Und in jenen fernen Zeiten, als Ritter und Knappen in den Krieg zogen und kämpften und siegten oder kämpften und um den Besitz eines Winkels im Wald, oder einen Titel oder noch eine kleinere Angelegenheit kämpften, mit allem, was Verachtung und Verachtung bewirkten Sie blicken nicht auf den elenden kleinen Schreiberling herab, den Mann, der nur aus Buchstaben und Fachjargon besteht, halb in ungegerbte Häute gekleidet, seine einzige Waffe ein Tintenfass am Gürtel, sein Wimpel die Feder einer Gänsefeder! Wie sie ihn auslachten und ihn beschimpften ein Atom oder ein Floh, zu nichts nützen! „Er tut nichts, er kann nicht einmal unsere Steuern eintreiben oder sich um unsere Ländereien kümmern, während wir kühnen Reiter, bis an die Zähne bewaffnet, mit dem Schwert in der Hand und der Lanze am Schenkel, wir kämpfen, und Wir sind die besten Kerle im Land!' So sagten sie, als sie sahen, wie der arme Teufel zu Fuß hinter den Fersen ihrer Pferde herlief, im Winter zitterte und im Sommer schwitzte, im Alter rostete und verfiel. Nun, was ist passiert? Dieser Floh, dieses Ungeziefer, hat sie festgehalten Die Erinnerung an die Menschen blieb länger bestehen als ihre Burgen, lange nachdem ihre Waffen und ihre Rüstungen im Boden verrostet waren. Ich liebe diese alten Pergamente. Ich respektiere und verehre sie. Wie Efeu bedecken sie die Ruinen und verhindern, dass die alten Mauern einstürzen Staub und in Vergessenheit geraten!"

Nachdem er sich so ergeben hatte, zeichnete sich ein feierlicher Ausdruck auf seinen Zügen ab, und seine eigene Beredsamkeit ließ die Tränen bewegter Zuneigung über seine gerunzelten Wangen fließen.

Der arme Bucklige liebte offensichtlich diejenigen, die seine unkriegerischen, aber klugen Vorfahren ertragen und beschützt hatten. Und schließlich sprach er die Wahrheit, und in seinen Worten lag ein tiefer Sinn.

Ich war überrascht und sagte: „Monsieur Knapwurst , können Sie Latein?"

„Ja, Herr", antwortete er, aber ohne Überheblichkeit, „sowohl Latein als auch Griechisch. Ich habe es mir selbst beigebracht Ich habe sie verschlungen. Kurz nach der Zählung hörte ich, wie ich ein lateinisches Zitat fallen ließ, war ganz erstaunt und sagte: „Wann hast du Latein gelernt, Knapwurst ?" „Ich habe es mir selbst beigebracht, Monseigneur ." Er stellte mir ein paar Fragen, auf die ich ziemlich gute Antworten gab. „ *Parbleu !* " schrie er, „ Knapwurst weiß mehr als ich; er soll meine Aufzeichnungen führen." Also gab er mir die Schlüssel zum Archiv, das war vor dreißig Jahren. Seitdem habe ich jedes Wort gelesen. Manchmal, wenn der Graf mich auf meiner Leiter sitzen sieht, sagt er: „Was machst du jetzt, Knapwurst ?" „Ich lese die Familienarchive, Monseigneur ." „Aha! Macht dir das Spaß?" 'Ja, sehr.' „Komm, komm, ich freue mich, das zu hören, Knapwurst ; aber wer wüsste für dich etwas über den Ruhm des Hauses Nideck ?" Und er lacht. Ich mache, was ich will.

„ Er ist also ein sehr guter Meister, oder?"

„Oh, Doktor Fritz, er ist der gutherzigste Herr! Er ist so offenherzig und so angenehm!" rief der Zwerg mit gefalteten Händen. „Er hat nur einen Fehler."

„Und was mag das sein?"

„Er hat keinen Ehrgeiz."

„Wie beweisen Sie das?"

„Nun, er hätte alles werden können, was er wollte. Denken Sie an einen Nideck , eine der vornehmsten Familien in Deutschland! Er brauchte nur darum zu bitten, zum Minister oder Feldmarschall ernannt zu werden. Nun ja, er wünschte sich nichts dergleichen. Als er kein junger Mann mehr war, zog er sich aus dem politischen Leben zurück. Abgesehen davon, dass er im Frankreichfeldzug an der Spitze eines Regiments stand, das er auf eigene Kosten aufstellte, hat er schlicht und einfach immer fernab von Lärm und Schlacht gelebt , und fast unbekannt, schien er an nichts anderes als an seine Jagd zu denken.

Diese Details waren für mich äußerst interessant. Das Gespräch nahm von selbst genau die Wendung, die ich mir gewünscht hatte, und ich beschloss, meinen Vorteil daraus zu ziehen.

„ Der Graf hatte also nie irgendwelche aufregenden Taten in der Hand?"

„Keine, Doktor Fritz, überhaupt keine; und das ist das Mitleid. Eine edle Aufregung ist der Ruhm großer Familien. Es ist ein Unglück für eine edle Rasse, wenn ein Mitglied dieser Rasse keinen Ehrgeiz hat; er lässt zu, dass seine Familie in die Tiefe sinkt sein Niveau. Ich könnte Ihnen viele Beispiele nennen. Was in der Familie eines Händlers großes Glück bedeutet, ist in der Familie eines Adligen das größte Unglück .

Ich war erstaunt; denn alle meine Theorien über das frühere Leben des Grafen fielen zu Boden.

„Aber Herr Knapwurst , der Herr von Nideck hat große Sorgen gehabt, nicht wahr?"

„Zum Beispiel was?"

„Der Verlust seiner Frau."

„Ja, da haben Sie recht; seine Frau war ein Engel; er heiratete sie aus Liebe. Sie war eine Zaân , eine der ältesten und besten Adligen des Elsass, aber eine Familie, die durch die Revolution ruiniert wurde. Die Gräfin Odile war die Freude von." ihr Mann. Sie starb an einem Verfall, der sie nach fünfjähriger Krankheit dahinraffte. Es wurden alle möglichen Pläne ausprobiert, um ihr Leben zu retten. Sie reisten zusammen durch Italien, aber sie kehrte schlechter zurück, als sie zurückkam, und starb einige Wochen nach ihrer Rückkehr. Die „Graf war fast untröstlich, und zwei Jahre lang schloss er sich ein und wollte niemanden sehen. Er vernachlässigte seine Hunde und seine Pferde. Die Zeit beruhigte endlich seinen Kummer, aber es gibt immer einen Rest Kummer", sagte der Bucklige. mit dem Finger auf sein Herz zeigen; „Du verstehst es sehr gut, da ist immer noch eine blutende Wunde. Alte Wunden, weißt du, machen sich bei Wetterumschwüngen bemerkbar – und auch bei alten Sorgen – im Frühling, wenn die Blumen wieder blühen, und im Herbst, wenn die toten Blätter den Boden bedecken. Aber der Graf wollte nicht wieder heiraten; seine ganze Liebe gilt seiner Tochter."

„ Also war die Ehe durchweg glücklich?"

„Glücklich! Es war ein Segen für alle."

Ich sagte nichts mehr. Es war klar, dass der Graf kein Verbrechen begangen hatte und auch nicht hätte begehen können. Ich musste den Beweisen nachgeben. Aber was bedeutete dann diese nächtliche Szene, dieser seltsame Zusammenhang mit der Schwarzen Pest, dieses furchterregende Handeln, diese Reue in einem Traum, die die Schuldigen dazu trieb, ihre vergangenen Gräueltaten zu verraten?

Ich habe mich in vergeblichen Mutmaßungen verloren.

Knapwurst zündete seine Pfeife erneut an und reichte mir eine, die ich annahm.

Zu diesem Zeitpunkt war die eisige Taubheit, die mich erfasst hatte, fast verschwunden, und ich genoss das angenehme Gefühl der Erleichterung, das große Müdigkeit mit sich bringt, wenn ich in einem bequemen Sessel an der Kaminecke saß und in Kränze aus Tabakrauch gehüllt war , geben Sie sich dem Luxus der Ruhe hin und lauschen Sie gedankenverloren dem Duett zwischen dem Zirpen einer Grille am Herd und dem Zischen des brennenden Holzscheits.

Also saßen wir eine Viertelstunde da.

Schließlich wagte ich die Bemerkung:

„Aber manchmal wird der Graf wütend auf seine Tochter?"

Knapwurst zuckte zusammen, richtete einen finsteren, fast grimmigen und feindseligen Blick auf mich und antwortete:

"Ich weiß, ich weiß!"

Ich beobachtete ihn aufmerksam und dachte, ich könnte jetzt etwas zur Untermauerung meiner Theorie lernen, aber er fügte einfach ironisch hinzu:

„Die Türme von Nideck sind hoch und Verleumdungsfliegen zu niedrig, um ihre Höhe zu erreichen!"

„Kein Zweifel; aber es ist doch eine Tatsache, nicht wahr?"

„Oh ja, so ist es; aber letzten Endes ist es nur ein Wahnsinn, eine Folge seiner Beschwerden. Sobald die Krise vorüber ist, kehrt seine ganze Liebe zu Mademoiselle zurück. Ich versichere Ihnen, Sir, dass ein Liebhaber von zwanzig Jahren das könnte." Sei nicht hingebungsvoller, zärtlicher als er. Dieses junge Mädchen ist sein Stolz und seine Freude. Ein Dutzend Mal habe ich ihn wegreiten sehen, um ein Kleid oder Blumen oder was auch immer für sie zu holen. Er ging allein los , und brachte triumphierend die Artikel zurück und blies in sein Horn. Er hätte einen so heiklen Auftrag niemandem anvertraut, nicht einmal Sperver , den er so sehr liebt. Mademoiselle wagt es nie, in seinen Ohren einen Wunsch zu äußern, damit er nicht aufspringt ab und erfülle es sofort. Der Herr von Nideck ist der würdigste Herr, der zärtlichste Vater und der gütigste und aufrichtigste Mensch. Diese Wilderer, die unsere Wälder für immer heimsuchen, der alte Graf Ludwig hätte sie ohne Gnade aufgehängt ; unser Graf zwinkert ihnen zu, er macht sie sogar zu Wildhütern. Schau dir Sperver an ! Warum, wenn Graf Ludwig noch lebte, hätten Spervers Knochen längst in Ketten gerasselt; Stattdessen ist er Oberjägermeister auf der Burg."

Alle meine Theorien befanden sich nun in einem Zustand der Desorganisation . Ich legte meinen Kopf zwischen meine Hände und dachte lange nach.

Knapwurst hatte sich, in der Annahme, dass ich schlief, wieder seinem Folio zugewandt.

Die graue Morgendämmerung lugte jetzt herein und die Lampe wurde blass. Im Schloss waren undeutliche Stimmen zu hören.

Plötzlich war draußen das Geräusch eiliger Schritte zu hören. Ich sah jemanden am Fenster vorbeigehen, die Tür öffnete sich plötzlich und Gideon erschien auf der Schwelle.

KAPITEL XI.

Spervers blasses Gesicht und seine leuchtenden Augen verkündeten, dass die Ereignisse bevorstanden. Dennoch blieb er ruhig und schien von meiner Anwesenheit in Knapwursts Zimmer nicht überrascht zu sein.

„Fritz", sagte er kurz, „ich bin gekommen, dich abzuholen." Ohne zu antworten stand ich auf und folgte ihm. Kaum waren wir aus der Hütte, als er mich am Arm nahm und mich zum Schloss zog.

„Mademoiselle Odile möchte Sie sehen", flüsterte er.

„Was! ist sie krank?"

„Nein, es geht ihr viel besser, aber irgendetwas Seltsames geht vor sich. Heute Morgen gegen ein Uhr ging ich mit der Hand auf der Klingel los, um die Gräfin zu wecken, weil ich dachte, der Graf hätte fast seinen letzten Atemzug getan Mein Herz hat mich im Stich gelassen. „Warum sollte ich ihr das Herz brechen?" Ich sagte mir: „Sie wird ihr Unglück nur zu früh erfahren; und sie dann mitten in der Nacht aufzuwecken, so schwach und gebrechlich sie auch ist, nach solchen Erschütterungen, könnte sie auf einen Schlag töten." Ich dachte ein paar Minuten nach und beschloss dann, alles auf mich zu nehmen. Ich kehrte in das Zimmer des Grafen zurück. Ich schaute hinein – keine Menschenseele war da! Unmöglich! Der Mann befand sich in den letzten Todesqualen. Ich rannte wie ein Verrückter in den Korridor. Niemand war da! In die lange Galerie – niemand! Dann verlor ich meine Geistesgegenwart, und eilte wieder in das Zimmer der jungen Gräfin und klingelte erneut. Diesmal erschien sie und schrie: „Ist mein Vater tot?"

'NEIN.' „Ist er verschwunden?“ „Ja, meine Dame. Ich war kurz weg – als ich wieder hereinkam –“ „Und Doktor Fritz, wo ist er?“ „Im Turm von Hugh Lupus.“ „In *diesem* Turm?“ Sie fing an. Sie warf sich einen Morgenmantel um, nahm ihre Lampe und ging hinaus. Ich blieb zurück. Eine Viertelstunde nachdem sie zurückkam, ihre Füße mit Schnee bedeckt und so bleich und so kalt! Sie setzte sie Er steckte eine Lampe auf den Schornstein, blickte mich fest an und sagte: „Warst du es, der den Arzt in diesen Turm gebracht hat?“ 'Ja Madame.' „Unglücklicher Mann! Du wirst nie das Ausmaß des Schadens erfahren, den du angerichtet hast.“ Ich wollte gerade antworten, aber sie unterbrach mich: „Nicht mehr; geh und verschließe alle Türen und lege dich hin. Ich setze mich auf. Morgen früh wirst du Doktor Fritz bei Knapwurst finden und ihn zu mir bringen. Mach keinen Lärm.“ , und denk dran, du hast nichts gesehen und weißt nichts!‘“

„Ist das alles, Sperver ?“ Ich fragte.

Er nickte ernst.

„Und was ist mit der Zählung?“

„Er ist wieder dabei. Es geht ihm besser.“

Wir waren im Vorzimmer angekommen. Gideon klopfte sanft an die Tür, dann öffnete er sie und verkündete: „Doktor Fritz.“

Ich machte einen Schritt vorwärts und stand vor Odile. Sperver hatte sich zurückgezogen und schloss die Tür.

Ein seltsamer Eindruck kam mir in den Sinn, als ich die junge Gräfin sah, die bleich und reglos auf der Rückenlehne eines Sessels lehnte, mit fieberhaften Augen und in ein langes Kleid aus schwarzem Samt gekleidet. Aber sie blieb ruhig und standhaft.

„Doktor“, sagte sie und deutete mich auf einen Stuhl, „setzen Sie sich bitte, ich muss mit Ihnen über eine sehr ernste Angelegenheit sprechen.“

Ich gehorchte schweigend.

Sie setzte sich ihrerseits und schien ihre Gedanken zu sammeln.

„Vorsehung oder ein böses Schicksal, ich weiß nicht was, hat dich zum Zeugen eines Geheimnisses gemacht, in dem Lügen die Ehre meiner Familie in Frage stellten.“

also alles!

Ich saß verwirrt und erstaunt da.

„Madam, glauben Sie mir, es war nur Zufall –“

„Es ist nutzlos“, unterbrach sie; „Ich weiß alles, und es ist schrecklich!“

Dann rief sie mit herzzerreißender, flehender Stimme:

„Mein Vater ist kein schuldiger Mann!"

Ich schauderte und schrie mit ausgestreckten Händen:

„Madam, ich weiß es; ich weiß, dass das Leben Ihres Vaters eines der edelsten und schönsten war."

Odile war halb von ihrem Sitz aufgestanden, als wollte sie voreilig gegen jede Vermutung protestieren, die ihrem Vater schaden könnte. Als sie hörte, wie ich mich selbst verteidigte , sank sie wieder zurück, bedeckte ihr Gesicht mit den Händen und begann zu fließen.

„Gott segne Sie, Herr!" rief sie aus. „Ich hätte bei dem bloßen Gedanken sterben sollen, dass ein Hauch von Misstrauen gegen ihn hegte . "

„Ah! Madam, wer könnte der Handlung eines Schlafwandlers irgendeine Realität zuschreiben?"

„Das ist ganz wahr, Sir; ich hatte diesen Gedanken auch schon gehabt, aber dem Anschein nach – verzeihen Sie – hatte ich doch Angst – ich wusste immer noch, dass Doktor Fritz ein Ehrenmann war . "

„Beten Sie, meine Dame, seien Sie ruhig."

„Nein", rief sie, „lass mich weiter weinen. Es ist so eine Erleichterung; zehn Jahre lang habe ich im Verborgenen gelitten. Oh, wie ich gelitten habe! Dieses Geheimnis, das so lange in meiner Brust verborgen war, brachte mich um hätte bald sterben sollen, wie meine liebe Mutter. Gott hatte Mitleid mit mir und hat Sie gesandt und Sie dazu gebracht, es mit mir zu teilen. Lassen Sie mich Ihnen alles erzählen, Herr, lassen Sie es mich tun!"

Sie konnte nicht mehr sprechen. Schluchzen und Tränen brachen ihre Stimme. So ist es immer mit stolzen und erhabenen Naturen. Nachdem sie den Kummer überwunden und eingesperrt, begraben und sozusagen in den geheimen Tiefen des Geistes niedergedrückt haben, scheinen sie in den Augen der Uninformierten um sie herum und in den Augen anderer glücklich oder zumindest gleichgültig zu sein Der aufmerksamste Beobachter könnte sich irren; Wenn aber ein plötzlicher Stoß das Siegel zerreißt, ein unerwartetes Zerreißen eines Teils des Schleiers, dann fällt der Turm, in dem der Leidende seinen Kummer verbarg, wie beim Krachen eines Gewitters in Trümmern zu Boden. Der besiegte Feind erhebt sich heftiger als vor seiner Niederlage und Gefangenschaft; Er rüttelt vor Wut an den Türen des Gefängnisses, der Körper zittert unter langem Zittern , Schluchzen und Seufzen heben die Brust, die Tränen, die zu lange in Grenzen gehalten wurden, strömen über ihre geschwollenen Ufer und springen und rauschen wie nach dem heftigen Regen eines Gewitters.

So war Odile.

Endlich hob sie ihren schönen Kopf; Sie wischte sich die tränenüberströmten Wangen ab, und mit dem Arm auf dem Ellenbogen ihres Stuhls, die Wange auf der Hand und den Blick zärtlich auf ein Bild an der Wand gerichtet, fuhr sie langsam und melancholisch fort :

„Wenn ich in die Vergangenheit zurückkehre, Sir, wenn ich zu meinen ersten Eindrücken zurückkehre, ist das Bild meiner Mutter das Bild vor mir. Sie war eine große, blasse und schweigsame Frau. Sie war zu der Zeit, auf die ich mich beziehe, noch jung . Sie war kaum dreißig, und doch hätte man sie für fünfzig gehalten. Ihre Stirn war silbern rund mit schneeweißen Haaren, ihre dünnen, eingefallenen Wangen, ihr scharfes, klares Profil – ihre Lippen immer mit einem Ausdruck des Schmerzes zusammengepresst – gaben nach Ihre Gesichtszüge hatten einen seltsamen Charakter, in dem Stolz und Schmerz um die Herrschaft zu kämpfen schienen. Von der Elastizität der Jugend war in dieser dreißigjährigen Frau nichts mehr übrig – nichts als ihre große, aufrechte Figur, ihre leuchtenden Augen und ihre Stimme. Das war immer so sanft und so süß wie ein Kindheitstraum. Sie ging oft stundenlang in diesem Raum auf und ab, mit hängendem Kopf, und ich, ein gedankenloses Kind, lief glücklich neben ihr her, ohne es zu bemerken Meine Mutter war traurig und verstand nie die Bedeutung der tiefen Melancholie, die in den Falten auf ihrer schönen Stirn zum Ausdruck kam. Ich wusste nichts von der Vergangenheit, für mich war die Gegenwart Freude und Glück, und oh! die Zukunft! – die dunkle, elende Zukunft! – es gab keine! Meine einzige Zukunft war das Spiel von morgen!"

Odile lächelte bitter und fuhr fort:

„Manchmal störte ich bei meinem lauten Spiel meine Mutter in ihrem stillen Spaziergang; dann blieb sie stehen, schaute nach unten, und als sie mich zu ihren Füßen sah, beugte sie sich langsam vor, küsste mich mit einem abwesenden Lächeln und dann noch einmal Nehmen Sie ihren unterbrochenen Gang und ihren traurigen Gang wieder auf. Seitdem, Herr, wann immer ich in meinem Gedächtnis nach Erinnerungen an meine frühen Tage suchen wollte, ist diese große, blasse Frau vor mir aufgestanden, das Bild der Melancholie. Da ist sie." auf ein Bild an der Wand zeigend: „Da ist sie! – nicht etwa, wie mein Vater annimmt, eine Krankheit, die sie gemacht hat, sondern dieses verhängnisvolle und schreckliche Geheimnis. Sehen Sie!"

Ich drehte mich um, und als mein Blick auf dem Porträt verweilte, auf das die Dame zeigte, schauderte ich.

Es war ein langes, blasses, schmales Gesicht, kalt und starr wie der Tod und nur von zwei dunklen, tiefliegenden Augen grell erleuchtet, starr, brennend und von schrecklicher Intensität.

Es herrschte einen Moment Stille.

„Wie sehr muss diese Frau gelitten haben!" Sagte ich zu mir selbst und ein Schmerz traf mein Herz.

„Ich weiß nicht, wie meine Mutter diese schreckliche Entdeckung gemacht hat", fügte Odile hinzu, „aber sie wurde sich der mysteriösen Anziehungskraft der Schwarzen Pest und ihrer Treffen im Turm von Hugh Lupus bewusst; sie wusste alles – alles! Sie hatte nie den Verdacht, dass mein Vater …" Ach nein! – aber sie ist unter diesem verzehrenden Einfluss langsam zugrunde gegangen! Und ich selbst sterbe."

Ich senkte meinen Kopf in meine Hände und weinte schweigend.

„Eines Nachts", fuhr sie fort, „eines Nachts – ich war erst zehn – und meine Mutter kam mit den Überresten ihrer übermenschlichen Energie, denn sie war in dieser Nacht ihrem Ende nahe, zu mir, als ich schlief. Es war drin." Winter; eine steinige, kalte Hand packte mich am Handgelenk. Ich schaute auf. Vor mir stand eine große Frau; in einer Hand hielt sie eine brennende Fackel, mit der anderen hielt sie mich am Arm. Ihr Gewand war mit Schnee bedeckt. Da Es war eine krampfhafte Bewegung in all ihren Gliedern und in ihren Augen leuchtete ein düsteres Licht durch die langen weißen Haarsträhnen, die ihr in Unordnung ins Gesicht hingen. Es war meine Mutter; und sie sagte: „Odile, mein Kind, steh auf und." Kleid! Du musst alles wissen!' Dann führte sie mich zum Turm von Hugh Lupus und zeigte mir den offenen unterirdischen Gang. „Dein Vater wird auf diesem Weg herauskommen", sagte sie und zeigte auf den Turm. „Er wird mit der Wölfin herauskommen. Hab keine Angst, er wird dich nicht sehen.' Und da kam mein Vater, der seine Leichenlast trug, mit der alten Frau heraus. Meine Mutter nahm mich in ihre Arme und folgte mir; sie zeigte mir die traurige Szene auf dem Altenberg , die du kennst. „Schau, mein Kind", sagte sie ; „Das musst du, denn ich – ich werde bald sterben. Das musst du für dich behalten. Du allein sollst bei deinem Vater sitzen", sagte sie eindrucksvoll, „du allein. Die Ehre deiner Familie hängt von dir ab!" Und so kehrten wir zurück. Vierzehn Tage nachdem meine Mutter gestorben war und mir ihren Willen hinterlassen hatte, etwas zu erreichen, und ihr Beispiel, dem ich folgen sollte. Ich habe ihre Anweisungen gewissenhaft befolgt wie einen heiligen Befehl, aber oh, was für ein Opfer! Du hast alles gesehen. I Ich war gezwungen, meinem Vater nicht zu gehorchen und ihm das Herz zu zerreißen. Wenn ich geheiratet hätte, hätte ich einen Fremden ins Haus gebracht und das Geheimnis unserer Rasse verraten. Ich habe mich gewehrt. Niemand in diesem Schloss weiß vom Schlafwandel meines Vaters, und wenn es nicht die gestrige Krise gegeben hätte, die meine Kräfte völlig zerstörte und mich daran hinderte, mit meinem Vater zusammenzusitzen, wäre ich noch immer der alleinige Verwahrer gewesen. Gott hat etwas anderes beschlossen und hat die Ehre und den Ruf meiner Familie in Ihre Obhut genommen. Ich könnte von Ihnen verlangen, Sir, ein feierliches Versprechen, niemals zu verraten, was Sie heute Abend gesehen haben. Ich hätte ein Recht dazu.

„Madam", sagte ich und stand auf, „ich bin bereit."

„Nein, Herr", antwortete sie mit großer Würde, „Ich werde Sie nicht so beleidigen. Eide können niedrige Männer nicht binden, und Ehre allein ist eine ausreichende Garantie für den Aufrichtigen. Sie werden das geheim halten, Herr, ich." Ich weiß, dass du es behalten wirst, denn es ist deine Pflicht, es zu tun. Aber ich erwarte mehr als das von dir, viel mehr, und deshalb sehe ich mich verpflichtet, dir alles zu sagen!"

Sie erhob sich langsam von ihrem Platz.

„Doktor Fritz", fuhr sie mit einer Stimme fort, die jeden Nerv in mir vor tiefer Rührung zum Beben brachte, „meine Kraft ist meiner Last nicht gewachsen; ich beuge mich darunter. Ich brauche einen Helfer, einen Freund. Werden Sie dieser Freund sein?"

„Madam", antwortete ich und erhob mich von meinem Platz, „ich nehme Ihr Freundschaftsangebot dankbar an. Ich kann Ihnen gar nicht sagen, wie stolz ich auf Ihr Vertrauen bin; aber erlauben Sie mir dennoch, eine Bedingung damit zu verbinden."

„Bitte sprechen Sie, Sir."

„Ich meine, dass ich diesen Titel eines Freundes mit allen Pflichten und Pflichten, die er mir auferlegt, annehmen werde."

„Welche Pflichten meinst du?"

„In Ihrer Familie liegt ein Rätsel. Dieses Rätsel muss um jeden Preis entdeckt und gelöst werden. Diese schwarze Pest muss gefasst werden. Wir müssen herausfinden, woher sie kommt, was sie ist und was sie will!"

„Oh, aber das ist unmöglich!" sagte sie mit einer Bewegung der Verzweiflung.

„Wer kann das sagen, Madam? Vielleicht hatte die göttliche Vorsehung eine Absicht mit mir, als sie Sperver schickte , um mich hierher zu holen."

„Sie haben Recht, Sir. Gott handelt niemals ohne vollkommene Weisheit. Tun Sie, was auch immer Sie für richtig halten. Ich gebe meine Zustimmung im Voraus."

Ich hob die Hand, die sie zitternd auf meine legte, an meine Lippen und ging voller Bewunderung für diese gebrechliche und schwache Frau hinaus, die dennoch in der Zeit der Prüfung so stark war. Wird etwas Größeres als die Pflicht edel erfüllt?

KAPITEL XII.

Eine Stunde nach dem Gespräch mit Odile ritten Sperver und ich schnell und ließen Nideck schnell hinter uns.

Der Jäger beugte sich über den Hals seines Pferdes und ermutigte ihn mit Stimme und Tat.

Er ritt so schnell, dass seine große Mecklemburgerin mit fliegender Mähne, ausgestrecktem Schwanz und weit ausgestreckten Beinen fast bewegungslos wirkte, so schnell durchschnitt sie die Luft. Was mein kleines Ardenne -Pony betrifft, glaube ich, dass er sofort mit seinem Reiter rannte. Lieverlé begleitete uns und flog neben uns her wie ein Pfeil vom Bogen. Ein Wirbelwind schien uns kopfüber mitzureißen.

Die Türme von Nideck waren weit entfernt, und Sperver hielt wie immer voraus, als ich rief:

„Hallo, Kamerad, halten Sie an! Halt! Bevor wir weitergehen, lassen Sie uns wissen, worum es geht.“

Er drehte sich um.

„Sag mir nur, Fritz, ist es rechts oder ist es links?“

„Nein, das geht nicht. Es ist von größter Bedeutung, dass Sie den Zweck unserer Reise kennen. Kurz gesagt, wir werden die Hexe fangen.“

Eine Röte der Freude erhellte das lange, blasse Gesicht des alten Wilderers, und seine Augen funkelten.

„Ha, ha!“ rief er: „Ich wusste, dass wir endlich dazu kommen würden!“

Und er ließ sein Gewehr von der Schulter in die Hand gleiten.

Diese bedeutende Aktion hat mich wachgerüttelt.

„Warte, Sperver ; wir werden die Schwarze Pest nicht töten, sondern sie lebendig nehmen!“

"Lebendig?"

„Kein Zweifel, und es wird Ihnen vielleicht eine Menge Reue ersparen, wenn ich Ihnen erkläre, dass das Leben dieser alten Frau mit dem Ihres Herrn verbunden ist. Der Ball, der sie trifft, trifft Ihren Herrn.“

Sperver blickte mich erstaunt an.

„Ist das wirklich wahr, Fritz?"

„Positiv wahr."

Es herrschte langes Schweigen; Unsere Reittiere, Fox und Rappel, warfen ihre Köpfe einander zu, als ob sie einander grüßen würden, und kratzten mit ihren Hufen den Schnee auf, um zu einer so angenehmen Expedition zu gratulieren. Lieverlé öffnete seinen roten Mund weit, klaffte vor Ungeduld, streckte und beugte seinen langen, mageren Körper wie eine Schlange, und Sperver saß regungslos da, die Hand immer noch auf seiner Waffe.

„Nun, lass uns versuchen, sie lebend zu fangen. Wir werden Handschuhe anziehen, wenn wir sie berühren müssen, aber es ist nicht so einfach, wie du denkst, Fritz."

Und indem er mit ausgestreckter Hand auf das Panorama der Berge zeigte, die wie ein riesiges Amphitheater um uns herum lagen , fügte er hinzu:

„Sehen Sie, da sind der Altenberg , der Schneeberg , das Ochsenhorn , das Rhéthal , der Behrenkopf , und wenn wir nur ein wenig höher kämen, würden wir in der Ferne noch fünfzig weitere Berggipfel sehen, bis hinein in die Pfalz hinein. Da sind Felsen und Schluchten, Pässe und Täler, Wildbäche und Wasserfälle, Wälder und noch mehr Berge; hier Buchen, dort Tannen , dann Eichen, und das alles hat die alte Frau für ihren Campingplatz. Sie trampelt überall herum und lebt in einem Loch, wo immer sie will. Sie hat einen sicheren Fuß, ein scharfes Auge und kann dich aus mehreren Kilometern Entfernung wittern. Wie willst du sie dann fangen?"

„Wenn es eine einfache Sache wäre, wo wäre der Verdienst? Dann hätte ich dich nicht dazu auserwählt, daran teilzunehmen."

„Das ist alles in Ordnung, Fritz. Wenn wir nur ein Ende ihrer Spur hätten, wer weiß, aber mit Mut und Ausdauer –"

„Was ihre Spur angeht, machen Sie sich keine Sorgen; das ist meine Sache."

"Dein?"

"Ja meins."

„Was wissen Sie über das Verfolgen einer Spur?"

"Warum sollte ich nicht?"

„Oh, wenn du so sicher bist und mehr darüber weißt als ich, dann marschiere natürlich weiter, und ich werde folgen!"

Es war leicht zu erkennen, dass der alte Jäger verärgert darüber war, dass ich in sein Sondergebiet eindringen würde; Deshalb brauchte ich, innerlich nur lachend, keine Wiederholung der Aufforderung, weiterzugehen, und wandte mich scharf nach links, sicher, auf die Spur der alten Frau zu stoßen, die, nachdem sie den Grafen an der Hinterpforte verlassen hatte, über das Tor gegangen sein musste einfach, um den Berg zu erreichen. Sperver ritt jetzt hinter mir und pfiff ziemlich verächtlich, und ich konnte ihn ab und zu murren hören:

„Was nützt es, in der Ebene nach der Spur der Wölfin zu suchen? Natürlich ist sie wie immer am Waldrand entlanggegangen. Aber es scheint, dass sie ihre Gewohnheiten geändert hat und jetzt mit den Händen in den Taschen umherläuft , wie ein anständiger Freiburger Kaufmann, der spazieren geht.

Ich ignorierte seine Andeutungen, hörte aber im nächsten Moment , wie er einen überraschten Ausruf ausstieß; Dann richtete er einen scharfen Blick auf mich und sagte:

„Fritz, du weißt mehr, als du erzählen willst.“

„Wieso, Gideon?“

„Die Spur, die ich eine Woche hätte finden sollen, du hast sie sofort verstanden. Komm, das ist nicht in Ordnung!“

„Wo siehst du es dann?“

„Oh, tu nicht so, als würdest du auf deine Füße schauen.“

Und zeigte mir in einiger Entfernung einen kaum wahrnehmbaren weißen Streifen im Schnee –

"Da ist sie!"

Sofort galoppierte er darauf zu; Ich folgte ein paar Minuten später; wir waren abgestiegen und untersuchten die Spur der Schwarzen Pest.

„Ich würde gerne wissen“, rief Sperver , „wie diese Spur hierher kam?“

„Lass dich davon nicht beunruhigen“, antwortete ich.

„Du hast recht, Fritz. Kümmere dich nicht darum, was ich sage. Manchmal spreche ich ziemlich willkürlich. Was wir jetzt wollen, ist zu wissen, wohin uns diese Spur führen wird.“

Und nun kniete der Jäger auf dem Boden.

Ich war ganz Ohr; er untersuchte es genau.

„Es ist eine neue Spur“, erklärte er, „von gestern Abend . Es ist eine seltsame Sache, Fritz, während des letzten Angriffs des Grafen hielt sich diese alte Hexe im Schloss herum.“

Dann mit größerer Sorgfalt untersuchen –

„Sie ist heute Morgen zwischen drei und vier Uhr hier vorbeigekommen."

„Wie kannst du das erkennen?"

„Es ist ein ganz frischer Weg; rundherum liegt Schneeregen. Gestern Abend, gegen zwölf, kam ich heraus, um die Türen zu schließen; damals fiel Schneeregen, auf den Fußspuren war keiner, deshalb ist sie seitdem vorbeigekommen."

„Das stimmt, Sperver , aber es könnte viel später entstanden sein, zum Beispiel um acht oder neun."

„Nein, schau, es ist Frost darauf! Der Nebel, der auf dem Schnee gefriert, kommt nur bei Tagesanbruch. Die Kreatur ist nach dem Schneeregen und vor dem Nebel hier vorbeigekommen – also etwa um drei oder vier heute Morgen."

Ich war erstaunt über Spervers Genauigkeit.

Er erhob sich von seinem Knie, klatschte in die Hände, um den Schnee loszuwerden, und blickte mich nachdenklich an, als würde er zu sich selbst sprechen, und sagte:

„Es ist zwölf, nicht wahr, Fritz?"

"Viertel vor zwölf."

„Sehr gut, dann hat die alte Frau sieben Stunden Vorsprung vor uns. Wir müssen ihrer Spur Schritt für Schritt folgen; zu Pferd schaffen wir es in der Hälfte der Zeit, und wenn sie noch läuft, in etwa sieben oder acht." Heute Abend haben wir sie, Fritz. Nun denn, wir machen uns auf den Weg.

Und wir begannen neu auf der Strecke. Es führte uns direkt in die Berge.

Sperver galoppierte davon und sagte:

„Wenn das Glück es so wollte, dass sie ein oder zwei Stunden in einem Loch in einem Felsen ausgeruht hätte, wären wir vielleicht bei ihr oben, bevor das Tageslicht verschwunden ist."

„Das wollen wir hoffen, Gideon."

„Oh, denken Sie nicht daran. Die alte Wölfin ist immer in Bewegung, sie wird nie müde, sie stapft durch alle Mulden des Schwarzwalds. Wir dürfen uns nicht mit eitlen Hoffnungen schmeicheln. Wenn sie vielleicht stehen geblieben ist auf ihrer Reise, umso besser für uns; und wenn sie trotzdem weitermacht, lassen wir uns davon nicht entmutigen. Kommen Sie im Galopp."

Es ist ein sehr seltsames Gefühl, einen Mitmenschen zu jagen; denn schließlich war diese unglückliche Frau von unserer eigenen Art und Natur;

Ausgestattet wie wir mit einer unsterblichen Seele, die gerettet werden muss, fühlte, dachte und reflektierte sie wie wir. Es ist wahr, dass eine seltsame Perversion der menschlichen Natur sie der Natur des Wolfes nahe gebracht hatte und dass ein großes Geheimnis ihr Wesen überschattete. Zweifellos hatte ein Wanderleben das moralische Empfinden in ihr ausgelöscht und sogar den menschlichen Charakter fast ausgelöscht; Aber dennoch kann nichts auf der Welt einem Menschen das Recht geben, über einen anderen die Herrschaft auszuüben, die der Mensch über das Tier hat.

Und doch trieb uns ein brennender Eifer bei der Verfolgung voran; mein Blut war in Fieberhitze; Ich war entschlossen, mich keinem Hindernis in den Weg zu stellen, um dieses außergewöhnliche Wesen zu ergreifen. Eine Wolfsjagd oder eine Wildschweinjagd hätten mich nicht annähernd so begeistert.

Der Schnee flog hinter uns her; Manchmal sausten Eissplitter, von den Hufeisen abgebissen, wie Eisenspäne von Maschinen, an unseren Ohren vorbei.

Sperver erinnerte mich an die berühmten Kosaken, die ich als Junge durch Deutschland ziehen sah, manchmal mit der Nase in die Luft und seinem roten Schnurrbart im Wind schwebend, manchmal mit seinen grauen Augen, die aufmerksam der Spur folgten; und sein großes, schlaksiges Pferd, muskulös und mit voller Mähne, sein Körper so schlank wie der eines Windhunds, vervollständigte die Illusion.

Lieverlé sprang in einem Zustand höchster Begeisterung und Aufregung manchmal so hoch wie der Rücken unserer Pferde, und ich musste bei dem Gedanken zittern, als wir endlich bei der Pest ankamen, könnte er sie vor uns in Stücke reißen ihn daran hindern.

Aber die alte Frau machte uns alle Mühe, die sie konnte; Auf jedem Hügel verdoppelte sie sich, auf jedem Hügel gab es eine falsche Spur.

„Schließlich ist es hier leicht", rief Sperver , „zu dem, was im Wald sein wird. Wir müssen dort die Augen offen halten! Siehst du das verfluchte Tier? Hier hat sie die Spur verwirrt! Da hat sie es." Sie hat sich damit beschäftigt, den Weg zu fegen, und dann ist sie von der Höhe, die dem Wind ausgesetzt ist, zum Bach hinabgerutscht und hat sich durch die Kresse bis zum Unterholz geschlichen. Ohne diese beiden Schritte hätte sie uns völlig verkauft ."

Wir hatten gerade den Rand eines Kiefernwaldes erreicht. In Wäldern dieser Art erreicht der Schnee nie den Boden, außer in den offenen Räumen zwischen den Bäumen, wo ihn das dichte Laubwerk beim Fallen abhält. Dies war ein schwieriger Teil unseres Unternehmens. Sperver stieg ab, um unseren Weg besser sehen zu können, und stellte mich zu seiner Linken, damit mein Schatten ihn nicht behinderte.

Hier befanden sich große Räume, die mit toten Blättern und den Nadeln und Zapfen der Tannen bedeckt waren, die keinen Fußabdruck hinterlassen hatten. Erst auf den offenen Stellen, wo der Schnee auf den Boden gefallen war, fand Sperver die Spur wieder.

Wir brauchten eine Stunde, um durch dieses Dickicht zu kommen. Der alte Wilderer biss sich vor Aufregung und Verärgerung in den Schnurrbart, und seine lange Nase krümmte sich sichtbar zu einem Haken. Wenn ich nur meinen Mund zum Sprechen öffnete, sagte er ungeduldig:

„Sprich nicht – es stört mich!"

Schließlich stiegen wir ein Tal auf der linken Seite hinab, und Gideon deutete auf die Spur der Wölfin am Rande des Unterholzes und bemerkte triumphierend :

„Ausnahmsweise gibt es bei diesem Einsatz keine Finte. Wir können dieser Spur getrost folgen."

„Warum?"

„Weil die Pest die Angewohnheit hat, jedes Mal, wenn sie sich umdreht, drei Schritte nach rechts zu gehen; dann macht sie ihre Schritte vier, fünf oder sechs in die andere Richtung zurück und springt an eine freie Stelle. Aber wenn sie denkt, dass sie genug getan hat Nachdem sie ihre Spur verwischt hat, bricht sie aus, ohne sich die Mühe zu machen, irgendwelche Finten zu machen. Da! Was habe ich gesagt? Jetzt gräbt sie sich unter dem Unterholz wie ein Wildschwein, und es wird nicht mehr so schwierig sein, ihr zu folgen."

„Nun, lasst uns die Spur zwischen uns legen und eine Pfeife rauchen."

Wir blieben stehen, und der ehrliche Bursche, dessen Miene sich aufzuhellen begann, blickte voller Begeisterung zu mir auf und rief:

„Fritz, wenn wir Glück haben, wird das einer der schönsten Tage in meinem Leben. Wenn wir die alte Hexe fangen , werde ich sie hinter mir auf mein Pferd schnallen wie ein Bündel alter Lumpen. Es gibt nur eine Sache, die mir Sorgen bereitet."

"Und was ist das?"

„Dass ich mein Signalhorn vergessen habe. Am liebsten hätte ich die Antwort erklingen lassen, als ich in die Nähe der Burg kam! Ha, ha, ha!"

Er zündete seinen Pfeifenstumpf an und wir galoppierten weiter.

Die Spur der Wölfin führte nun in einem so steilen Anstieg zu den Höhen des Waldes, dass wir mehrmals absteigen und unsere Pferde am Zügel führen mussten.

„Da ist sie und dreht sich nach rechts“, sagte Sperver . „In dieser Richtung sind die Berge schroff; vielleicht muss einer von uns beide Pferde führen, während der andere klettert, um auf den Weg zu achten. Aber meinst du nicht, dass das Licht ausgeht?“

Die Landschaft nahm jetzt einen Aspekt von Erhabenheit und Pracht an. Riesige graue Felsen, auf denen lange Eiszapfen glitzerten, hoben hier und da ihre scharfen Spitzen wie Brecher inmitten eines schneebedeckten Meeres.

Es gibt nichts Traurigeres als den Anblick des Winters in einer Bergregion. Die schroffen Kämme der Abgründe, die tiefen, dunklen Schluchten, die Wälder, die wie Diamanten im Eberreif funkeln, all das ergibt ein Bild von Verlassenheit, Trostlosigkeit und unaussprechlicher Melancholie. Die Stille ist so tief, dass man das Rascheln eines toten Blattes im Schnee oder das Fallen der Tannennadel auf den Boden hört. Eine solche Stille ist bedrückend wie das Grab; Es drängt den Geist auf die Idee der Nichtigkeit des Menschen in der Weite der Schöpfung.

Wie gebrechlich ist der Mensch! Zwei Winter zusammen, ohne einen Sommer dazwischen, würden ihn von der Erde fegen!

Manchmal hielten wir es für notwendig, etwas zu sagen, und sei es nur, um zu zeigen, dass wir bei guter Laune waren.

„Ah, wir kommen voran! Wie furchtbar kalt! Lieverlé , was ist los? Was hast du jetzt gefunden?“

Leider wurden Fox und Rappel langsam müde; sie versanken tiefer im Schnee und wieherten nicht mehr freudig.

Und außerdem ermüdeten uns auch die endlosen Labyrinthe des Schwarzwalds. Die alte Frau hatte großen Einfluss auf diese einsame Gegend; hier war sie um eine verlassene Köhlerhütte herumgetrottet; weiter hinten hatte sie die Wurzeln herausgerissen, die aus einem moosbewachsenen Felsen herausragten; Dort hatte sie am Fuße eines Baumes gesessen, und das erst vor kurzem – nicht mehr als zwei Stunden her, denn der Weg war recht frisch – und unsere Hoffnung und unsere Begeisterung wuchsen gleichzeitig. Aber das Tageslicht verblasste langsam!

Seltsamerweise hatten wir seit unserer Abreise aus Nideck weder Holzfäller noch Köhler noch Holzträger getroffen. Zu dieser Jahreszeit ist die Stille und Einsamkeit des Schwarzwalds so tief wie die der nordamerikanischen Steppen.

Um fünf Uhr war es fast dunkel. Sperver blieb stehen und sagte:

„Fritz, mein Junge, wir haben ein paar Stunden zu spät angefangen. Die Wölfin hatte einen zu langen Start. In zehn Minuten wird es so dunkel sein wie in einem Kerker. Der beste Weg wäre, Roche Creuse zu erreichen ist zwanzig Minuten Fahrt von hier entfernt, zünden Sie ein gutes Feuer an, essen Sie unsere Vorräte und leeren Sie unsere Flaschen. Wenn der Mond aufgeht, werden wir dem Pfad wieder folgen, und wenn die alte Hexe nicht selbst der üble Teufel ist, werden wir zehn zu eins tun finde sie tot und steif vor Kälte am Fuß eines Baumes, denn bei solch einem Wetter kann nichts überleben. Sébalt ist der beste Wanderer im Schwarzwald, und er hätte es nicht ausgehalten. Komm, Fritz, was ist deine Meinung?"

„Ich bin nicht so verrückt, anders zu denken. Außerdem sterbe ich vor Hunger!"

„Nun, fangen wir noch mal von vorne an."

Er übernahm die Führung und gelangte in eine enge und enge Schlucht zwischen zwei steilen Felswänden. Die Tannen trafen sich über unseren Köpfen; Unter unseren Füßen floss nur ein schmaler Bachlauf, und von Zeit zu Zeit spiegelte sich ein Strahl von oben schwach in der Tiefe wider und glänzte in einem trüben bleiernen Licht.

Die Dunkelheit war jetzt so groß, dass ich es für ratsam hielt, Rappel mein Zaumzeug um den Hals zu legen. Die Schritte unserer Pferde auf dem rutschigen Kies lösten seltsame, unharmonische Geräusche aus, die an das Schreien spielender Affen erinnerten. Die Echos von Felsen zu Felsen holten jedes Geräusch ein und wiederholten es, und in der Ferne weitete sich ein winziger tiefblauer Raum, je weiter wir vorankamen; Es war das Problem aus dem Tal.

„Fritz", sagte Sperver , „wir sind im Bett des Tunkelbachs . Das ist der wildeste Ort im Schwarzwald. Das Ende ist eine Grube namens La Marmite du Grand Gueulard , der Kessel des Maultierriesen. Im Frühling Wenn der Schnee schmilzt, schleudert der Tunkelbach sein ganzes Wasser in eine Tiefe von zweihundert Fuß. Es gibt einen schrecklichen Aufruhr, das Wasser stürzt herab, spritzt dann wieder hoch und fällt in Gischt auf alle Hügel ringsum. Manchmal sogar füllt die Roche Creuse , aber gerade jetzt muss sie so trocken sein wie eine Pulverflasche.

Erklärungen zuhörte , meditierte ich gleichzeitig über dieses dunkle und furchteinflößende Tal und dachte über den Instinkt nach, der die Bestien zu solchen Rückzugsorten lockt, weit weg vom Licht des Himmels, weg von allem Hellen und Fröhlichen , muss an der Natur der Reue teilhaben. Die Tiere, die den offenen Sonnenschein lieben – die Ziege hoch oben auf einem hohen, auffälligen Gipfel, das Pferd, das über die weite Ebene fliegt, der Hund, der um sein Herrchen hüpft, der Vogel, der im Sonnenlicht gebadet ist –, atmen alle Freude und Glück; Sie sonnen sich und singen und freuen sich über Tanz und Vergnügen. Das Kind, das im Schatten der großen

Bäume am zarten Gras knabbert, ist ein ebenso poetisches Objekt wie der Schutz, den es liebt; Der wilde Eber ist so rau wie die verworrenen Bremsen, durch die er seinen riesigen, borstigen Rücken gerne laufen lässt; Der Adler ist so stolz und erhaben wie die himmelhohen Felsen, auf denen er als sein Zuhause sitzt; der Löwe ist so majestätisch wie die gewölbten Gewölbe der Höhlen, in denen er seine Höhle baut; aber der Wolf, der Fuchs und das Frettchen suchen die Dunkelheit, die ihren hässlichen Taten entspricht; Angst und Reue begleiten ihre Schritte.

Ich verfolgte diese Gedanken immer noch träumerisch und begann zu spüren, wie sich die scharfe Luft auf meinem Gesicht bewegte, denn wir näherten uns dem Auslass der Schlucht, als plötzlich ein rotes Licht den Felsen dreißig Meter über uns traf und ihn violett färbte das dunkle Grün der Tannen und das Leuchten der Schneekränze.

"Ha!" rief Sperver , „wir haben sie endlich!“

Mein Herz machte einen Sprung; wir standen eng aneinander gedrängt.

Der Hund knurrte leise und tief.

„Kann sie nicht entkommen?“ fragte ich flüsternd.

„Nein, sie ist gefangen wie eine Ratte in der Falle. Es gibt keinen anderen Ausweg aus La Marmite du Grand Gueulard , und überall rundherum sind die Felsen zweihundert Fuß hoch. Nun, abscheuliche Hexe, ich halte dich fest!“

Er stieg in den eiskalten Bach und reichte mir sein Zaumzeug. In der Stille hörte ich das Klicken des Schlosses seiner Waffe, und dieses leise Geräusch ließ mich vor Angst zittern.

„ Sperver , worum geht es dir?“

„Seien Sie nicht beunruhigt; es dient nur dazu, ihr Angst zu machen.“

„Also gut, aber kein Blut. Denken Sie daran, was ich Ihnen gesagt habe – der Ball, der den Pest trifft, tötet den Grafen!“

„Machen Sie sich keine Sorgen“, war die Antwort.

Er ging ohne weitere Verhandlungen weg. Ich konnte das Platschen seiner Füße im Wasser hören; Dann sah ich seine große Gestalt am Eingang des dunklen Tals auftauchen, schwarz vor einem violetten Hintergrund. Er stand fünf Minuten regungslos da. Aufmerksam, nach vorne gebeugt, schaute und lauschte ich, während ich weiterging. Als er zurückkam, war ich nur noch wenige Meter von ihm entfernt.

"Horchen!" flüsterte er geheimnisvoll. "Schau da!"

Am Ende der Mulde, die senkrecht wie ein Steinbruch in den Berghang ausgehöhlt war, sah ich ein helles Feuer, das seine goldenen Spitzen unter dem Gewölbe einer Höhle entfaltete, und vor dem Feuer saß ein Mann mit um die Knie verschränkten Händen, der An seiner Kleidung erkannte ich den Baron de Zimmer- Blüderich .

Er saß regungslos da, die Stirn zwischen seinen Händen. Hinter ihm lag eine dunkle, hagere Gestalt ausgestreckt auf dem Boden. Weiter entfernt richtete scin Pferd, halb verloren im Schatten, den Hals auf und blickte uns mit starrem Blick, aufgestellten Ohren und geweiteten Nüstern an.

Ich stand wie angewurzelt da.

Wie konnte sich der Baron de Zimmer zu solch einer Zeit in dieser einsamen Wildnis aufhalten? Was wollte er hier? Hatte er sich verirrt?

Die widersprüchlichsten Vermutungen gingen in Verwirrung durch mein aufgeregtes Gehirn, und ich wusste nicht, zu welchem Schluss ich kommen sollte, als das Pferd des Barons zu wiehern begann und der Herr den Kopf hob.

„Nun, Donner, was ist jetzt los?“ sagte er.

Dann richtete auch er seinen Blick auf uns und strengte seine Augen durch die Dunkelheit an.

Zu jedem anderen Zeitpunkt hätte mich dieses blasse Gesicht mit seinen markanten Gesichtszügen, den dünnen Lippen und den dicken schwarzen Augenbrauen, die sich zusammenfügten und eine tiefe Vertiefung in Form einer langen vertikalen Falte bildeten, zu jeder anderen Zeit mit Bewunderung erfüllt; während mich jetzt eine unerklärliche Angst erfasste und ich von vagen Befürchtungen erfüllt war.

Plötzlich rief der junge Mann:

"Wer geht dahin?"

„Ich, Monseigneur “, antwortete Sperver und trat vor – „ Sperver , Oberjägermeister des Herrn von Nideck .“

Ein Blitzschuss aus dem schnellen Auge des Barons; kein Muskel seines Gesichts zuckte. Er stand auf und legte seinen Pelz über die Schultern. Ich zog die Pferde und den Hund zu mir, und dieses Tier begann plötzlich ängstlich zu heulen.

Ist nicht jeder mehr oder weniger abergläubischen Ängsten unterworfen? Bei diesen düsteren Geräuschen zitterte ich und ein kalter Schauer durchlief meinen ganzen Körper.

Sperver und der Baron standen fünfzig Meter voneinander entfernt; Der erste stand unbeweglich mitten in der tiefen Schlucht, die Waffe von der Schulter gehängt, der andere aufrecht auf der ebenen Plattform außerhalb der Höhle, den Kopf hoch erhoben, mit hochmütigem Blick und stolzem Blick der Überlegenheit auf uns gerichtet.

"Was willst du hier?" fragte er aggressiv.

„Wir suchen eine Frau", antwortete der alte Wilderer – „eine Frau, die jedes Jahr in Nideck herumstreift , und unser Befehl lautet, sie mitzunehmen."

„Hat sie etwas gestohlen?"

"NEIN."

„Hat sie einen Mord begangen?"

„Nein, Monseigneur ."

„Was willst du dann von ihr? Welches Recht hast du, sie zu verfolgen?"

„Und du – welches Recht hast du ihr gegenüber?" antwortete Sperver mit einem ironischen Lächeln. „Sehen Sie, da ist sie. Ich kann sie am Grund der Höhle sehen. Welches Recht haben Sie, sich in unsere Angelegenheiten einzumischen? Wissen Sie nicht, dass wir hier in den Domänen von Nideck sind und dass wir Gerechtigkeit üben und hinrichten. " unsere eigenen Dekrete?"

Der junge Mann verfärbte sich und sagte kalt:

„Ich habe Ihnen keine Rechenschaft abzulegen."

„Vorsicht", antwortete Sperver . „Ich bin mit Friedens- und Versöhnungsvorschlägen gekommen. Ich bin hier im Namen des Herrn Yeri -Hans. Ich bin in der Erfüllung meiner Pflicht, und Sie bringen sich selbst in Unrecht."

"Deine Pflicht!" rief der junge Mann bitter. „Wenn du über deine Pflicht sprichst , zwingst du mich, meine zu tun!"

"Ja mach mal!" rief der Jäger, dessen Gesichtszüge sich vor Zorn verzerrten.

„Nein", antwortete der Baron, „ich bin dir gegenüber nicht verantwortlich, und du sollst nicht hierher kommen!"

„Das werden wir bald sehen!" sagte Sperver und näherte sich der Höhle.

Der junge Mann zog sein Jagdmesser. Als ich diese drohende Aktion bemerkte, wollte ich zwischen ihnen hin und her springen, aber glücklicherweise rutschte der Hund, den ich am Halsband festhielt, mit einem heftigen Schock von mir ab und warf mich auf den Boden. Ich dachte, der Baron wäre verloren, aber in diesem Moment erhob sich ein wilder Schrei vom dunklen Grund der Höhle, und als ich aufstand, sah ich die alte Frau aufrecht vor dem Feuer stehen, ihre zerfetzten Gewänder hingen lose um sie herab. ihre grauen und wirren Locken wehten wild im Wind; Sie warf ihre knochigen Arme in die Luft und stieß langes, durchdringendes Geheul aus wie der Schmerzensschrei des hungrigen Wolfes in den langen, kalten Winternächten, wenn die Hungersnot an seinen Eingeweiden nagt.

Noch nie in meinem Leben habe ich eine schrecklichere Erscheinung gesehen. Sperver stand bewegungslos da, den Blick auf das furchteinflößende Objekt vor ihm gerichtet und den Mund vor Erstaunen geöffnet, als sei er mit der Erde verwurzelt. Aber der mächtige Hund, überrascht über diesen unerwarteten Anblick, blieb einen Moment stehen; Dann beugte er seinen struppigen Rücken, um sich auf einen gewaltigen Sprung vorzubereiten, und stürmte mit einem tiefen, ungeduldigen Knurren los, das mich zittern ließ. Die Plattform vor der Höhle befand sich etwa acht bis neun Fuß über der Ebene, auf der wir standen, sonst hätte er sie mit einem Satz erreicht. Ich kann noch hören, wie er sich einen Weg durch die schneebedeckten Dornen bahnt, wie der Baron sich mit einem durchdringenden Schrei „Meine Mutter!" vor die Frau wirft. Dann ergriff der Hund einen weiteren Sprung, und Sperver hob schnell wie der Blitz sein Gewehr und brachte das arme Tier tot zu Füßen des jungen Mannes.

Dies war nur das Werk einer Sekunde. Der Golf war mit einem kurzen Blitz erleuchtet, und die wilden Echos vibrierten mit der Explosion von Felsen zu Felsen, bis sie in der Ferne erstarb. Dann legte sich wieder Stille über die düstere Szene, wie Dunkelheit nach dem Blitz.

Als sich der Rauch der Explosion verzogen hatte, sah ich Lieverlé ausgestreckt am Fuß des Felsens liegen und die Frau in den Armen des jungen Mannes ohnmächtig liegen. Sperver , blass vor konzentrierter Wut und Aufregung, blickte den jungen Baron finster an und ließ den Griff seiner Waffe zu Boden fallen. Seine Gesichtszüge waren verwirrt, und seine Augen waren halb in seinem düsteren Stirnrunzeln verborgen.

„Seigneur de Bluderich ", rief er mit ausgestreckter Hand, „ich habe meine beste Freundin getötet, um das Leben dieser unglücklichen Frau, Ihrer Mutter, zu retten! Gott sei Dank, dass ihr Leben mit dem des Grafen von Nideck verbunden ist ! Nehmen Sie." Nehmen Sie sie weg! Bringen Sie sie fort und lassen Sie sie nie wieder hierher zurückkehren. Wenn Sie das tun , kann ich nicht dafür verantwortlich sein, wozu der alte Sperver getrieben werden könnte!"

Dann, mit einem Blick auf den armen Hund —

„Oh! Lieverlé , Lieverlé !" rief er, „sollte es so enden? Komm, Fritz, lass uns gehen. Ich kann hier nicht bleiben. Ich könnte etwas tun, das ich bereuen müsste!"

Und als er Fuchs an der Mähne packte, wollte er sich in den Sattel werfen, doch plötzlich überwanden seine Kummergefühle alle Zurückhaltung, und er senkte seinen Kopf auf den Hals seines Pferdes, brach in Schluchzen und Tränen aus und weinte wie ein... Kind.

KAPITEL XIII.

Sperver war gegangen und trug den Körper des armen Lieverlé in seinem Umhang. Ich hatte mich geweigert, ihm zu folgen; Mein Pflichtgefühl hielt mich an dieser unglücklichen Frau fest, und ich konnte sie nicht verlassen, ohne meinen eigenen Gefühlen Gewalt anzutun.

Außerdem muss ich gestehen, dass ich neugierig war, dieses seltsame, mysteriöse Wesen etwas näher zu sehen, und deshalb begann ich, sobald Sperver in der Dunkelheit des Tals verschwunden war, hinaufzusteigen, um die Höhle zu erreichen.

Dort bot sich mir ein seltsamer Anblick.

Auf einem großen Umhang aus weißem Fell lag die alte Frau in einem langen, zerlumpten Gewand aus Purpur, ihre Finger umklammerten ihre Brust, ein goldener Pfeil durch ihr graues Haar.

Niemals werde ich die Gestalt dieser seltsamen Frau vergessen; Ihre geierähnlichen Gesichtszüge, die von den letzten Todesqualen verzerrt waren, ihre starren Augen, ihr keuchender Mund waren furchteinflößend anzusehen. Das könnte die schreckliche Königin Frédégonde gewesen sein .

Der Baron, der neben ihr kniete, versuchte, sie wieder zum Leben zu erwecken; aber ich sah auf den ersten Blick, dass das elende Geschöpf im Sterben lag, und nicht ohne tiefes Mitleid nahm ich sie am Arm.

„Lassen Sie Madame in Ruhe — fass sie nicht an", rief der junge Mann verärgert.

„Ich bin Chirurg, Monseigneur ."

Er sah mich einen Moment lang schweigend an, dann erhob er sich und sagte:

„Verzeihen Sie, Sir. Bitte verzeihen Sie meine hastige Sprache."

Er zitterte vor Aufregung, war kaum noch unterdrückt, und dann fuhr er fort:

„Was ist Ihre Meinung, Sir?"

„Es ist vorbei – sie ist tot!"

Dann setzte er sich, ohne ein weiteres Wort zu sagen, auf einen großen Stein, die Stirn auf die Hand und den Ellbogen auf das Knie gestützt, die Augen bewegungslos, so still wie eine Statue.

Ich saß in der Nähe des Feuers und beobachtete, wie die Flammen zum gewölbten Dach der Höhle aufstiegen und grelle Reflexe auf die starren Gesichtszüge der Leiche warfen.

Wir saßen eine Stunde regungslos wie Statuen da, jeder in Gedanken versunken, als der Baron plötzlich den Kopf hob und sagte:

„Sir, das alles verwirrt mich völlig. Hier ist meine Mutter – sechsundzwanzig Jahre lang glaubte ich, sie zu kennen – und jetzt öffnet sich vor mir ein Abgrund schrecklicher Geheimnisse. Sie sind Arzt; sagen Sie mir, haben Sie jemals so etwas gewusst? schrecklich?"

„Monseigneur", antwortete ich, „der Graf von Nideck leidet unter einer Krankheit, die der, unter der offenbar Ihre Mutter gelitten hat, auffallend ähnlich ist. Wenn Sie genug Vertrauen in mich haben, um mir die Tatsachen mitzuteilen, die Sie selbst beobachtet haben, werde ich Ich werde Ihnen gerne sagen, was ich selbst weiß; denn vielleicht könnte mir dieser Austausch unserer Erfahrungen die Mittel liefern, meinen Patienten zu retten.

„Gerne, Herr", antwortete er und teilte mir ohne weiteres Vorspiel mit, dass die Baronin von Bluderich , ein Mitglied einer der vornehmsten Familien Sachsens , jedes Jahr gegen Herbst eine Reise nach Italien unternahm, außer niemandem ein alter Diener, der ihr ganzes Selbstvertrauen besaß; dass dieser Mann, der im Sterben lag, sich eine private Unterredung mit dem Sohn seines alten Herrn gewünscht hatte, und dass er dem jungen Mann in dieser letzten Stunde, zweifellos von Gewissensbissen getrieben, gesagt hatte, dass es ihm gehörte Der Besuch der Mutter in Italien war nur ein Vorwand , um ihr, wie Sie bemerkten, einen gewissen Ausflug in den Schwarzwald zu ermöglichen, dessen Zweck ihm unbekannt war, der aber etwas Furchtbares in seinem Charakter gehabt haben musste, da die Baronin immer zurückkehrte in einem Zustand körperlicher Erschöpfung, zerlumpt, halb tot, und dass allein Wochen der Ruhe sie nach den schrecklichen Strapazen dieser wenigen Tage erholen könnten.

Dies war der Sinn der Offenbarungen des alten Dieners gegenüber dem jungen Baron, der glaubte, dass er damit nur seine Pflicht erfüllte.

Der Sohn, der mit jedem Opfer die Wahrheit dieser Geschichte erfahren wollte, hatte sie noch im selben Jahr herausgefunden, indem er zunächst seiner Mutter nach Baden folgte und dann auf ihrer Spur in die Schluchten des Schwarzwalds vordrang. Die Spuren, die Sébalt im Wald verfolgt hatte, gehörten ihm.

Als der Baron mir auf diese Weise sein Wissen mitgeteilt hatte, dachte ich, ich sollte ihm weder den geheimnisvollen Einfluss verheimlichen, den das Erscheinen der alten Frau in der Nähe des Schlosses auf den Grafen ausübte, noch die anderen Umstände dieser unerklärlichen Reihe von Ereignissen Veranstaltungen.

Wir waren beide erstaunt über die außergewöhnliche Übereinstimmung zwischen den erzählten Tatsachen, die geheimnisvolle Anziehungskraft, die diese Wesen unbewusst aufeinander ausübten, das tragische Drama, das sie gemeinsam aufführten, die Vertrautheit, die die alte Frau mit dem Schloss gezeigt hatte, und seine die meisten Geheimgänge, ohne dass sie vorher untersucht wurden; das Kostüm, das sie entdeckt hatte, um diesen geheimen Akt auszuführen, und das nur aus einem geheimnisvollen Rückzugsort hervorgekramt werden konnte, der ihr durch den seltsamen Instinkt des Wahnsinns offenbart wurde. Schließlich waren wir uns einig, dass es in unserem Wesen unbekannte, unergründliche Tiefen gibt und dass das Geheimnis des Todes nicht das einzige Geheimnis ist, das Gott vor unseren Augen verborgen hat, auch wenn es uns vielleicht das wichtigste erscheint.

Aber die Dunkelheit der Nacht begann den blassen Farbtönen der frühen Morgendämmerung zu weichen. Eine Fledermaus kündigte den Abschied der Stunden der Dunkelheit mit einem einzigartigen Ton an, der an das Gurgeln einer Flüssigkeit aus einem engen Flaschenhals erinnerte. Weit oben im Engpass war das Wiehern der Pferde zu hören; dann, mit den ersten Sonnenstrahlen, sahen wir einen Schlitten, der vom Diener des Barons gelenkt wurde; sein Boden war mit Stroh übersät; darauf wurde der Leichnam gelegt.

Ich bestieg mein Pferd, dem es anscheinend nicht leid tat, seine Gliedmaßen wieder zu benutzen, die durch das Stehen auf Eis und Schnee die ganze Nacht über taub geworden waren. Ich ritt dem Schlitten bis zum Ausgang des Engpasses nach, wo sie nach einer ernsten Begrüßung – dem üblichen Zeichen der Höflichkeit zwischen Adel und Volk – in Richtung Hirschland losfuhren und ich zu den Türmen von Nideck ritt .

Um neun war ich in der Gegenwart von Mademoiselle Odile, der ich getreulich alles erzählte, was geschehen war.

Als ich dann zu den Gemächern des Grafen ging, fand ich ihn in einem sehr zufriedenstellenden Zustand vor. Er fühlte sich sehr schwach, was nach den schrecklichen Erschütterungen solcher Krisen, die er durchgemacht hatte, nicht anders zu erwarten war, hatte aber seine geistigen Fähigkeiten wieder vollständig erlangt, und das Fieber hatte ihn am Abend zuvor verlassen. Daher bestand jede Aussicht auf eine schnelle Heilung.

Einige Tage später, als ich den alten Herrn in einem Zustand der Genesung sah, äußerte ich den Wunsch, nach Freiburg zurückzukehren, aber er bat mich so dringend, ganz in Nideck zu bleiben , und bot mir so ehrenhafte und vorteilhafte Bedingungen an, dass ich mich dazu nicht in der Lage fühlte die Erfüllung seiner Wünsche zu verweigern.

Ich werde mich noch lange an die erste Wildschweinjagd erinnern, bei der ich die Ehre hatte , mit dem Grafen dabei zu sein, und vor allem an die prächtige Heimkehr im Fackelzug, nachdem ich zwölf Stunden lang gemeinsam im Sattel gesessen hatte.

Ich hatte gerade zu Abend gegessen und ging völlig benommen in den Turm von Hugh Lupus, als ich, als ich an Spervers Zimmer vorbeikam, dessen Tür halb offen stand, Schreie und Freudenschreie an meine Ohren drangen. Ich blieb stehen, als das fröhlichste Schauspiel über mich hereinbrach. Rund um den massiven Eichentisch strahlten zwanzig quadratische, rosige Gesichter, strahlend und gerötet vor Gesundheit und Spaß.

Das Kochfeld und das Klopfen der Gläser erzeugte ein unaufhörliches Klirren und Klappern. Da saß Sperver mit herrischer Stirn, mit rheinischem Wein getränkten Schnurrbärten, funkelnden Augen und ziemlich wirrem grauem Haar; zu seiner Rechten war Marie Lagoutte , zu seiner Linken Knapwurst . Er hob den alten, mit Silber vergoldeten und ziselierten Kelch hoch, der vom Alter verblasst war, und auf seiner männlichen Brust glitzerte die silberne Platte seines Schultergürtels, denn wie es an einem Jagdtag üblich war, trug er immer noch seine Uniform Büro.

Die Farbe von Marie Lagouttes Wangen, die sogar etwas röter als sonst war, verriet einen ausgelassenen Abend, und ihre breiten Mützenrüschen schienen, als wollten sie ganz in die Luft fliegen; Sie saß lachend da, mal mit dem einen, dann mit dem anderen.

Knapwurst , der in seinem Sessel hockte und den Kopf auf einer Höhe mit Spervers Ellenbogen hatte, sah aus wie ein großer Kürbis. Dann kam Tobias Offenloch , so rot, dass man hätte meinen können, er hätte sein Gesicht im Rotwein gebadet, er lehnte sich mit seiner Perücke auf der Stuhllehne zurück und streckte sein Holzbein unter den Tisch. Weiter hinten tauchte das melancholische lange Gesicht von Sébalt auf, der mit einem kränklichen Lächeln in den Boden seines Weinglases blickte.

Außer diesen Würdenträgern waren die wartenden Männer und Dienerinnen anwesend, die die ganze kleine Gemeinschaft umfassten, die um den

Vorstand der großen Menschen des Landes herum wächst und zu ihnen gehört wie der Efeu, das Moos und die wilde Winde gehören dem Herrscher der Wälder.

Auf dem ächzenden Brett lag ein riesiger Schinken, dessen konzentrische Kreise in Rosa und Weiß sichtbar waren. Dann kamen zwischen den bunt gemusterten Tellern und Schüsseln die langhalsigen Flaschen mit den Produkten der Weinberge, die an den breiten und fließenden Rhein grenzen – lange deutsche Pfeifen mit kleinen Silberketten und lange glänzende Klingen aus Stahl.

Das Licht der Lampe übergoss die ganze Szenerie mit seinem bernsteinfarbenen Farbton und hinterließ im Schatten die alten grauen und von der Zeit befleckten Wände, an denen in großer Zahl die ehernen Windungen der Jagdhörner und Signalhörner hingen.

Was für ein originelles Bild! Das gewölbte Dach hallte von freudigem Gelächter wider.

Sperver hob, wie ich bereits sagte, die volle Stoßstange hoch und sang das Lied von Black Hatto , dem Burggrafen,

„Ich bin König auf meinen Bergen"

während der rosige Tau von Affénthal zitternd an seinen langen Schnurrbärten hing. Sobald er mich erblickte , blieb er stehen und streckte seine Hand aus –

„Fritz", sagte er, „wir wollten nur dich. Es ist lange her, dass ich mich so wohl gefühlt habe wie heute Abend. Gern geschehen, alter Junge!"

Als ich ihn überrascht ansah – denn seit Lieverlés Tod hatte ich ihn nie mehr lächeln sehen –, fügte er ernster hinzu:

„Wir feiern die Genesung von Monseigneur und Knapwurst erzählt uns Geschichten."

Alle Gäste drehten sich zu mir um und ich wurde von allen Seiten freundlich begrüßt.

Sébalt hereingezogen , der neben Marie Lagoutte saß , und fand ein großes Glas böhmischen Weins in meiner Hand, bevor ich die Bedeutung des Ganzen richtig verstehen konnte.

Die alte Halle hallte von fröhlichem Gelächter wider, und Sperver warf seinen Arm um meinen Hals, hielt seine Tasse hoch und mit einem Versuch der Schwerkraft, der deutlich zeigte, dass der Wein in seinem Kopf war, rief er:

„Hier ist mein Sohn! Er und ich – ich und er – bis zum Tod! Hier ist die Gesundheit von Doktor Fritz!"

Knapwurst stand so hoch wie möglich auf der Sitzfläche seines Sessels, nicht unähnlich einer in zwei Hälften geteilten Rübe, beugte sich zu mir und hielt mir sein Glas hin. Marie Lagoutte schüttelte die langen Fahnen ihrer Mütze, und Sébalt, aufrecht vor seinem Stuhl, hager und hager wie der Schatten des wilden Jägers im Heidekraut, wiederholte: „Ihre Gesundheit, Doktor Fritz!" während die Flocken aus silbernem Schaum an seiner Tasse herunterliefen und sanft auf dem Steinboden schwammen.

Dann herrschte einen Moment Stille. Jeder Gast trank. Dann wurde jedes Glas mit einem einzigen Knall energisch auf den Tisch gestellt.

"Bravo!" rief Sperver.

Dann drehte er sich zu mir um –

„Fritz, wir haben bereits auf das Wohl des Grafen und von Mademoiselle Odile getrunken; Sie werden das Gleiche tun."

Zweimal musste ich die Tasse vor den wachsamen Augen der ganzen Tafel leeren. Dann begann auch ich ernst auszusehen. Könnte es die betrunkene Schwerkraft gewesen sein? Ein leuchtender Glanz schien auf jeden Gegenstand zu fallen; Gesichter hoben sich hell aus der Dunkelheit ab und sahen mich näher an; In Wahrheit gab es jugendliche Gesichter und alte, hübsche und hässliche, aber alle strahlten mich gleichermaßen freundlich, liebevoll und zärtlich an; aber es war der Jüngste am anderen Ende des Tisches, dessen leuchtende Augen mich anzogen, und wir tauschten lange und wehmütige Blicke voller Zuneigung und Mitgefühl aus!

Sperver summte und lachte weiter. Plötzlich legte er seine Hand auf den unförmigen Rücken des Zwergs und schrie:

Ruhe ! Hier ist Knapwurst , unser Historiker und Chronist !

Der kleine Bucklige, der über ein so zweideutiges Kompliment überhaupt nicht empört war, richtete seine wohlwollenden Augen auf das Gesicht des Jägers und antwortete:

„Du, Sperver , du bist einer der *Reiter*, deren Geschichte ich dir erzählt habe. Du hast den Arm, den Mut und die Schnurrhaare eines alten *Reiters ! Wenn sich dieses Fenster weit öffnen würde und ein Reiter* durchhalten würde seine Hand am Ende seines langen Arms zu dir, was würdest du zu ihm sagen?

„Ich würde sagen: ‚Gern geschehen, Kamerad. Setzen Sie sich und trinken Sie. Sie werden den Wein genauso gut und die Mädchen genauso hübsch finden wie zu Zeiten des alten Hugh Lupus.' Sehen!"

Und er zeigte mit seinem Glas auf die fröhlichen jungen Gesichter, die das andere Ende des Tisches erhellten.

Auf jeden Fall waren die Mädchen von Nideck reizend. Einige erröteten vor Freude, als sie ihr eigenes Lob hörten; andere verdeckten ihre rosigen Wangen halb mit ihren langen, herabhängenden Wimpern, während der eine oder andere es lieber vorzog, seine süßen blauen Augen zur Schau zu stellen, indem er sie an die rauchige Decke hob. Ich wunderte mich über meine eigene Bewusstlosigkeit, dass ich diese schönen Rosen, die in den Türmen des alten Herrenhauses blühten, noch nie zuvor gesehen hatte.

"Schweigen!" rief Sperver zum zweiten Mal. „Unser Freund Knapwurst wird uns die Legende, die er uns gerade erzählt hat, noch einmal erzählen.“

„Möchtest du stattdessen nicht noch eins haben?“ fragte der Bucklige.

„Nein. Das gefällt mir am besten.“

„Ich kenne bessere.“

„ Knapwurst “, beharrte der Jäger und hob eindrucksvoll den Finger, „ich habe Grund, dasselbe noch einmal hören zu wollen und nichts anderes. Schneiden Sie es lieber kürzer. Da ist viel drin. Nun, Fritz, hör zu!“

Der Zwerg, ziemlich unter dem Einfluss des Sekts, den er getrunken hatte, stützte seine Ellbogen auf den Tisch, und mit seinen knochigen Fingern die Wangen umklammert und seine Augen von seinem Kopf aufgehend, mit seinen konzentrierten Bemühungen, immer ernster zu sprechen, sprach er weinte, als würde er eine Proklamation veröffentlichen –

„Bernard Hertzog berichtet, dass der Burggraf Hugh, mit Nachnamen Lupus oder der Wolf, im Alter eine Kutte trug, eine Art gestrickte Mütze, die im Kampf das Wappen des Ritterhelms verdeckte. Als der Als der Helm ihn ermüdete, nahm er ihn ab und setzte die gestrickte Kapuze auf, deren langer Umhang ihm um die Schultern fiel.

„Bis zu seinem 82. Lebensjahr trug Hugh noch seine Rüstung , obwohl er darin kaum atmen konnte.

„Dann ließ er Otto von Burlach , seinen Kaplan, seinen ältesten Sohn Hugo, seinen zweiten Sohn Berthold und seine Tochter, die rothaarige Bertha, die Frau eines sächsischen Häuptlings namens Bluderich , holen und sagte zu ihnen :

„„Deine Mutter, die Wölfin, hat dir ihre Krallen hinterlassen; ihr Blut fließt, vermischt mit meinem, in deinen Adern. In dir wird das Blut des Wolfes von Generation zu Generation fließen; er wird weinen und heulen im Schnee des Schwarzwaldes . Einige werden sagen: „Horch! Der Wind heult!“ andere: „Nein, es ist die Eule, die schreit!“ Aber nicht so; es ist dein Blut, meins und das Blut der Wölfin, die mich dazu getrieben hat, Hedwige , meine Frau vor Gott und der Kirche, zu ermorden. Sie starb unter meinen blutigen Händen! Verflucht sei die Wölfin! Denn es steht geschrieben: „Ich werde die Sünden der Väter an den Kindern heimsuchen." Das Verbrechen des Vaters wird an den Kindern heimgesucht, bis der Gerechtigkeit Genüge getan ist !'

„Dann starb der alte Hugh der Wolf.

„Von diesem trostlosen Tag an heulte der Nordwind über die Wildnis, und die Eule brüllte im Dunkeln, und Reisende bei Nacht wissen nicht, dass es das Blut der Wölfin ist, die um den Tag der Rache weint, der kommen wird, wessen Blut wird von Generation zu Generation erneuert werden – so sagt Hertzog – bis zu dem Tag, an dem die erste Frau Hugos, Hedwig die Schöne, in Nideck in der Gestalt eines Engels wieder auftauchen wird, um zu trösten und zu vergeben!"

Dann erhob sich Sperver von seinem Platz, nahm eine Lampe, verlangte von Knapwurst die Schlüssel zur Bibliothek und winkte mir, ihm zu folgen.

Wir durchquerten schnell die lange dunkle Galerie, dann die Waffenkammer , und bald erschien die Archivkammer am Ende des großen Korridors.

Alle Geräusche waren in der Ferne verstummt. Der Ort schien ziemlich verlassen zu sein.

Ein- oder zweimal drehte ich mich um und konnte dann mit einem schleichenden Gefühl der Angst unsere beiden langen, fantastischen Schatten sehen, die sich geisterhaft in seltsamen Verzerrungen auf dem hohen Wandteppich wanden.

Sperver öffnete schnell die alte Eichentür und betrat mit erhobener Taschenlampe, durcheinander gesträubtem Haar und aufgeregten Gesichtszügen den ersten Raum. Als er vor dem Porträt von Hedwige stand , dessen Ähnlichkeit mit der jungen Gräfin mir bei unserem ersten Besuch in der Bibliothek aufgefallen war, wandte er sich mit folgenden feierlichen Worten an mich:

„Hier ist sie, die zurückkehren sollte, um mich zu trösten und zu bemitleiden! Sie ist zurückgekehrt! In diesem Moment ist sie unten beim alten Grafen. Schau gut, Fritz, erkennst du sie ? Ist es nicht Odile?"

Dann wenden wir uns dem Bild von Hughs zweiter Frau zu –

„Da", sagte er, „ist Huldine , die Wölfin. Tausend Jahre lang weinte sie in den tiefen Schluchten der Kiefernwälder des Schwartzwalds; sie war die Ursache für den Tod des armen Lieverlé , fortan aber der Herren." von Nideck möge sicher ruhen, denn Gerechtigkeit ist geschehen, und der gute Engel dieses herrschaftlichen Hauses ist zurückgekehrt!"

MYRTE.

KAPITEL I.

Ganz am Ende des Dorfes Dosenheim im Elsass, etwa fünfzig Meter von der Schotterstraße entfernt, die in den Wald führt, steht ein hübsches Häuschen, umgeben von einem Obstgarten, das flache Dach ist mit Felsbrocken beladen, die Giebelseite blickt nach unten das Tal.

Taubenschwärme kreisen um ihn herum, Hühner scharren und sammeln unter den Zäunen auf, was sie können, der Hahn nimmt majestätisch seinen Platz auf der niedrigen Gartenmauer ein und erklingt die *Réveillée* oder den Rückzug, damit sich die Echos von Falberg wiederholen; Eine Außentreppe mit hölzernem Geländer, über der die Wäsche des kleinen Haushalts hängt, führt in das erste Stockwerk, und an der Vorderseite klettert ein Weinstock hinauf und breitet seine grünen Zweige von einer Seite zur anderen aus.

Wenn Sie nur diese Stufen hinaufsteigen, sehen Sie am Ende des schmalen Eingangs die Küche mit ihrer Kommode und ihren Zinntellern und Schüsseln, ihren wie Luftballons aufblähenden Suppenterrinen; Öffnen Sie die Tür nach rechts und Sie befinden sich im Salon mit seinen dunklen Eichenmöbeln, einer Decke, die von braunen, rauchfleckigen Sparren durchzogen ist, und seiner alten Nürnberger Uhr, die monoton klappert.

Hier sitzt eine fünfunddreißigjährige Frau, die sich dreht und träumt, ihre Taille ist von einem langen schwarzen Taftmieder umschlossen und ihr Kopf ist mit einem samtenen Kopfschmuck mit langen Bändern bedeckt.

Ein Mann in einem Samtmantel mit weitem Rock, Beinkleidern aus demselben Stoff und einer schönen, offenen Stirn, der ruhig und nachdenklich aussieht, schaukelt auf seinem Knie einen schönen, kräftigen Jungen und pfeift den Ruf „Stiefel und Sattel".

Dort liegt das ruhige Dorf am Ende des Tals, eingerahmt, während Sie sitzen, im kleinen Fenster der Hütte; der Fluss springt über den Mühlendamm und überquert die gewundene Straße; die alten Häuser mit ihren tiefen und düsteren Dachvorsprüngen, ihren Scheunen, ihren Giebelfenstern, ihren in der Sonne trocknenden Netzen; die jungen Mädchen, die am Flussufer auf den Steinen knien und Wäsche waschen; das Vieh saß träge da, um zu trinken, und brüllte ernst zwischen den Weiden; die jungen Hirten knallten mit ihren Peitschen; der Berggipfel, von den spitzen Tannenwipfeln wie eine Säge gezackt – all diese ländlichen Objekte spiegeln sich im fließenden blauen Bach wider, nur unterbrochen von herabsegelnden Entenflotten oder dem gelegentlichen Vorbeigehen eines alten Baumes, der oben auf dem Berg verwurzelt ist -Seite.

Wenn Sie diese Dinge in Ruhe betrachten, werden Sie beeindruckt von der Leichtigkeit und dem Trost, von dem sie sprechen, und Sie werden von Dankbarkeit gegenüber dem Geber allen Guten bewegt.

Nun, meine lieben Freunde und Nachbarn , so war das Häuschen der Brémers im Jahr 1820, so waren Brémer selbst, seine Frau Catherine und ihr Sohn, der kleine Fritz.

Meiner Meinung nach kommen sie genau so zurück, wie ich sie Ihnen beschrieben habe.

Christian Brémer hatte bei den Jägern der kaiserlichen Garde gedient. Nach 1815 hatte er Catherine, seine alte Geliebte, geheiratet, die etwas älter geworden war, aber ganz frisch und schön und voller Anmut. Mit seinem eigenen kleinen Besitz, seinem Haus und seinen vier oder fünf Hektar Weinbergen, dazu noch Catherines, war Brémer einer der bedeutendsten Bürger von Dosenheim geworden ; Er hätte Bürgermeister, Adjunkt oder Stadtrat sein können , aber diese Ehrungen hatten für ihn keinen Reiz; und was ihm am besten gefiel, war, nach getaner Arbeit sein altes Gewehr abzunehmen, für Friedland zu pfeifen und ihn in den Wald zu führen.

Nun ereignete sich eines Tages, dass dieser würdige Mann, als er nach einem Schießtag nach Hause kam, in seiner Tasche ein kleines Zigeunermädchen mitbrachte, zwei oder drei Jahre alt, so lebhaft wie ein Eichhörnchen und so braun wie eine Haselnuss. Er hatte sie im Bündel einer unglücklichen Zigeunerin gefunden, die an Müdigkeit oder Hunger oder beidem gestorben war, am Fuße eines Baumes.

Sie können sich gut vorstellen, was für einen Aufschrei Catherine gegen dieses neue, ungebetene Mitglied ihrer Familie auslöste. Da Brémer aber Herr in seinem eigenen Haus war, teilte er seiner Frau einfach mit, dass das Kind auf den Namen Susanna Frederica Myrtle getauft und mit dem kleinen Fritz aufgezogen werden sollte.

Selbstverständlich kamen alle Frauen des Ortes, ob alt oder jung, vorbei, um ihre Beobachtungen über die kleine Zigeunerin zu äußern, deren ernster und nachdenklicher Gesichtsausdruck sie überraschte.

„Das ist kein Kind wie andere“, sagten sie; „Sie ist eine Heide – eine ziemliche Heide! Sie können an ihren Augen sehen, dass sie jedes Wort versteht ! Frettchen und Wiesel, Sie dürfen nicht erwarten, dass Ihr Geflügel in Sicherheit ist. Sie werden den ganzen Hof frei haben!“

„Geh und kümmere dich um deine eigenen Angelegenheiten!“ schrie Brémer . „Ich habe Russen und Spanier gesehen, ich habe Italiener und Deutsche und Juden gesehen; einige waren braun und einige schwarz, einige weiß und andere rot; einige hatten lange Nasen und andere hatten nach unten gerichtete Nasen, aber ich Ich habe unter allen gute Kerle gefunden.

„Sehr wahrscheinlich", sagten die Damen, „aber diese Leute lebten in Häusern und Zigeuner leben im Freien."

Er gewährte keine Antwort auf dieses Argument, aber mit aller möglichen Höflichkeit schüttelte er sie bei den Schultern.

„Geh weg", rief er; „Ich möchte deinen Rat nicht. Es ist Zeit, die Räume zu lüften, und dann muss ich mich um die Ställe kümmern."

Doch so schlimm waren die abgelehnten Ratschläge doch nicht, wie sich unglücklicherweise ein Dutzend oder vierzehn Jahre später zeigte.

Fritz hatte immer Freude daran, das Vieh zu füttern, die Pferde zum Teich zu bringen, seinem Vater zu folgen und zu lernen, wie man pflüget und sät, erntet und mäht, die Garben aufbindet und nach Hause bringt. Aber Myrtle hatte keine Lust, die Kühe zu melken, Butter zu rühren, Erbsen zu schälen oder Kartoffeln zu schälen.

Als die Mädchen von Dosenheim , die morgens zum Wäschewaschen an den Fluss gingen, sie die *Heiden nannten* , spiegelte sie sich selbstgefällig im Brunnen, und als sie ihre eigenen langen dunklen Locken, ihre violetten Lippen, ihre weißen Zähne bewundert hatte, Als sie ihre Halskette aus roten Beeren trug, lächelte sie und murmelte vor sich hin:

„Ah! Sie nennen mich nur eine Heide, weil ich hübscher bin als sie", und sie tauchte die Spitze ihres kleinen Fußes in den Brunnen und lachte.

Aber Catherine konnte ein solches Verhalten nicht gutheißen und sagte:

„Myrtle ist nicht im Geringsten gut für uns. Sie wird nichts Nützliches tun. Es nützt mir nichts zu predigen, zu raten und zu schelten, sie macht alles falsch. Neulich, als wir Als sie Äpfel im Schrank verstauten, biss sie von den besten ab, um zu sehen, ob sie reif waren! Sie hat keine andere Freude, als von allem das Beste zu verschlingen."

Brémer selbst musste zugeben, dass ein sehr heidnischer Geist in ihr steckte, als er seine Frau vom Morgen bis zum Abend schreien hörte: „Myrte, Myrte! Wo bist du jetzt? Ach, böses, böses Mädchen! Sie ist in den Wald geflohen." noch einmal, um Brombeeren zu pflücken." Aber er lachte immer noch vor sich hin und hatte Mitleid mit der armen Katharina, die er mit einer Henne mit einer Brut Entenküken verglich.

Jedes Jahr nach der Erntezeit verbrachten Fritz und Myrtle ganze Tage weit weg von der Farm, weideten das Vieh, sangen und pfiffen, backten

Kartoffeln unter der Asche und kamen abends den felsigen Hügel hinunter und bliesen in das Horn des Hirten.

Dies waren einige der glücklichsten Tage für Myrtle. Sie saß vor den brennenden Hanfstengeln, ihr hübsches braunes Gesicht zwischen den Händen, und verlor sich in endlosen Träumereien.

Die langen Scharen von Wildenten und Gänsen, die gegen Ende des Herbstes den grenzenlosen Himmel von den Bergen im Osten bis zu den westlichen Hügeln durchziehen, schienen eine deprimierende Wirkung auf ihr Gemüt zu haben. Sie pflegte ihnen mit sehnsüchtigen Augen zu folgen und sie anzustrengen, als wollte sie die wilden Vögel in unermesslicher Entfernung einholen; und plötzlich stand sie auf, breitete die Arme aus und weinte:

„Ich muss gehen! Ich muss gehen! Ich kann nicht bleiben!"

Dann weinte sie mit gesenktem Kopf, und Fritz, der sie in Tränen sah, weinte ebenfalls und fragte:

„Warum weinst du, Myrtle? Hat dir jemand wehgetan? Ist es einer der Jungen im Dorf? – Kasper, Wilhelm, Heinrich? Sag es mir nur, und ich werde ihn sofort niederschlagen! Sag es!"

„Nein, das ist es nicht."

„Na, warum weinst du?"

"Ich weiß nicht."

„Willst du bis zum Falberg laufen ?"

„Nein, das ist nicht weit genug."

"Wohin willst du gehen?"

„Da unten! Da unten! So weit! Wohin die Vögel fliegen."

Dadurch öffnete Fritz seine Augen und seinen Mund ganz weit.

Eines Tages im September, als sie gegen Mittag müßig am Wald entlanggingen, war die Hitze so groß und die Luft so still, dass der Rauch ihres kleinen Feuers, anstatt direkt in die Luft zu steigen, wie Wasser herabfiel und zwischen den Bäumen kroch Dornen. Die Heuschrecke hatte mit ihrem dumpfen, monotonen Zwitschern aufgehört, man hörte weder das Summen einer Fliege noch das Trällern eines Vogels. Die Ochsen und Kühe ruhten mit halb geschlossenen Schlafaugen und gebeugten Knien zusammen unter einer ausladenden Eiche auf der Wiese und brüllten ab und zu langsam und langwierig, als wollten sie müßig gegen das heiße Wetter protestieren.

Fritz hatte damit begonnen, die Stränge seiner Peitsche zu flechten, aber er legte sich bald mit dem Hut über den Augen ins hohe Gras, und Friedland lag neben ihm und klaffte von einem Ohr zum anderen.

Nur Myrtle hatte durch die überwältigende Hitze keine Unannehmlichkeiten zu spüren; Sie saß auf dem Boden in der Nähe des Feuers, die Arme um die Knie geschlungen, voll in der Sonne, und ihre großen dunklen Augen betrachteten langsam die dunklen Bögen, die von den Zweigen des Waldes gebildet wurden.

Die Zeit verging langsam. Die ferne Dorfuhr hatte zwölf, dann eins und zwei geschlagen, und der junge Zigeuner rührte sich nicht. In den Wäldern und zerklüfteten Berggipfeln, den Felsen, den Wäldern, hinab in die Täler hörte sie einen geheimnisvollen Ruf. Sie sprachen mit ihr in einer ihr nicht unbekannten Sprache.

„Ja", sagte sie zu sich selbst, „ja, das alles habe ich schon einmal gesehen – vor langer Zeit – vor langer Zeit."

Dann warf sie einen kurzen, scharfen Blick auf Fritz, der tief schlief, stand auf und begann zu fliegen. Ihre leichten Schritte bogen das Gras unter ihr kaum; sie rannte immer weiter, den Hügel hinauf; Friedland drehte mit einem nachlässigen Blick den Kopf herum, streckte dann noch einmal seine schlaffen Glieder aus und bereitete sich auf den Schlaf vor.

Die Myrte verschwand inmitten der Brombeersträucher, die den Wald begrenzen. Mit einem Satz überwand sie den schlammigen Graben, in dem ein einzelner Frosch zwischen den Binsen krächzte, und zwanzig Minuten später erreichte sie den Gipfel des Roche Creuse , von wo aus man einen weiten Blick auf das Elsass und die blauen Gipfel der Vogesen haben kann.

Dann drehte sie sich um, um zu sehen, ob ihr jemand folgte. Sie konnte noch Fritz erkennen, der mit dem Hut über den Augen auf der grünen Wiese schlief, und Friedland und das schlafende Vieh unter ihrem Baum.

Weiter entfernt konnte sie das Dorf sehen, den Fluss, das Dach des Bauernhauses mit seinen herumwirbelnden Taubenschwärmen; die lange, kurvenreiche Straße und die Frauen in roten Röcken, die gemächlich auf und ab gehen; die kleine, mit Efeu bewachsene Kirche, in der der gute *Pfarrer wohnte* Niclausse hatte sie in den christlichen Glauben getauft und anschließend konfirmiert.

Und als sie diese Objekte ausreichend betrachtet hatte und ihr Gesicht in die andere Richtung zum Berg wandte, war sie voller Freude, als sie sah, wie die dicht gedrängten Tannen die Hügelhänge bis zu ihrem höchsten Kamm bedeckten, dicht wie das Gras des Berges Felder.

Beim Anblick all dieser Pracht spürte die junge Zigeunerin, wie ihr Herz vor ungeahnter Freude klopfte und sich ausdehnte, und sie rannte weiter und rannte durch einen von Moosen und Farnen gesäumten Spalt zwischen den Felsen, um den ausgetretenen Pfad durch den Wald zu erreichen.

Ihre ganze Seele – ihre wilde, untrainierte Seele – raste mit ihr und trieb sie vorwärts und entfachte ihr Gesicht mit neuer Glut . Mit ihren Händen klammerte sie sich an den Efeu, mit ihren nackten Füßen klammerte sie sich an die Vorsprünge und Spalten, um sich auf den Weg zu machen.

Bald war sie am anderen Hang, rannte, stolperte, sprang und blieb manchmal stehen, um die umliegenden Objekte zu betrachten – einen großen Baum, eine Schlucht, ein einsames Gewässer oder einen Teich voller Blumen und duftender Wasserpflanzen.

Wäldchen , diese Lichtungen, diese Heiden gesehen zu haben , sagte sie sich an jeder Wegbiegung: „Da wusste ich, dass es so ist! Ich wusste, dass dieser Baum dort sein würde! Da war ich mir sicher.“ Dieser Felsen! Und direkt darunter ist der Wasserfall!“ Obwohl tausend seltsame Erinnerungen mit kurzen Blitzen, wie plötzliche Visionen, durch ihren Kopf gingen, konnte sie nicht alles verstehen und nichts erklären. Sie hatte sich noch nicht sagen können: „Was Fritz und die anderen glücklich machen wollen, ist das Dorf und die Wiese und das Bauernhaus und die Obstbäume und der Obstgarten und das.“ Milchkühe und Legehennen; viel im Keller, viel im Getreidespeicher und ein schönes warmes Feuer auf dem Herd im Winter. Aber was habe ich mit all diesen Dingen zu tun? Bin ich nicht als Heide geboren? ein Heide? Ich wurde im Wald geboren, so wie das Eichhörnchen in einer Eiche geboren wurde, so wie ein Falke auf dem Felsen schlüpfte und die Drossel in der Tanne!“

Es stimmt, dass sie nie an diese Dinge gedacht hatte, aber sie ließ sich von ihrem Instinkt leiten; und diese geheimnisvolle Kraft zog sie gegen Sonnenuntergang unbewusst zu den kahlen Heideflächen des Kohleplatzes , wo die Zigeunerbanden , die zwischen Elsass und Lothringen umherwandern, die Nacht verbringen und ihre Kessel in der trockenen Heide aufhängen.

Hier setzte sich Myrtle müde, mit schmerzenden Füßen und zerlumpt an den Fuß einer alten Eiche; und hier saß sie lange regungslos, blickte in die Leere, lauschte glücklich dem Rauschen des Windes zwischen den hohen Tannen und fühlte sich ganz allein in der weiten Einsamkeit.

Es wurde Nacht. Die Sterne brachen zu Tausenden in den violetten Tiefen des Herbsthimmels hervor. Der Mond ging auf und versilberte in sanftem Licht die weißen Stämme der Birken, die in anmutigen Gruppen an den Berghängen hingen.

Die junge Zigeunerin begann einzuschlafen, als Schreie in der Ferne sie in den Drang weckten, zu fliegen.

Horchen! Sie kennt die Stimmen! Es sind die von Brémer , Fritz und allen Leuten auf der Farm, die nach ihr suchen!

Dann flog Myrte ohne einen Moment zu zögern, leicht wie ein Reh, weiter in den Wald hinein und blieb nur in langen Abständen stehen, um aufmerksam und gespannt zuzuhören.

Die Schreie verklangen in der Ferne, und bald war das einzige Geräusch, das sie hören konnte, der laute Schlag ihres eigenen Herzens, und sie ging in weniger schnellem Tempo weiter.

Sehr spät, als die Mondstrahlen schwächer wurden und ihrer Müdigkeit nicht mehr standhalten konnten, ließ sie sich auf die Heide nieder und schlief tief und fest ein.

Sie lag vier Meilen von Dosenheim entfernt , nahe der Quelle des Zinzel . Brémer würde wahrscheinlich nicht so weit kommen, um nach ihr zu suchen.

KAPITEL II.

Es war heller Tag, als Myrtle inmitten der tiefen Einsamkeit des Schlossbergs unter einer alten, mit Moos und Flechten bewachsenen Tanne erwachte. Über uns pfiff eine Drossel; ein anderer antwortete in der Ferne weit unten im Tal. Die Morgenbrise wehte durch das raschelnde Laub; aber die bereits warme Luft war erfüllt von den süßen Düften des Erd-Efeus, des Geißblattes, des Waldmeisters und der Dornsträucher.

Die junge Zigeunerin öffnete erstaunt die Augen und erinnerte sich mit Überraschung und Freude daran, dass die Stimme Katharinas sie nicht mehr belästigen würde, als sie rief: „Myrte! Myrte! Wo bist du, du müßiges Kind?“ Sie lächelte und lauschte dem, was ihr Vergnügen bereitete: dem Gesang der Drossel zwischen den Bäumen.

In der Nähe sprudelte eine Quelle aus einer Spalte; Das Mädchen brauchte sich nur umzuschauen, um den lebendigen Bach funkelnd und klar durch das hohe Gras fließen zu sehen. Von dem Felsen hoch oben hing ein Erdbeerbaum, beladen mit seiner prächtigen Ladung scharlachroter Beeren.

Obwohl Myrtle durstig war, fühlte sie sich zu müßig, um sich zwischen all dieser Schönheit und dieser Harmonie zu bewegen, und sie senkte ihr hübsches braunes Gesicht, lächelte und bewunderte das Tageslicht durch ihre langen dunklen Wimpern.

„So werde ich immer sein", sagte sie. „Wie kann ich dagegen vorgehen? Ich bin ein faules Mädchen. Ich bin dazu geschaffen."

Während sie so träge träumte, tauchte in ihr das Bild des Bauernhofs auf, mit dem stolzen Hahn, der zwischen seinen Hühnern stolzierte, und dann erinnerte sie sich an die Eier, wie man sie früher in irgendeiner Ecke der Scheune im Stroh gefunden hatte.

„Wenn ich ein paar hartgekochte Eier hätte", dachte sie, „so wie die, die Fritz gestern in der Tasche hatte, mit einer Brotkruste und etwas Salz, würde es mir sehr gut gefallen. Aber was bedeutet das? Wenn du Ich kann keine Eier bekommen , du hast Brombeeren und Weinbeeren .

Der Duft von Weinbeeren ließ ihre kleinen Nüstern erwartungsvoll weiten.

„Hier sind einige", sagte sie; „Ich kann sie riechen."

Sie hatte recht. Der Wald war voll davon.

Eine weitere Minute später, als sie die Drossel nicht hörte, stützte sie sich auf den Ellbogen und bemerkte, wie der Vogel an den Erdbeerbeeren pickte.

Dann ging sie zum Bach, nahm ein wenig klares Wasser in ihre hohle Hand und stellte fest, dass es reichlich Brunnenkresse gab.

Dann erinnerte sie sich an etwas, worüber sie noch nie zuvor nachgedacht hatte, einige Worte des *Pfarrers* Niclausse über die Vögel des Himmels , für die Gott gesorgt hatte, und die Lilien des Feldes, die schöner waren als die Herrlichkeit Salomos, und Sie erinnerte sich an die Lektion darüber, dass man sich nicht um Essen und Kleidung sorgen sollte, und dachte, dass das genau das Richtige für sie wäre, denn sie dachte nicht an die Lehren desselben großen Lehrers über Fleiß, Genügsamkeit und ehrliches Leben, und so war sie auch kam zu dem befriedigenden Schluss, dass die wahren Heiden Katharina und ihr ganzes Volk waren, die so töricht und böse waren, zu pflügen, zu säen und zu ernten, während sie die gute Christin war, weil sie so untätig war, wie der Tag lang war.

Sie dachte immer noch über diese zufriedenstellenden Schlussfolgerungen nach, als plötzlich ein Rascheln im toten Laub und das Geräusch von Schritten zu hören war.

Sie wollte gerade weglaufen, als ein Zigeunerjunge von achtzehn oder zwanzig Jahren vor ihr auftauchte – ein großer, geschmeidiger, dunkler Kerl mit dichtem Wollhaar, leuchtend schwarzen Augen und dicken, geöffneten Lippen.

Seine Augen glitzerten, als er weinte:

„ Almani !"

„ Almani !" antwortete Myrtle, bewegt mit großem Interesse.

„Ha, ha!" rief der Junge, „zu welcher Bande gehst du?"

„Ich weiß es nicht – ich suche danach."

Und ohne jedes Geheimnis zu verheimlichen, erzählte sie ihm, wie Brémer sie gefunden und großgezogen hatte und wie sie gestern aus seinem Haus geflohen war.

Der junge Zigeuner grinste und zeigte eine lange Doppelreihe weißer Zähne.

„Ich gehe nach Hazlach ", rief er. „Morgen ist dort ein *Fest* ; unsere Band wird alle da sein – Pfiffer Karl, Melchior, Blaumeise, Fritz die Klarionette , Coucou -Peter und Elster. Die Frauen gehen Wahrsagen, und wir spielen die Musik." Wenn du möchtest, kannst du mit mir gehen.

„Das werde ich", sagte Myrtle und blickte nach unten.

Dann küsste er sie, legte seine Tasche auf ihren Rücken, ergriff seinen Stock mit beiden Händen und rief:

„Jetzt bist du meine Frau! Du wirst die Tasche für mich tragen und ich werde dich behalten. Vorwärts!"

Und nun machte sich Myrtle, die auf der Farm immer faul gewesen war, mit aller möglichen Bereitschaft auf den Weg.

Er folgte ihr, sang und taumelte auf Händen und Füßen, um seine Freude auszudrücken!

Von diesem Tag an hat man von Myrtle nichts mehr gehört.

Fritz wäre fast vor Kummer gestorben, als er feststellte, dass sie nicht zurückkam; doch ein paar Jahre später fand er Trost darin, Gredel Dich, die Tochter des Müllers, zu heiraten, ein schönes, beleibtes, aktives Mädchen, die ihn zu einer ausgezeichneten Ehefrau machte; und Catherine, seine Mutter, war sehr zufrieden, denn Gredel Dich war eine echte Erbin!

Nur Brémer konnte nicht getröstet werden; Er liebte Myrtle so gern, als wäre sie sein eigenes Kind, und er ließ von Tag zu Tag sichtlich nach.

Als er eines Wintertages aufgestanden war und aus dem Fenster schaute, sah er ein zerlumptes, aber hübsches Zigeunermädchen mit einer schweren Tasche auf den Schultern und mit Schnee bedeckt durch das Dorf gehen und setzte sich mit einem tiefen Seufzer wieder hin .

„Was ist los, Brémer ?" fragte seine Frau.

Es gab keine Antwort. Sie kam nahe. Seine Augen schlossen sich. Dort lag er tot.

Das Erbe von Onkel Christian

Als mein ausgezeichneter Onkel Christian Hâas , Bürgermeister von Lauterbach, starb, hatte ich als Maître de Chapelle oder Präzentor unter dem Großherzog Jeri Peter eine gute Stellung mit einem Gehalt von fünfzehnhundert Gulden, obwohl ich immer noch ein armer Mann war.

Onkel Christian wusste genau, wie es mir ging, hatte mir aber nie einen Kreuzer geschickt . Als ich erfuhr, dass er mir zweihundert Hektar fruchtbares Land mit Obstgärten und Weinbergen, ein gutes Stück Wald und sein großes Haus in Lauterbach hinterlassen hatte, musste ich Tränen der Dankbarkeit vergießen.

„Mein lieber Onkel", rief ich, „jetzt kann ich die Tiefe Ihrer Weisheit schätzen, und ich danke Ihnen aufrichtig für Ihre kluge Unfreiheit. Wo wäre jetzt das Geld, wenn Sie mir etwas geschickt hätten? In den Händen des Philister, zweifellos; während Sie durch Ihre umsichtigen Verzögerungen das Land gerettet haben, wie ein anderer Fabius Cunctator –

„'Qui cunctando restituit rem—'

„Ich ehre dein Andenken, Onkel Christian! Das tue ich tatsächlich!"

Nachdem ich mich von diesen tiefen Gefühlen befreit hatte und von vielen anderen, auf die ich mich jetzt nicht einlassen kann, bestieg ich mein Pferd und ritt nach Lauterbach.

Merkwürdig, nicht wahr, wie der Geist des Geizes, der mir bisher völlig fremd war, meine Bekanntschaft machte?

„Caspar!" Er flüsterte: „Jetzt bist du ein reicher Mann! Bisher haben eitle Schatten deinen Geist erfüllt. Ein Mann muss ein Narr sein, um dem Ruhm zu folgen. Es gibt nichts Festes außer Landflächen, Gebäuden und Kronstücken, die in sicheren Hypotheken verpfändet sind." Werfen Sie alle Ihre eitlen Wahnvorstellungen beiseite! Erweitern Sie Ihre Grenzen, runden Sie Ihren Besitz ab, häufen Sie Geld an, und dann werden Sie geehrt und respektiert! Sie werden ein Bürgermeister sein, wie Ihr Onkel vor Ihnen und die Landleute, wenn sie Sie sehen Wenn sie eine Meile entfernt kommen, ziehen sie ihre Hüte ab und sagen: „Hier ist Monsieur Caspar Hâas , der reichste Mann und der größte *Herr* im Land."

Diese Gedanken gingen mir immer wieder durch den Kopf wie die Figuren in einer magischen Laterne, mit ernstem und gemessenem Schritt. Das Ganze schien mir völlig vernünftig.

Es war Mitte Juli. Die Lerche trällerte am Himmel. Die Feldfrüchte wogten in der Ebene, die sanften Brisen trugen den leisen Schrei der Wachteln und des Rebhuhns zwischen den stehenden Weizenfeldern; das Laubwerk glitzerte im Sonnenschein, und die Lauter floss unter den Weiden hindurch; aber was bedeutete das alles mir, dem großen Bürgermeister? Ich blähte meine Wangen und rundete meine Figur in Erwartung der beleibten Erscheinung, die ich präsentieren würde, und wiederholte mir selbst diese entzückenden Beobachtungen:

„Das ist Monsieur Caspar Hâas ; er ist ein sehr reicher Mann! Er ist der erste *Herr* im Land! Los, Blitz!“

Und der Nörgler trabte vorwärts.

Ich wollte unbedingt den Dreispitz und die scharlachrote Weste meines Onkels anprobieren. „Wenn sie mir passen“, sagte ich, „was nützt es dann zu kaufen?“

Gegen vier Uhr nachmittags erschien das Dorf Lauterbach am Ende des Tals, und ich war sehr stolz, als ich das große und schöne Haus des verstorbenen Christian Hâas betrachtete , mein zukünftiger Wohnsitz, das Zentrum meines Eigentums, real und spekulativ. Ich bewunderte seine Lage an der langen, staubigen Straße, sein riesiges Dach aus grauen Schindeln, die Schuppen und Scheunen, die mit ihrer weiten Fläche die Wagen, die Karren und die Ernte bedeckten; dahinter der Geflügelhof, dann der kleine Garten, der Obstgarten, die Weinberge den Hügel hinauf, die grünen Wiesen weiter weg.

Ich lachte vor Freude über all diesen Komfort und Luxus.

Als ich die Hauptstraße hinunterging, starrten mich die alten Frauen an, deren Nase und Kinn sich am Ende fast trafen, die Kinder mit nackten Pfoten und zerzaustem Haar, die Männer mit ihren Otterfellmützen und silbernen Pfeifen im Mund mich und grüße mich respektvoll –

„Guten Tag, Monsieur Caspar! Wie geht es Ihnen, Monsieur Hâas ?“

Und alle kleinen Fenster waren voller verwunderter Gesichter. Ich bin jetzt zu Hause; Mir kommt es vor, als wäre ich schon immer ein großer Gutsbesitzer in Lauterbach und ein angesehener Mann gewesen. Das Leben meines Kapellmeisters scheint ein Traum zu sein, ein Ding der Vergangenheit, meine enthusiastische Vorliebe für Musik eine jugendliche Torheit! Wie verändert Geld die Ansichten der Menschen über die Dinge?

Und jetzt ziehe ich den Zaum vor dem Haus des Dorfnotars, Monsieur Becker. Er verwaltet meine Eigentumsurkunden und soll sie mir übergeben. Ich schnalle mein Pferd an den Ring an der Tür, laufe die Stufen hinauf, und der alte Schreiber, dessen Glatze sehr respektvoll entblößt ist und dessen lange, hagere Gestalt in einen grünen Schlafrock mit weiten Röcken gekleidet ist, tritt allein auf mich zu, um ihn zu empfangen Mich.

„Herr Caspar Hâas , ich habe die Ehre , Sie zu begrüßen.“

„Ihr Diener, Monsieur Becker.“

„Bitte kommen Sie herein, Monsieur Hâas .“

„Nach Ihnen, Sir, nach Ihnen.“

Wir durchqueren den Vorraum, und ich finde am Ende eines kleinen, ordentlichen und gut belüfteten Raumes einen schön und bequem gedeckten Tisch, an dem ein junges Mädchen sitzt, rosig und frisch gefärbt , das perfekte Bild von Bescheidenheit und Anstand.

Der ehrwürdige Notar meldete mich –

„Herr Caspar Hasas !“

Ich verbeugte mich.

„Meine Tochter Lothe !“ fügte der gute Mann hinzu.

Und während ich in mir eine neu erwachende Vorliebe für das Schöne verspürte und Mademoiselle Lothes hübsche kleine Rundnase, die rosigen Lippen und die großen blauen Augen, ihre zierliche kleine Figur und ihre Grübchenhände bewunderte, lud mich Maître Becker ein, mich zu setzen Am Tisch teilte er mir mit, dass er mich erwartete und dass es gut wäre, vor geschäftlichen Angelegenheiten eine kleine Erfrischung, ein Glas Bordeaux usw. zu sich zu nehmen, eine Einladung, deren Richtigkeit ich vollkommen erkannte , und was ich sehr gerne angenommen habe.

Und so setzen wir uns. Wir sprechen zunächst über das schöne Land. Und ich bilde mir eine Meinung über den alten Herrn und frage mich, was wohl ein Notar in Lauterbach machen wird!

„Mademoiselle, würden Sie einen Flügel nehmen?“

„Monsieur, Sie sind sehr nett. Vielen Dank, das werde ich tun.“

Lothe blickt verschämt nach unten. Ich fülle ihr Glas, in das sie ihre rosigen Lippen taucht. Papa ist guter Dinge; Er erzählt mir vom Jagen und Angeln.

„ Natürlich wird Monsieur Hâas so leben wie wir auf dem Land. Wir haben ausgezeichnete Kaninchengehege und Wälder ist ein entzückender junger Mann. Der *juge -de- paix* ist ein großartiger Whistspieler“ und so weiter und so weiter.

Ich höre zu und denke, dass dieses ruhige Leben herrlich sein muss. Mademoiselle Lothe gefällt mir sehr gut. Sie redet nicht viel, aber sie lächelt und sieht so sympathisch aus! Wie liebevoll und liebenswürdig muss sie sein!

Endlich kam der Kaffee, dann das Kirschwasser . Mademoiselle Lothe geht in den Ruhestand und der alte Anwalt wechselt nach und nach ins Geschäft. Er erklärt mir die Beschaffenheit des Eigentums meines Onkels und ich höre aufmerksam zu. Es gab keinen Teil des Testaments, der strittig war; Es gab keine Vermächtnisse, keine Hypotheken. Alles ist klar und unkompliziert. Glücklicher Caspar! Glücklicher Mann!

Dann gingen wir ins Büro, um die Urkunden durchzusehen. Die enge Luft dieses Ortes trockener, harter Geschäfte, diese langen Reihen von Kisten, die Akten mit Rechnungen – all das zusammen verdrängt schwache Vorstellungen von Liebe aus meinem Kopf. Ich setzte mich in einen Sessel, während Monsieur Becker seine Gedanken sammelte und seine Hornbrille auf seine lange, spitze Nase setzte.

„Diese Urkunden beziehen sich auf Ihr Wiesenland in Eichmatt . Dort, Herr Hâas , haben Sie hundert Morgen ausgezeichnetes Land, das schönste und am besten bewässerte in der Gemeinde; zwei und sogar drei Ernten pro Jahr werden von diesem Land eingebracht. Es bringt viertausend Francs pro Jahr ein. Hier sind die Besitzurkunden, die zu Ihrem Weinanbauland in Sonnenthâl gehören , insgesamt fünfunddreißig Acres. Jahr für Jahr können Sie daraus zweihundert Hektoliter (4.400 Gallonen) leichten Wein gewinnen. verkauft auf dem Boden für zwölf oder fünfzehn Francs pro Hektoliter . Gute Jahre gleichen die schlechten aus. Dies, Monsieur Hâas , ist Ihr Titel für den Wald von Romelstein , der fünfzig oder sechzig Hektar umfasst (ein Hektar ist 2 1/2 Acres). aus ausgezeichnetem Holz. Dies ist Ihr Besitz in Hacmatt , dies Ihr Weideland in Tiefenthal . Dies ist Ihr Bauernhof in Grüneswald , und hier ist die Urkunde, die zu Ihrem Haus in Lauterbach gehört; es ist das größte Haus im Ort und wurde gebaut Im sechzehnten Jahrhundert."

„In der Tat, Monsieur Becker! Aber sagt das viel zu seinen Gunsten ?“

„Gewiß, gewiss. Es wurde von Jean Burckhardt, Graf von Barth, als Jagdschloss erbaut. Seitdem haben viele Generationen darin gelebt, aber es wurde nie vernachlässigt und ist jetzt in ausgezeichnetem Zustand.“

Ich dankte Monsieur Becker für die Informationen, die er mir gegeben hatte, und nachdem er alle meine Eigentumsurkunden in einer großen Mappe gesichert hatte, die er mir freundlicherweise leihen konnte, verabschiedete ich mich, erfüllter denn je von meiner enormen Bedeutung!

Als ich vor meinem Haus ankam, genoss ich es, den Schlüssel ins Türschloss zu stecken und meinen Fuß fest und stolz auf die erste Stufe zu setzen.

„Das ist alles meins!" Ich weinte begeistert.

Ich betrete die Halle – „Meine!" Ich öffne die Kleiderschränke – „Meins!" Meines – die ganze Wäsche stapelte sich bis obenhin! Ich schreite majestätisch die breite Treppe hinauf und wiederhole wie ein Idiot: „Das ist meins und das ist meins! Hier bin ich, Besitzer von all dem! Keine Angst mehr vor der Zukunft! Kein ängstlicher Gedanke an morgen! Jetzt bin ich es." Ich werde in der Welt eine Figur machen! – nicht auf dem schwachen Boden der Verdienste – nicht für irgendetwas, was die Mode ändern kann. Ich bin ein großartiger Mann, weil ich wirklich und wirksam das besitze, was die Welt begehrt.

„Ihr Dichter und Künstler! Was seid ihr im Vergleich zu dem reichen Besitzer, der alles hat, was er will, und der eure Inspiration mit den Krümeln nährt, die von seinem Tisch fallen? Was seid ihr anderes als schmückende Teile seiner Feste und Bankette, nur um sie zu füllen." Du bist nicht mehr als der Spatz, der in seinen Hecken trällert, oder die Statue, die auf seinem Gartenspaziergang figuriert. Durch ihn und für ihn existierst du. Um welchen Weihrauch könnte er dich beneiden ? Stolz und Eitelkeit – derjenige, der das einzig solide Gut besitzt, das diese Welt zu bieten hat?"

Hâas in diesem Moment überheblicher Selbstgefälligkeit vor mir aufgetaucht wäre, hätte ich mich wahrscheinlich umgedreht, ihn über die Schulter angesehen und gefragt: „Was für ein Idiot ist das? Was hat er mit mir zu tun?"

Ich habe ein Fenster aufgerissen; Der Abend nahte. Die untergehende Sonne vergoldete meine Obstgärten und meine Weinreben, soweit ich sehen konnte. Am Hang des Hügels deuteten einige weiße Flecken auf den Friedhof hin.

Ich drehte mich um. Ein großer gotischer Saal mit reich verzierten Zierleisten an der Decke gefiel meinem Geschmack außerordentlich. Dies war der Jagdsalon des Seigneur Burckhardt.

Zwischen zwei Fenstern stand ein altes Spinett; Ich ließ meine Finger geistesabwesend über die Tasten gleiten, und die losen Saiten klimperten mit dem unangenehmen Quietschen einer zahnlosen alten Frau, die versuchte, wie ein junges Mädchen zu singen.

Am Ende dieser langen Wohnung befand sich eine gewölbte Nische, die mit dunkelroten Vorhängen verschlossen war und ein hohes Bettgestell mit vier Pfosten enthielt, das von einer Art prächtigem Baldacchino abgedeckt wurde. Der Anblick erinnerte mich daran, dass ich sechs Stunden zu Pferd gesessen hatte und mich die ganze Zeit mit einem selbstzufriedenen Grinsen im Gesicht auszuziehen –

„Es ist das erste Mal", sagte ich, „dass ich in einem eigenen Bett schlafe."

Und als ich mich bequem hinlegte, während meine Augen träumerisch über die fernen Ebenen wanderten, auf denen sich die Schatten des Abends niederließen, spürte ich, wie meine Augenlider sanft dem süßen Einfluss des Schlafes nachgaben. Kein Blatt bewegte sich; Die Dorfgeräusche verstummten nach und nach, die letzten goldenen Sonnenstrahlen waren verschwunden und ich fiel in die Bewusstlosigkeit des willkommenen Schlafes.

Dunkle Nacht senkte sich über die Erde, und dann ging der Mond in all seiner Pracht auf , als ich aufwachte, ich kann nicht sagen, warum. Die wandernden Düfte der Sommerluft drangen durch das offene Fenster zu mir, duftet nach dem süßen Duft des frisch gemähten Heus. Ich schaute überrascht, dann versuchte ich aufzustehen und das Fenster zu öffnen, aber ein Hindernis hinderte mich daran. Obwohl sich mein Kopf vollkommen frei in jede Richtung bewegen konnte, war mein Körper zu meinem Erstaunen in tiefem Schlaf vergraben wie ein Bleiklumpen. Kein einziger Muskel gehorchte meinen wiederholten Versuchen, meinen Körper anzuheben; Ich war mir bewusst, dass meine Arme ausgestreckt neben mir lagen und meine Beine gerade und unbeweglich ausgestreckt waren; aber mein Kopf schwankte hilflos hin und her . Mein Atem, tief und regelmäßig – der Atem meines Körpers ging trotzdem weiter und machte mir schreckliche Angst. Mein Kopf, erschöpft von den vergeblichen Bemühungen, die Gliedmaßen zum Gehorsam zu bewegen, fiel verzweifelt zurück und ich sagte: „Was! Ist das eine Lähmung?"

Meine Augen schlossen sich. Mit einem Gefühl des Entsetzens dachte ich über dieses seltsame Phänomen nach, und meine Ohren lauschten aufmerksam auf den aufgeregten Schlag meines Herzens, über dessen eiligen Blutfluss der Verstand keine Macht hatte.

„Was, was ist das?" Dachte ich jetzt. „Weigern sich mein eigener Körper und meine Glieder, meinem Willen zu gehorchen? Kann Caspar Hâas , der unbestrittene Herr so vieler reicher Weinberge und fetter Weiden, diesen elenden Erdklumpen, der mit Sicherheit ihm gehört, nicht bewegen? Oh, was bedeutet das alles? "

Während ich so nachdachte und nachdachte , hörte ich ein leises Geräusch. Die Tür meines Alkovens öffnete sich und ein Mann, gekleidet in einen steifen, filzähnlichen Stoff, wie er von den Mönchen in der Kapelle von St. Werburgh in Mainz getragen wird , mit einem breitkrempigen Hut und einer aus dem linken Ohr geschobenen Feder, Seine Hände bis zu den Ellenbogen in Handschuhen aus starkem, ungegerbtem Leder vergraben, betrat den Raum. Die riesigen Stiefel dieses Herrn reichten bis über die Knie und wurden wieder heruntergeklappt. Von seinen Schultern hing eine schwere

Goldkette mit daran hängenden Verzierungen. Sein gebräuntes, kantiges Gesicht, sein blasser Teint, seine hohlen Augen trugen einen Ausdruck von Bitterkeit und Melancholie.

Diese düstere Persönlichkeit durchquerte die Halle mit einem harten und lauten Schritt, der so gemessen war wie das Ticken einer Uhr, legte seine magere Hand auf den Griff eines riesigen langen Degens, stampfte mit dem Absatz auf den Boden und stieß einen schrecklich unangenehmen Laut aus Mit knarrender Stimme, die an das Knirschen eines Motors erinnerte, fielen ihm trocken und mechanisch die Worte aus den ascheigen Lippen:

„Das ist mein – mein – Hans Burckhardt, Graf von Barth!"

Ich fühlte ein schleichendes Gefühl, das mich überkam.

Im selben Augenblick flog die gegenüberliegende Tür weit auf, und der Graf von Barth verschwand im Nebenzimmer; und ich konnte lange Zeit seinen harten, trockenen automatischen Schritt auf der Treppe hören, eine nach der anderen; Es schien kein Ende zu geben, bis schließlich die schrecklichen Geräusche in der fernen Ferne verstummten, als wären sie in die Eingeweide der Erde hinabgestiegen.

Aber als ich noch immer zuhörte und nichts weiter hörte, füllte sich der weite Saal auf einmal wie von Zauberhand mit einer zahlreichen Schar; das Spinett begann zu klingeln; es gab Musik und Gesang von Liebe, Vergnügen und Wein.

Ich schaute und sah im bläulich-grauen Mondlicht Damen in der Blüte ihrer Jugend, die nachlässig über den Boden und hauptsächlich um das alte Spinett schwebten; Elegante Kavaliere, gekleidet wie in alten Zeiten, mit unzähligen baumelnden Bändern und der Perfektion von Spitzenkragen und Rüschen, saßen mit gekreuzten Beinen auf goldbesetzten Hockern, neigten sich affektiert zur Seite, schüttelten ihre parfümierten Locken, machten kleine Verbeugungen und betrachteten alles Arten von anmutigen Haltungen und die Hofhaltung der Damen, alles so elegant und mit einem solchen Hauch von Galanterie, dass es mich an die alten Mezzotinto-Stiche der anmutigen Schule Lothringens im 16. Jahrhundert erinnerte.

Und die steifen kleinen Finger einer alten Witwe mit einem Papageienschnabel rasselten mit den Tasten des alten Spinetts; Ausbrüche von dünnem Gelächter lösten dissonante Echos aus und endeten in kleinen Quietschgeräuschen mit einem so scharfen, dissonanten Rasseln unterdrückten Lachens, dass mir die Haare zu Berge standen.

Diese ganze alberne kleine Welt – diese ganze Quintessenz von Mode und Eleganz, die längst überholt war, verströmte den beißenden Geruch von Rosenwasser und der Essenz von Reseda, die in Essig verwandelt wurde.

Ich unternahm neue und übermenschliche Anstrengungen, um diesen unangenehmen Albtraum loszuwerden, aber es war alles umsonst. Aber in diesem Moment schrie eine Dame von höchster Mode laut:

„Meine Herren, Sie sind hier in diesem ganzen Bereich zu Hause –"

Doch ihre Komplimente gingen ihr zu kurz; Eine Stille wie der Tod breitete sich über die ganze Versammlung aus. Sie verschwanden. Ich schaute, und das ganze Bild war aus meinem Blickfeld verschwunden.

Dann drang der Klang einer Trompete an meine lauschenden Ohren. Draußen scharrten Pferde auf dem Boden, Hunde bellten, während der Mond, ruhig, klar, zur Meditation einladend, immer noch sein sanftes Licht in meine Nische strömte.

Die Tür öffnete sich wie durch einen Windstoß, und fünfzig Jäger, gefolgt von einer Schar junger Damen, gekleidet wie vor zwei Jahrhunderten, zogen in langen Schleppen mit majestätischem Tempo von einer Kammer in die andere. Vier Diener gingen zwischen ihnen hindurch und trugen auf ihren kräftigen Schultern auf einer dicken Bahre aus Eichenzweigen den blutigen Kadaver eines monströsen Wildschweins mit trüben und verblassten Augen und dem Schaum, der noch weiß auf seinen beeindruckenden Stoßzähnen und grausigen Kiefern lag.

Dann hörte ich die Schnörkel der ehernen Trompeten, die an Lautstärke und Energie verdoppelt wurden; aber es herrschte Stille, und der Prunk und die Würde verklangen mit einem Seufzer, wie das letzte Stöhnen eines Sturms im Wald; dann – überhaupt nichts – nichts zu hören – nichts zu sehen!

Als ich über dieser seltsamen Vision träumte und meine Augen vage über den leeren Raum in der stillen Dunkelheit wanderten, beobachtete ich mit Erstaunen, wie der leere Raum stillschweigend von einer der alten protestantischen Familien früherer Tage eingenommen wurde, ruhig, feierlich und würdevoll in ihrer Haltung und Unterhaltung.

Da saß der weißhaarige Patriarch mit der großen Bibel auf den Knien; die alte Mutter, groß und blass, spinnt den selbst angebauten Flachs, sitzt so aufrecht und unbeweglich wie ihr eigener Spinnrocken, die Halskrause bis zu den Ohren, ihre lange Taille in einem steifen schwarzen Mieder zusammengedrückt; dann saßen da die dicken und rosigen Kinder mit ernstem Gesicht und nachdenklichen blauen Augen, schweigend mit den Ellenbogen auf den Tisch gelehnt; der Hund lag ausgestreckt am großen Kamin und schien der Vorlesung zuzuhören; die alte Uhr stand in der Ecke und tickte die Sekunden; Weiter hinten im Schatten waren die Gesichter von Mädchen und jungen Männern zu sehen, die ernsthaft mit ihnen über Jacob und Rachel redeten, die miteinander Liebe machten.

Und diese gute Familie schien von der Wahrheit der heiligen Geschichte durchdrungen zu sein; Der alte Mann las mit gebrochenem Akzent laut die erbauliche Geschichte der Ansiedlung der Kinder Israels im Land Kanaan vor –

„Dies ist das Land der Verheißung – das Land, das Abraham, Isaak und Jakob, euren Vätern, versprochen wurde – damit ihr darin zahlreich werdet wie die Sterne am Himmel und wie der Sand am Meeresufer. Und niemand wird euch stören.", denn ihr seid das auserwählte Volk."

Der Mond, der sein Licht einige Minuten lang verschleiert hatte, erschien wieder, und als ich keine Stimmen mehr hörte, schaute ich mich um, und seine klaren, kalten Strahlen fielen in die große, leere Halle. Keine Gestalt, kein Schatten blieb übrig. Das Mondlicht ergoss seine silberne Flut auf den Boden, und in der Ferne hoben sich die Umrisse einiger Bäume vom dunkelvioletten Himmel ab.

Doch nun erschienen plötzlich die hohen Wände voller Bücher, das alte Spinett wich dem *Sekretär* eines Gelehrten, dessen Vollperücke über der Rückenlehne eines roten Ledersessels hervorschaute. Ich konnte hören, wie die Feder über das Papier strich. Der in Gedanken versunkene Gelehrte rührte sich nie; die Stille war bedrückend.

Aber stellen Sie sich mein Erstaunen vor, als sich der große Gelehrte mir langsam umdrehte und ich das Porträt des berühmten Anwalts Gregorius erkannte , das in der Darmstädter Porträtgalerie mit der Nr. 253 gekennzeichnet war.

Wie um alles in der Welt war diese Persönlichkeit aus ihrem Grab herausgekommen?

Ich habe mir diese Frage gestellt, als er mit hohler Grabesstimme diese Worte aussprach:

„ *Dominorum , ex jurè Quintio , est jus utendi et abutendi quatenus naturalis ratio patitur* ."

Als ihm diese kluge Vorschrift Wort für Wort orakelhaft über die Lippen kam, verblasste seine Gestalt und wurde blass. Mit dem letzten Wort war er aus der Existenz verschwunden.

Was soll ich euch noch sagen, meine lieben Freunde? Stundenlang strömten zwanzig Generationen in Hans Burckhardts altem Herrenhaus an mir vorbei – Christen und Juden, Adlige und Bürger, Narren und Weise von hoher Kunst und Männer der bloßen Prosa. Jeder verkündete sein unantastbares Recht auf das Eigentum; Jeder glaubte fest daran, der alleinige Herr und Herr über alles zu sein, was er überblickte. Ach! Der Tod hauchte einem nach dem anderen zu, und sie wurden alle hinausgetragen, jeder, wie er an die Reihe kam!

Ich begann, mit dieser seltsamen Phantasmagorie vertraut zu werden. Jedes Mal, wenn einer dieser ehrlichen Leute sich umdrehte und mir erklärte: „Das ist meins!" Ich lachte und sagte: „Warten Sie noch ein bisschen, mein feiner Kerl! – Sie werden dahinschmelzen, genau wie die anderen!"

Endlich wurde ich es leid, als in weiter Ferne – sehr weit – der Hahn krähte und den Anbruch des Tages ankündigte . Sein durchdringender Ruf begann den Schläfer zu wecken. Die Blätter raschelten in der Morgenluft; ein leichter Schauer erschütterte meinen Körper; Ich spürte, wie meine Glieder nach und nach ihre Freiheit wiedererlangten, und auf meinen Ellenbogen gestützt, blickte ich voller Entzücken auf das stille, weite Land. Aber was ich jetzt sah, steigerte meine Stimmung nicht gerade.

Auf dem kleinen, gewundenen Weg zum Friedhof zogen in feierlicher Prozession alle Geister umher, die mich in der Nacht besucht hatten. Schritt für Schritt näherten sie sich der verfallenden, moosbewachsenen Tür der heiligen Einfriedung ; Dieser stille, traurige Marsch der Geister im trüben grauen Licht des frühen Morgens war ein dürrer und furchteinflößender Anblick.

Und während ich lag, mehr tot als lebendig, mit offenem Mund und nassem Gesicht von kaltem Schweiß, schmolz der Kopf der düsteren Linie und verschwand zwischen den Trauerweiden.

Es waren nicht mehr viele Gespenster übrig, und ich begann mich etwas gefasster zu fühlen, als sich der allerletzte, mein Onkel Christian selbst, unter dem moosigen Tor zu mir umdrehte und mich winkte, mir zu folgen! Eine entfernte, schwache, ironische Stimme sagte:

„Caspar! Caspar! komm! Sechs Fuß dieses Bodens gehören dir!"

Dann verschwand auch er.

Ein Streifen aus Purpur und Lila, der sich über den östlichen Himmel erstreckte, kündigte den kommenden Tag an.

Ich brauche Ihnen nicht zu sagen, dass ich der Einladung meines Onkels Christian nicht gefolgt bin, obwohl ich mir durchaus bewusst bin, dass eines Tages ein ähnlicher Ruf von jemandem kommen wird, dem man gehorchen muss. Die Erinnerung an meinen kurzen Aufenthalt in Burckhardts Festung hat die große Meinung, die ich einst über meine eigene Bedeutung gebildet hatte, auf wunderbare Weise zunichte gemacht, denn die Vision dieser Nacht lehrte mich, dass Obstgärten und Wiesen zwar nicht vergehen, ihre Besitzer jedoch sterben, und diese Tatsache ist zwingend zu einer ernsthaften Reflexion über die Art unserer Pflichten und Verantwortlichkeiten.

Ich habe daher klugerweise beschlossen, nicht den Verlust männlicher Energie und der besten Schätze des Lebens zu riskieren, indem ich in dieser Capua verweile, sondern mich ohne weiteren Zeitverlust mit der Beschäftigung mit der Musik als Wissenschaft zu befassen, und ich hoffe, sie hervorzubringen nächstes Jahr im Königlichen Theater Berlin eine Oper, die, wie ich hoffe, alle Kritik auf einmal entkräften wird.

Ich bin zu dem endgültigen Schluss gekommen, dass Ruhm und Ansehen, von denen spekulative Menschen sprechen, als wären sie bloßer Rauch, letztendlich das beständigste Gut sind. Das Leben und ein edler Ruf gehen nicht zusammen; im Gegenteil, der Tod bestätigt den wohlverdienten Ruhm und verleiht ihm einen helleren Glanz .

Nehmen wir zum Beispiel an, dass Homer wieder zum Leben erweckt würde, dann würde ihm niemand seinen Anspruch, der Autor der *Ilias zu sein, streitig machen* , und jeder würde mit den anderen darum wetteifern, dem Vater der epischen Poesie Ehre zu erweisen. Aber wenn vielleicht ein reicher Landbesitzer jener Zeit zurückkäme, um Anspruch auf die Felder, die Wälder, die Weiden zu erheben, auf die er einst so stolz war, würde er im Verhältnis 1:1 wie ein Dieb empfangen werden und vielleicht einen elenden Tod sterben.

Das Bärenködern.

„Wenn meine liebe Tante etwas mehr beunruhigt als meine Vorliebe für Sébaldus Dicks Wirtshaus", sagte Caspar, dann ist es die Tatsache, dass es einen Künstler in der Familie gibt!

„Dame Catherine hätte sich gefreut, mich als Anwältin, Priesterin oder Ratsmitglied zu sehen . Wenn ich Ratsmitglied geworden wäre , wie Monsieur Andreas Van Berghem , wenn ich lange und ermüdende Sätze abgewürgt hätte und mit zierlichen Fingern über meine Spitzenbänder gestreichelt hätte -Tipps, mit welcher Wertschätzung und Verehrung hätte diese würdige Frau nicht Monsieur, ihren Neffen, betrachtet! Sie hätte Monsieur le Conseiller Caspar mit tiefem Respekt begrüßt ; sie hätte mir ihre besten Konserven vorgelegt, sie hätte mir eingeschenkt Mitten in ihrem Kreis von Klatsch und Tratsch, nur ein Tropfen Muscadel des Jahres XI. mit –

„Bitte nehmen Sie das an, Monsieur le conseiller ; ich habe nur noch zwei Flaschen übrig!"

Alles, was Monsieur, mein Neffe Caspar, Conseiller am Gerichtshof, tun könnte, wäre sicherlich vollkommen richtig und angemessen und in seiner Art vollkommen perfekt gewesen.

Wehe der Eitelkeit menschlicher Wünsche! Der Ehrgeiz der armen Frau sollte niemals befriedigt werden. Ihr Neffe ist der schlichte Caspar – Caspar Diderich ; Er hat keinen Titel, keinen Amtsstab, keine große Perücke – er ist nur ein Künstler! und Dame Catherine hat das alte Sprichwort „Bettler wie eine Künstlerin" im Kopf, das sie mehr beunruhigt, als sie es sagen kann.

Zuerst habe ich versucht, ihr verständlich zu machen, dass ein wahrer Künstler großen Respekt verdient, dass seine Werke manchmal Ewigkeiten überdauern und von vielen nachfolgenden Generationen bewundert werden, und dass ein guter Künstler in der Tat genauso ist gut als Stadtrat . Leider gelang es mir nicht, sie zu überzeugen; Sie zuckte lediglich mit den Schultern, faltete verzweifelt die Hände und gewährte keine Antwort.

Ich hätte alles getan, um meine Tante Catherine von meinen Ansichten zu überzeugen – alles; aber ich würde lieber sterben, als die Kunst und das Leben eines Künstlers, die Musik, die Malerei und die Taverne des Sébaldus zu opfern !

von Sébaldus ist entzückend. Es ist das Eckhaus zwischen der schmalen Rue des Hallebardes und dem kleinen Platz De la Cigogne . Sobald Sie durch den Torbogen gehen, finden Sie einen geräumigen quadratischen Hof mit alten geschnitzten Holzgalerien rundherum und einer Holztreppe, um ihn zu erreichen. überall sind kleine Fenster aus dem letzten Jahrhundert mit bleiernen Flügeln, Oberlichtern und Luftlöchern in Unordnung verstreut; alte Holzpfosten geben unter der Last eines Daches, das einzusinken droht, fast nach. Die Scheune, die in einer Ecke aufgetürmten Fässerreihen, links die Kellertür, an der Giebelspitze ein Taubenschlag; dann wiederum, unter den Galerien, andere dunkle Fenster im gleichen Stil, wo man Hüter und Hüter mit dreieckigen Hüten sehen kann, die sich durch rote, violette oder purpurrote Nasen auszeichnen; kleine Frauen aus Hundsrück , in Samtmützen mit langen flatternden Bändern, manche ernst, manche lachend, andere seltsam und grotesk aussehend; der Heuboden hoch oben unter dem Dach; Ställe, Schweineställe, Kuhställe, alles in malerischem Durcheinander erregt und verwirrt Ihre Aufmerksamkeit. Es ist ein seltsamer Anblick!

Fünfzig Jahre lang wurde kein Hammer gegen diese ehrwürdige Ruine gehoben. Man könnte meinen, es sei der besonderen Unterbringung von Ratten vorbehalten! Und wenn die glühende Herbstsonne, rot wie Feuer, goldenen Regen auf die verfallenden Mauern und Balken ergießt; wenn, wenn das Tageslicht in den Abend übergeht, die eckigen Projektionen deutlicher hervorstechen und die Schatten tiefer werden; wenn die ganze Taverne von Liedern und Geschrei und schallendem Gelächter erfüllt wird; wenn der dicke Sébaldus in der Lederschürze mit dem großen Krug in der Hand zum Keller und wieder zurück rennt; wenn seine Frau Gredel das Küchenfenster hochwirft und mit ihrem langen, am Rand gut gehackten Messer den Fisch säubert oder Hühnern, Enten oder Gänsen den Hals aufschneidet, die kämpfen und in ihrem eigenen Blut gurgeln; Wenn die hübsche Fridoline mit ihrem rosigen Mäulchen und dem langen blonden Haar sich aus dem Fenster beugt, um das Geißblatt zu pflegen, und über ihrem Kopf die getigerte Nachbarskatze sanft ihren Schwanz wedelt und mit ihren schlauen grünen Augen beobachtet, wie die Schwalbe ihre Kreise zieht im tiefer werdenden Purpur – ich versichere Ihnen, dass ein Mann überhaupt keinen Geschmack für das Malerische haben muss, um nicht stehen zu bleiben und in Ekstase zu betrachten und den murmelnden Geräuschen oder dem lauteren Lärm oder dem fallenden Flüstern zu lauschen und mit den Augen eines Künstlers zu beobachten Beobachten Sie die zitternden Lichter, die fliegenden Schatten und flüstern Sie vor sich hin: „Ist das nicht schön?"

Aber Sie sollten die Taverne von Maître Sébaldus bei einem großen Anlass besuchen, wenn sich alle fröhlichen Leute von Bergzabern in den riesigen Gastraum drängen – eines Tages, wenn ein Hahnenkampf, ein Hundekampf oder eine magische Laterne stattfindet.

Letzten Herbst, an einem Samstag – und es war Michaelis – saßen wir alle zwischen ein und zwei Uhr nachmittags um den Eichentisch; der alte Doktor Melchior, der Schmied Eisenlöffel und seine alte Frau, der alte Berbel Rasimus , Johannes, der Kapuzinermönch, Borves Fritz, der

Klarionettenspieler am Pied de Boeuf, und ein halbes Hundert mehr lachten, sangen, tranken, spielten *Youker*, leerten Krüge und Gläser, aßen Pudding und *Andouilles*.

Mutter Gredel kam und ging; die hübschen Mägde, Heinrichen und Lotté, flogen wie Eichhörnchen die Küchentreppe auf und ab, und draußen, unter dem breiten Torbogen, ertönte das Dröhnen und Hämmern und Klirren der großen Trommel und der Zimbeln, während die aufregende Verkündigung stattfand wurde gemacht: „Ho! ho! hi! Großer Kampf steht bevor! Der asturische Bär, Beppo, und Baptist, der savoyische Bär, gegen alle Hunde, die kommen könnten. Bumm ! Bumm! Treten Sie ein, meine Damen! Treten Sie ein, meine Herren ! Hier ist der Büffel aus Kalabrien und das Onagra der Wüste! Komm rein, komm rein! Hab keine Angst! Kommt alle rein!"

Und sie kamen in Scharen herein.

Sébaldus versperrte mit seiner stämmigen Gestalt den Durchgang, während Horatius in den tapferen Tagen der alten Zeit die Brücke bewachte, und rief allen zu:

„Eure fünf Kreuzer , Freunde und Nachbarn ! Fünf Kreuzer für den Eintritt! Bezahlt, oder ich erdrossle euch!"

Es war eine schreckliche Verwirrung; Die Leute kletterten einander über den Rücken, um schneller hineinzukommen, bis Bridget Kéra einen Strumpf verlor und Anna Seiler die Hälfte ihres Unterrocks.

Gegen zwei Uhr öffnete der Bärenführer, ein großer, grob aussehender Kerl mit rotem, struppigem Haar und Bart und einem hohen Zuckerhut, die Tür auf und weinte, während er hineinschaute …

„Ich fange gerade erst mit dem Kampf an!"

Im Handumdrehen waren alle Tische geleert und so manches ungeschmeckte Glas blieb darauf zurück. Ich rannte zum Heuboden, kletterte die Leiter vier Stufen auf einmal hinauf und zog sie hinter mir her. Dort, ganz allein auf einem Bündel Heu sitzend, direkt hinter dem kleinen Oberlicht, hatte ich eine großartige Aussicht.

Was für ein Gedränge! Die alten Galerien bogen sich unter ihrem Gewicht, die Dächer schwankten sichtbar. Ich schauderte bei dem Gedanken daran, was passieren könnte. Es schien unvermeidlich, dass sie alle zusammen herunterkommen würden wie Trauben in der Kelter, aufgetürmt in einem Meer von Köpfen.

Sie hingen in Büscheln an den Holzsäulen; noch höher in den Dachrinnen; noch höher über dem Taubenschlag; noch höher über den Oberlichtern im

Dach der *Mairie* ; noch höher im Turm von St. Christopher's; Und diese ganze Menge heulte und schrie:

„Die Bären! Die Bären!"

Als ich die riesige Menge ausreichend bewundert und bewundert hatte, blickte ich nach unten und sah in der Mitte des Hofes einen armen, elenden, deprimiert aussehenden Esel, mager und zerlumpt, die schläfrigen Augen halb geschlossen, die Ohren herunterhängend. Dieses schreckliche Ziel bestand darin, den Sport zu eröffnen.

„Was für Idioten manche Leute sind!" Ich dachte.

Die Minuten vergingen, der Tumult nahm zu, die Ungeduld steigerte sich in Zorn, als der große rote Schurke mit seinem riesigen Zuckerhut achtlos in die Mitte des offenen Raumes vordrang und feierlich, die Faust in die Hüften gestemmt, rief:

„Das Onagra der Wüste gegen jeden Hund in der Stadt!"

Es herrschte erstaunte Stille. Daniel, der Metzger, fragt mit starren Augen und aufgerissenem Mund:

„Wo ist das Onagra ?"

„Da steht sie!"

„Das! Warum, es ist ein Arsch!"

„Es ist ein Onagra ."

„Na, mal sehen, was es ist", rief der Metzger lachend.

Er pfiff seinem Hund zu, er solle kommen, zeigte auf den Esel und rief:

„ Foux , fang ihn!"

Aber seltsamerweise drehte sich der Esel, sobald er den Hund zum Angriff rennen sah, schnell um und stieß mit der ganzen Länge seines Beins aus — ein so gezielter Tritt, dass der Hund zurückfiel, als wäre er vom Blitz getroffen worden , mit gebrochenem Kiefer!

Überall ertönte lautes Gelächter, während der arme Hund mit einem kläglichen Schmerzensschrei davonlief.

Der Bärenführer lächelte den Metzger an und fragte:

„Nun, was ist deine Meinung? Ist mein Onagra ein Arsch?"

„Nein", sagte Daniel ziemlich beschämt, „es ist ein Onagra ."

„Alles klar! Alles klar! Kommen noch mehr Hunde, um gegen mein in der Wüste geborenes, in der Wüste gezüchtetes Onagra zu kämpfen ? Komm schon, das Onagra ist fertig!"

Aber niemand meldete sich; und der Bärenführer schrie vergeblich mit seiner schrillen Stimme:

„Meine Herren! Meine Damen! Haben Sie alle Angst? Angst vor dem Onagra ? Die Hunde Ihrer Stadt sollten sich schämen. Kommen Sie! Mut, meine Herren! Mut, meine Damen!"

Aber niemand hatte Lust, das Leben oder die Gliedmaßen seines Hundes gegen ein so gefährliches Tier zu riskieren, und die Schreie nach den Bären begannen von neuem.

„Die Bären! Die Bären! Holt die Bären raus!"

Nachdem er eine Viertelstunde gewartet hatte, erkannte der Kerl, dass sein Onagra wahrscheinlich keine weiteren Kunden mehr bekommen würde, also stellte er das Biest in den Stall, näherte sich dem Schweinestall, öffnete ihn und zog Baptiste, den Savoyer, an seiner Kette heraus Bär, ein alter Kerl mit einem braunen, räudig aussehenden Fell, so mürrisch und beschämt wie ein Feger, der einen Schornstein herunterkommt. Obwohl er nicht gutaussehend war , ertönten Beifallsrufe, und die Kampfhunde selbst, die in der Veranda der Taverne eingeschlossen waren und den Geruch eines wilden Tieres wahrnahmen, stießen ein tragisches Geheul aus, das einem die Haare zu Berge stehen ließ. Der elende Bär wurde ganz ruhig zu einem fest in den Boden getriebenen Pfahl geführt, an den er gekettet war, während er die ganze Zeit über langsam und mit melancholischem Blick die aufgeregte Menge beäugte.

„Armer alter Reisender !" Ich weinte vor mich hin: „Hätte dir irgendjemand das vor zehn Jahren gesagt, als du ernst, schrecklich und einsam die hohen Gletscher der Schweiz, in den düsteren Tälern des Unterwalds , von einer Seite zur anderen überquertest und dein tiefes Knurren das Alte zum Alten machte." Eichen zittern in jedem Blatt – wer hätte dir sagen können, dass der Tag kommen würde, an dem du traurig und resigniert, mit einem eisernen Halsband um den Hals, an einen Pfosten gefesselt und von Hunden gefressen würdest, um einen Mob in Bergzabern zu unterhalten ? Ach! *Sic transit gloria mundi* !"

Während diese Meditationen meine Gedanken beschäftigten und ich bemerkte, dass sich alle nach vorne beugten, um etwas zu sehen, gefiel mir der Rest, und ich sah bald die Möglichkeit einer warmen Arbeit.

Ein Paar Wildschweinhunde, die dem alten Heinrich gehörten, wurden ans andere Ende des Hofes geführt. Diese wilden Kreaturen kämpften in der

Ketten und schäumten vor Wut. Einer war von der großen dänischen Rasse, weiß, mit großen schwarzen Flecken, geschmeidigen Gliedmaßen, mit Muskeln wie Stahlfedern und einem weit geöffneten Kiefer wie der eines Alligators; der andere war ein riesiger Hund aus dem Tannewald , laut Gesetz nie auf einem Bein behindert, die Rippen kaum bedeckt, das Rückgrat hart und knotig wie ein Bambusrohr. Sie bellten nicht, aber sie stemmten sich mit aller Kraft gegen die Kette, und da stand der alte Heinrich mit zurückgeworfenem grauen, breiten Kopf, gesträubtem rotem Schnurrbart, über die Lippen gehakter dünner, rasiermesserscharfer Nase und langen Ledergamaschen Er stützte seine Beine fest auf die Steine und bemühte sich mit beiden Händen, den eifrigen Kampfhunger seiner Hunde zu zügeln, während er sich ihren Versuchen widersetzte, das ganze Gewicht seines Körpers nach vorne zu springen.

"Zurück zurück!" schrie er dem Bärenführer zu, und der Raufbold rannte zurück in den Schutz eines Reisighaufens.

Dann wurde jedes Gesicht, das sich über die Galerien beugte, rot und heiß vor Aufregung über den schrecklichen Kampf, und aus allen Ecken und Winkeln blickten erschreckende Augen auf.

Der Bär saß kampfbereit auf seinen Hinterbacken und hatte seine riesigen Pfoten erhoben. Ich konnte sehen, wie er in seiner rauen Haut zitterte und seine Schnauze schien ihn furchtbar zu stören. Plötzlich rutschte die Kette ab; Mit einem einzigen Sprung räumten die Hunde den dazwischen liegenden Raum, und ihre scharfen Reißzähne bohrten sich in einem Augenblick in die Ohren der beiden armen Baptisten, deren schwere Pfoten und langen, scharfen Krallen jeden erbitterten Feind um den Hals schlossen und sich langsam in ihre angespannten Körper bis zum Blut gruben spritzte in Strömen heraus. Aber auch er blutete , denn seine Ohren erlitten grausame Schnittwunden; Die Hunde hielten fest, und seine gelbbraunen Augen hoben sich mit einem bemitleidenswerten, bittenden Blick zum Himmel. Keinem einzigen Kämpfer entfuhr ein Schrei, kein Seufzer oder Stöhnen; Die drei Tiere bildeten eine Gruppe, die so regungslos war, als wären sie in Holz geschnitzt.

Ich konnte fühlen, wie der Schweiß über mein Gesicht lief.

Das ging fünf Minuten lang so.

Endlich schien sich der Tannenthaler ein wenig zu entspannen; Der Bär lastete mit seiner schweren Pfote noch schwerer auf ihm, und in seinen Augen glühte ein Hoffnungsschimmer; dann gab es eine weitere kurze Pause. Es gab ein schreckliches Stöhnen, ein Knacken; Das Rückgrat des Hundes war gebrochen und er fiel zurück auf die Steine, sein Kiefer stank vor Blut.

Dann warf Baptiste voller Freude beide Pfoten um den Dänen, der ihn noch nicht losgelassen hatte, aber seine Zähne rutschten aus dem zerrissenen und blutigen Ohr. Plötzlich schüttelte er sich und sprang zurück; Der Bär stürmte auf seinen fliegenden Feind zu, aber die Kette hielt ihn zurück. Der Hund floh, rot vor Blut, und blieb erst stehen, als er sich hinter seinem Herrn sicher befand, der ihn freundlich aufnahm und einen Blick auf seinen anderen Hund warf, der regungslos dalag.

Und hier legte Baptiste seine mächtige Pfote auf das Opfer seiner Wut und seiner Tapferkeit ; Er trug seinen Kopf hoch und schnupfte das Gemetzel mit geblähten Nasenlöchern und keuchenden Seiten aus. Der erfahrene Krieger war wieder er selbst. Von den Emporen bis zum Kirchturm schallte frenetischer Applaus. Der Bär schien zu verstehen. Ich habe noch nie eine stolzere und entschlossenere Haltung gesehen.

Nach diesem Kampf atmeten alle Zuschauer auf; Der Kapuzinermönch Johannes, der auf dem Geländer dem Schlachtfeld zugewandt saß, schüttelte seinen Stock und lächelte zufrieden in seinem langen braunen Bart. Die Leute wollten ein wenig Erleichterung; Prisen Schnupftabak wurden angeboten und angenommen, und die Stimme von Doktor Melchior, der die verschiedenen Phasen des Konflikts besprach und erklärte, war über dem Lärm vieler Redner zu hören. Aber er hatte keine Zeit, seine Rede zu beenden, denn in einem Moment flog das Scheunentor auf, und mehr als fünfundzwanzig Hunde, große und kleine, die Landstreicher und Abschaum der Stadt, wurden als Opfer dargebracht Machen Sie dem Anlass alle Ehre und wälzen sich zusammengeballt im Hof herum, heulend und schreiend, bellend, schnappend und knurrend; Dann zogen sie sich alle in eine sichere Ecke des Hofes zurück, die am weitesten vom Bären entfernt war, als hätten sie durch zweite Gedanken ihre Vorstellungen von Tapferkeit eher verändert, wo sie sich mit wütenden Protesten begnügten, kurze Anläufe auf den Feind machten und sich schnell zurückzogen ein sehr trauriger Kriegsvorwand .

„Oh, diese feigen Kerle! diese elenden kleinen Kerle!" riefen die tapferen Bewohner der Galerie.

Und die viel klügeren und diskreteren Hunde blickten als Antwort auf und schienen zu sagen:

„Geht selbst!"

Noch immer stand der Bär gut in der Defensive, als zum allgemeinen Erstaunen Heinrich wieder auftauchte und seinen Dänischen Jagdhund an der Kette hielt.

Inzwischen wurde mir mitgeteilt, dass er mit Joseph Kilian, dem Wildhüter, fünfzig Gulden gewettet hatte, dass der Wildschweinhund den Angriff wiederholen würde. Er ging langsam voran, tätschelte den Hund mit der Hand und sagte überzeugend:

„Guter Hund, Blitz! Guter Hund!"

Und das edle Tier stürzte trotz seiner blutenden Wunden herein; Dann rannte auch die ganze Meute von Mischlingen, Hunden, Welpen, Lurchern und Drehspießen in einer langen Reihe herein, bis der arme Baptiste von dem abscheulichen Pöbel überwältigt war; Er tat, was er konnte, er rollte sich hin und her, so weit es seine Kette zuließ, knurrte und grunzte, zerquetschte einen, schickte einen anderen mit einem Biss weg und kämpfte wütend. Der tapfere Däne zeigte immer noch die größte Unerschrockenheit; Er hatte den Bären zwischen den Ohren gefangen und sich mit ihm umgedreht, die Vorderbeine in der Luft, während die anderen bissen, manche in seine Beine, manche in seine zerrissenen und blutenden Ohren. Diese Hundeplage schien kein Ende zu nehmen.

"Genug genug!" war der Schrei in alle Richtungen.

Dennoch waren einige immer noch nicht zufrieden und weinten die Hunde weiter an.

In diesem Augenblick schoss Heinrich wie ein Blitz über den Hof; Er packte seinen Holzschuh am Ohr, zog ihn mit aller Kraft weg und schrie:

„Blitz, Blitz, lass los!"

Aber das hatte keinen Zweck. Schließlich gelang es dem Mann, ihn durch einen heftigen Hieb mit der Peitsche am Körper aus der Fassung zu bringen, und sie zerrten das Tier weg und verschwanden beide unter dem Torbogen .

Die Mischlinge hatten nicht auf dieses Ereignis gewartet, um den Kampf aufzugeben; nur vier oder fünf hingen noch an Bruins Seite; Der Rest versuchte verängstigt, hinkend und jaulend, einen Ausweg zu finden. Plötzlich erblickte einer dieser Helden, ein Hund von Rasimus , das Küchenfenster und stürzte, angetrieben von einer edlen Begeisterung für seine Sicherheit, durch Glas und alles. Der gesamte Rest der schreienden Mannschaft, beeindruckt von der Genialität dieses Plans, folgte ohne zu zögern demselben Weg. Teller und Schüsseln, Gläser und Flaschen, Kochtöpfe und Kessel waren zu hören, wie sie fürchterlich klapperten, während Mutter Gredel mit ihren durchdringenden Rufen „Hilfe, Hilfe!" die Luft erschütterte.

Das war der beste Witz des Tages. Brüllendes Gelächter begrüßte die glückliche Flucht der Hunde, selbst um den Preis von so viel gutem Geschirr. Sie lachten , bis ihnen Tränen in die Augen traten und ihre roten Gesichter herunterliefen, und sie schnappten nach Luft.

Nach einer Viertelstunde kam Ruhe; Dann begannen die Menschen zu glauben, es sei Zeit für das Erscheinen des schrecklichen Bären aus Asturien.

„Der asturische Bär! der spanische Bär!" war der Schrei.

Der Bärenführer gab den Leuten Zeichen, still zu sein, da er ihnen etwas zu sagen hatte. Es war unmöglich! Die Schreie und der Aufruhr verdoppelten sich.

„Der Bär von Asturien! Der Bär von Asturien!"

Dann murmelte der Kerl ein paar unverständliche Worte, machte den Braunbären los und brachte ihn zurück in seine Höhle; Dann öffnete er mit aller Vorsicht die Tür des Schweinestalls und nahm das Ende einer Kette, die auf dem Boden lag. Drinnen war ein furchtbares Knurren zu hören. Der Mann schob die Kette schnell durch einen Ring in der Wand und floh und weinte:

„Jetzt, da, lasst die Hunde los!"

Sofort stürzte sich ein schwarzer Bär, niedrig und in seiner Statur fast verkümmert, mit niedriger Stirn, weit auseinander liegenden Ohren, feuerroten Augen und glühend vor wilder, mürrischer Leidenschaft, ins Freie und fand die Kette darin befestigt Wand, heulte wütend. Offenbar handelte es sich um einen Bären mit äußerst niedrigem moralischem Charakter! Außerdem war er durch den Lärm der vorangegangenen Kämpfe in den Wahnsinn getrieben worden, und sein Meister hatte gute Gründe, ihm nicht viel zuzutrauen.

„Lasst die Hunde los!" rief der Bärenführer und steckte seinen Kopf aus dem Dachfenster des Getreidespeichers; „Lass sie los!"

Dann fügte er hinzu:

Mal nicht zufrieden bist , ist es nicht meine Schuld. Jetzt wird es einen Kampf geben!"

In diesem Moment betraten Ludwig Karls große Dogge und Fischer de Heischlands Wolfshundpaar mit gesenktem Schwanz, glattem und glattem Haar, vorgeschobenem Kopf und aufgestellten Ohren gemeinsam den Hof.

Der schwerköpfige Mastiff gähnte ruhig, während er seine sehnigen Beine ausstreckte und seinen langen Rücken nachgab. Aber nach einem langen und gemächlichen Gähnen drehte er sich langsam um, und als er den Bären erblickte, blieb er unbeweglich wie betäubt stehen. Auch der Bär richtete seine bösartigen, leuchtenden Augen auf ihn, die Ohren waren ausgeweitet und seine riesigen Krallen gruben sich in den Boden darunter.

Die Wolfshunde stellten sich als Reserve im Heck der Dogge auf.

Dann fiel eine solche Stille über die ganze aufgeregte Menge, dass man hätte hören können, wie ein totes Blatt zu Boden fiel; Aber es folgte ein tiefes, tiefes, heftiges Knurren, wie ein herannahendes Gewitter, das die Menge erschaudern ließ.

Plötzlich sprang der Mastiff vor, die beiden anderen folgten ihm, und dann war mehrere Sekunden lang nichts zu sehen als eine verwirrte Masse, die sich um die Kette drehte, dann vermischten sich Blut und Eingeweide, die über die Steine flossen, dann erhob sich der Bär auf seine Hüften und umarmte den Mastiff zwischen sich schreckliche Krallen, die für einen Moment seinen schweren Kopf hin und her bewegten und mit seinen purpurroten Kiefern weit aufgerissen waren, denn die Schnauze war verschwunden; im Kampf war es abgefallen!

Dann ging ein leiser, aber anschwellender Angstschrei über die Menge auf den Galerien hinweg. Kein Applaus, nur ein wohlbegründeter Alarm! Der Mastiff lag im Todeskampf und hatte ein Röcheln im Hals; die Wolfshunde lagen zerrissen und tot auf der blutbefleckten Erde; In den Ställen rund um den Hof verriet das lange aufgeregte Brüllen und Brüllen den Schrecken des Viehs, dessen Tritte und Stöße die Wände erzittern ließen; aber der Bär rührte sich nie: Er schien die allgemeine Aufregung zu genießen.

Aber siehe da! In dieser misslichen Lage war ein leichtes, aber unverkennbares Knacken zu hören, als würde Holz nachgeben, dann weitere Risse; die alten verfallenen Galerien begannen unter dem starken Druck der Menge nachzugeben; Und in diesem Geräusch, das ich gerade mitten in der toten Stille der Spannung hörte, lag etwas so Schreckliches, dass ich, an meinem sicheren Ort, einen kalten Schauer über mich laufen fühlte. Als ich einen schnellen Blick auf die Galerien vor mir richtete, sah ich, dass jedes Gesicht eine andere Farbe hatte , blass mit einer bläulichen, aschigen Blässe; Einige mit offenem Mund, andere mit struppigem Haar, lauschten aufmerksam und hielten den Atem an. Der Kapuzinermönch Johannes, der auf dem Treppengeländer saß, hatte sich von Purpur zu Grünlich verfärbt, und die große rote Nase von Doktor Melchior war zum ersten Mal seit zwanzig Jahren von Rot zu Fahl geworden; Die armen kleinen Frauen zitterten, ohne sich von ihren Plätzen zu rühren, denn sie wussten, dass die geringste Aufregung den ganzen Ort zum Einsturz bringen würde.

Ich hätte mir auch wünschen können zu fliegen. Ich glaubte, die dicken Eichensäulen der Galerie sehen zu können, die sich bis zum Boden neigten. Ich kann nicht sagen, ob das eine Illusion war oder nicht, aber in einem Moment gab der Hauptbalken einen lauten Knall von sich und sank um mindestens sieben Zentimeter nach unten. Dann, meine Freunde, war es ein schrecklicher Anblick – auf die tiefe Stille von vor einer Minute folgten Tumult, Schreie, Schreie und Toben. Die Menschenmassen, die sich in den

Galerien übereinander drängten, klammerten sich teilweise an die Wände, die Säulen, das Geländer; andere kämpften wütend und bissig darum, schneller davonzukommen, und aus diesem schrecklichen Durcheinander erklangen die klagenden Stimmen der leidenden Frauen. Ich schaudere bei der Erinnerung. Oh, möge ich so einen Anblick nie wieder sehen!

Aber das Schlimmste von allem war, dass der Bär an der Treppe, die zu den Galerien hinaufführt, angekettet war!

Wenn ich tausend Jahre leben würde, würde ich nie den Schrecken von Bruder Johannes vergessen, der sich mit seinem langen Stab den Weg frei gemacht hatte und gerade seinen Fuß auf die letzte Stufe setzte, als er sie kurz vor dem Fuß der Treppe entdeckte Beppo saß ruhig auf seinem Schwanz, seine Kette festgezogen, sein Blick strahlte Freude aus, bereit, ihn als Erster zu schnappen!

Niemand kann sagen, welche Muskelkraft Maître Johannes aufbringen musste, um die Kraft aufzuhalten, die ihn von hinten hineintrieb. Mit beiden Händen umklammerte er krampfhaft das Geländer und bildete mit seinen breiten Schultern einen mächtigen Stützpfeiler gegen die drängende Flut. Ich glaube, dass er wie Atlas die Erde auf seinem Rücken getragen hätte, um seine kostbare Haut zu retten.

Inmitten dieser Verwirrung und dieses Tumults und als es keine Möglichkeit mehr zu geben schien, die drohende Katastrophe abzuwenden, öffnete sich plötzlich die Tür des Viehstalls gewaltsam, und der furchteinflößende Horni , der prächtige Stier des Maître Sébaldus , stürzte mit seiner gewaltigen Wamme in die Arena Er zitterte locker wie eine Schürze, sein Schwanz war gerade ausgestreckt, sein Mund und seine Nasenlöcher waren weiß von flauschigem Schaum.

Es war eine Inspiration des Meisters . Er hatte beschlossen, seinen Stier zu riskieren, um Menschenleben zu retten. Im selben Moment erschien das dicke, runde, rosige Gesicht unseres Wirts durch das Dachfenster des Stalls und rief der Menge zu, sie solle sich nicht beunruhigen, denn er wolle die Innentür öffnen, die an die alte Synagoge grenzt, und die Tür hinauslassen Zur großen Erleichterung und zum Trost des Publikums war die Menschenmenge an der Judenstraße in zwei bis drei Minuten vorbeigekommen.

Aber jetzt hören Sie sich das Ende meiner Geschichte an.

Kaum hatte der Bär den Stier erblickt, stürmte er mit so schrecklicher Erschütterung auf diesen neuen Gegner los, dass die Kette platzte. Der Stier zog sich mit dem Gesicht zu seinem Feind in eine Ecke des Hofes in der Nähe des Taubenschlags zurück und wartete dort, den Kopf tief zwischen seinen kurzen Beinen und den präsentierten Hörnern, auf den Schock des Krieges.

Der Bär machte mehrere Finten und glitt an der Wand entlang von rechts nach links; aber der Stier, dessen Stirn fast den Boden berührte, folgte den Bewegungen des Feindes mit wunderbarer Kühle.

In fünf Minuten waren die Galerien geräumt; Der Lärm der Menge, die auf der Judenstraße Zuflucht suchte, wurde immer leiser, und dieses Manövrieren der beiden riesigen Tiere schien, als würden sie über einen ausgedehnten Kampf nachdenken, als sich plötzlich der Stier, die Geduld verlierend, mit dem auf den Bären stürzte der ganze Schwung seiner monströsen Masse. Das unglückliche Tier, so eng bedrängt, flüchtete unter den Holzschuppen, aber der Kopf und die Hörner seines Feindes verfolgten ihn dorthin, und dort nagelte er seinen Gegner zweifellos an die Wand, denn obwohl ich nur den Hintern des Stieres sehen konnte, Als ich das Viertel betrat, hörte ich einen schrecklichen Schrei, gefolgt von einem Knirschen der Knochen, und plötzlich floss eine Blutlache über das Pflaster.

Ich konnte nur die Hinterhand des Bullen sehen und seinen Schwanz, der wie eine Schlachtfahne wehte. Man hätte meinen können, dass er durch das wütende und heftige Stampfen seiner Hinterfüße die Mauern zum Einsturz bringen wollte. Diese stille Szene im Schatten war beängstigend. Ich habe nicht darauf gewartet, das Ende zu sehen. Ich stieg vorsichtig die Leiter hinunter und schlüpfte wie ein Dieb aus dem Gerichtssaal. Sie können sich vorstellen, mit welcher Freude ich die reine Luft im Freien einatmete; Ich ging durch die Menschenmenge, die sich um die Tür versammelt hatte, wo der Bärenführer sich in seiner wilden Verzweiflung die Haare raufte, und rannte zum Haus meiner Tante.

Ich ging gerade unter den Arkaden herum, als mich mein alter Zeichenmeister Conrad Schmidt anhielt.

„Caspar!" rief er: „Wohin gehst du so eilig?"

„Ich werde den großen Bärenkampf malen!" Ich antwortete begeistert.

„Eine weitere Tavernenszene, nehme ich an", bemerkte er achselzuckend.

„Warum nicht, Meister Conrad? Ist eine Tavernenszene nicht so gut wie eine im Forum?"

Ich hätte viel gesagt, aber wir standen vor seiner Tür.

„Gute Nacht, Maître Conrad", rief ich und drückte seine Hand. „Hegen Sie keinen Groll gegen mich, weil ich nicht in Italien studieren gehe."

„Groll! Nein", antwortete der alte Meister lächelnd. „Du weißt, dass ich insgeheim deiner Meinung bin. Wenn ich dir ab und zu sage, du sollst nach

Italien gehen, dann nur, um Dame Catherine zufrieden zu stellen. Aber folge deiner eigenen Idee, Caspar. Männer, die nur den Ideen anderer Männer folgen, nützen nie etwas." ."

DER SÜNDENBOCK.

Notiz

Diese Geschichte ist, wenn man bei ihrer Konstruktion Raum für Fantasie lässt, ein nur allzu getreues Bild des deutschen Studentenlebens und der deutschen Studentengewohnheiten, mit seiner Ignoranz oder Missachtung des Christentums, das uns im Evangelium gelehrt wird, und seiner nur halb verborgenen Neigung zu den alten Systemen der Religion, die eigentlich als heidnisch bekannt ist, und ihrer sorglosen Gleichgültigkeit gegenüber dem menschlichen Leben. Der Übersetzer hat es gewagt, an ein oder zwei Stellen leicht vom Original abzuweichen, um die Empfänglichkeit von Lesern, die in Grundsätzen geschult und erzogen wurden, die davon stark abweichen, nicht unnötig zu erschüttern. – *Übers*.

Kennt nicht jeder in Tübingen die beklagenswerte Geschichte des Streits zwischen dem Seigneur Kaspar ? Evig und der junge Jude Elias Hirsch? Kaspar Evig warb um Mademoiselle Eva Salomon, die Tochter des alten Bilderhändlers in der Rue de Jericho. Eines Tages fand er meinen Freund Elias im Geschäft des Maklers, und unter welchem Vorwand weiß ich nicht, gab er sich drei- oder viermal lautstarke Ohrfeigen.

Elias Hirsch, der sein Medizinstudium erst etwa fünf Monate zuvor begonnen hatte, wurde von einem Studentenrat aufgefordert, den Seigneur Kaspar zum Kampf herauszufordern, ein Schritt, den er mit größtem Widerwillen unternahm, denn das war durchaus zu erwarten Ein Seigneur sollte ein perfekter Schwertkämpfer sein.

Trotzdem begab sich Elias in die Defensive und steckte, als er die Gelegenheit wahrnahm, sein feinspitziges Schwert so geschickt zwischen die Rippen des oben erwähnten Herrn, dass es seinen Atem erheblich beeinträchtigte, was zur Folge hatte, dass er tot war in 10 Minuten.

Rektor Diemer, der von glaubwürdigen Zeugen über diese Transaktion informiert wurde, hörte kühl zu und bemerkte kurz:

„Ich verstehe Sie, meine Herren. Er ist tot, nicht wahr? Dann ist es gut, ihn zu begraben.“

Elias wurde im Triumph herumgetragen wie ein anderer Mattathias; aber weit davon entfernt, den angebotenen Ruhm anzunehmen, verfiel er in tiefe Melancholie.

Er verlor Fleisch, er seufzte, er stöhnte; seine Nase, die schon ziemlich lang war, schien an Bedeutung zu gewinnen, was sie an Festigkeit verloren hatte, und oft hörte man ihn abends, wenn er die Rue des Trois Fontaines entlangging, murmeln:

„ Kaspar Evig , vergib mir; Ich hatte nicht vor, dir das Leben zu nehmen. Oh, unglückliche Eva! was haben Sie getan? Durch dein gedankenloses Flirten hast du zwei tapfere Männer zum Streit gebracht, und jetzt verfolgt mich der Schatten des Seigneur Kaspar überall hin, sogar im Schlaf. Oh, Eva! elende Eva! warum hast du dich so verhalten?"

So stöhnte der arme Elias in seinem Elend; und er war umso mehr zu bemitleiden, weil die Söhne Israels nicht blutrünstig sind und sie wissen, dass in ihrem Gesetz geschrieben steht: „Wer Menschenblut durch Menschen vergießt , soll auch sein Blut vergießen.“

Jetzt, an einem schönen Tag im Juli, während ich im Faucon trank , ging Elias Hirsch spazieren, genauso elend wie immer, mit eingefallenen Wangen, Haaren, die ihm unordentlich ins Gesicht hingen, und niedergeschlagenen Augen. Er legte seine Hand auf meine Schulter und sagte:

„Lieber Christian, wirst du mir eine Freude machen?“

„ Natürlich werde ich das tun, Elias; sag nur was.“

„Lass uns gemeinsam auf dem Land spazieren gehen; ich möchte dich zu meinem Kummer befragen. Du weißt viele menschliche und göttliche Dinge; vielleicht kannst du mir ein Mittel gegen so viele seelische Probleme zeigen. Ich kann auf dich vertrauen, Ganz und gar christlich.“

Da ich bereits fünf oder sechs Pinten Bier und zwei oder drei Gläser Schnaps getrunken hatte, gab es nichts mehr, was mich aufhalten konnte, und ich stimmte zu, mit ihm zu gehen. Außerdem fühlte ich mich durch sein Vertrauen in meine Weisheit geschmeichelt.

So kamen wir durch die Stadt, und in zwanzig Minuten gingen wir den kleinen, violett gesäumten Pfad entlang, der sich zu den antiken Ruinen von Triefels hinaufschlängelt .

Dann, als er sich allein fühlte, zwischen den Hecken hindurchging, die von Geißblatt und dem Gesang der Vögel melodisch waren, und langsam zu den hohen Kiefern hinaufstieg, die die Rothalp krönen , atmete Elias freier; er hob die Augen und rief:

in all Ihren theologischen Studien auf einen Weg gestoßen, wie große Verbrechen gesühnt werden können ? Ich weiß, dass Sie sich eingehend mit dieser Frage beschäftigt haben Evig , ich werde es tun.

Hirschs Frage machte mich nachdenklich. Wir gingen zusammen, mit gedankenverloren gesenkten Köpfen, in tiefer Stille. Aus dem Augenwinkel konnte ich sehen, dass er mich beobachtete, während ich versuchte, meine Gedanken zu dieser heiklen Frage zu ordnen, aber schließlich antwortete ich:

„Wenn wir nun Einwohner Indiens wären, Elias, würde ich dir sagen, du sollst im Ganges baden gehen, denn das Wasser dieses Flusses wäscht die Verschmutzungen von Körper und Seele weg – so zumindest die Menschen dieses Landes Denken Sie nach; und sie töten und verbrennen und stehlen ohne Furcht unter dem Schutz dieses wunderbaren Flusses. Es ist ein großer Trost für Schurken! Es ist eine Sache des großen Bedauerns, dass wir keinen solchen Fluss haben! Wenn wir in diesen Tagen leben würden von Jason, ich sollte Ihnen die Salzkuchen der Königin Kirke verschreiben , die die bemerkenswerte Eigenschaft hatten, geschwärzte Gewissen aufzuhellen und den Menschen die Mühe der Reue zu ersparen. Wenn Sie schließlich das Glück hätten, unserer heiligen Religion anzugehören, würde ich es bestellen Sie bitten, Messen abzuhalten und Ihre Güter der Kirche zu überlassen. Aber in Ihrem Staat, was Ort, Zeit und Glauben betrifft, kenne ich nur einen Weg, Sie zu entlasten.

"Was ist es?" rief Hirsch, der bereits vor Hoffnung aufblühte.

Wir hatten nun die Rothalp erreicht und standen an einem einsamen Ort namens Holderloch . Es ist eine tiefe, dunkle Schlucht, umgeben von düsteren Tannen; Ein ebener Felsen krönt den Abgrund, aus dem das dunkle Wasser des Marg mit tiefem und lautem Brüllen fällt.

Unser Weg hatte uns dorthin geführt. Ich setzte mich auf den moosigen Rasen, um die feuchte Luft einzuatmen, die aus dem Golf aufsteigt, und in diesem Moment erspähte ich unter mir eine prächtige Ziege, die sich nach oben reckte, um die wilden Kresse zu ernten, die am Rand der Klippe wachsen.

Es sei daran erinnert, dass sich die Felsen des Holderlochs in Form aufeinanderfolgender Terrassen erheben, jede Terrasse vielleicht zehn Fuß hoch, aber nicht mehr als einen Fuß breit, und auf diesen kleinen schmalen Felsvorsprüngen wachsen tausend duftende Pflanzen – Thymian und Geißblatt , Efeu und Windungen und die wilde Rebe, die ständig mit der Gischt des herabstürzenden Baches benetzt ist und in den schönsten Büscheln von Blüten und Blättern umfällt.

Nun meine Ziege – ein Tier mit einer breiten Stirn, geschmückt mit schweren, gekräuselten Hörnern, mit Augen, die wie ein Paar Goldknöpfe glänzten, einem rötlichen Bart, der unter den grünen Girlanden eine stolze, herausfordernde Haltung zeigte, und einem so kühnen Gesichtsausdruck das eines umherstreifenden Satyrs – meine Ziege stieg hinauf zum höchsten dieser schmalen Felsvorsprünge und genoss eine süße Mahlzeit aus köstlichen Kräutern.

„Elias!" Ich weinte: „Ich spüre eine Inspiration! Gerade als ich an einen Sündenbock dachte, da ist einer ! dann vergiss alles.

Elias sah mich in dummer Unwissenheit an.

„Das würde ich gerne tun, Christian, aber wie soll ich dieser Ziege meine Reue anlasten?"

„Nichts kann klarer sein. Was haben die Römer getan, um ihre Verbrecher loszuwerden, die mit jedem Verbrechen verunreinigt waren? Warum haben sie sie natürlich vom Tarpeia-Felsen geworfen? Holderloch , und es wird ein Ende haben."

„Aber" – antwortete Elias.

„Ich kenne Ihre Einwände im Voraus", antwortete ich. „Sie werden sagen, dass Sie keinen Zusammenhang zwischen Kaspar sehen Evig , dessen Schatten dir folgt, und diese Ziege. Aber Vorsicht! Seien Sie vorsichtig! Wo bestand die Verbindung zwischen dem Wasser des Ganges, Kirkes Salzkuchen und dem Sündenbock mit den zu sühnenden Verbrechen? Überhaupt keine. Nun ja, die Sühne galt trotz alledem als gut; Deshalb lege deine Flüche und Verwünschungen auf diesen Ziegenbock und wirf ihn um! Ich befehle dir, das zu tun! Ich halte es für meine Pflicht, dafür zu sorgen, dass diese Sache erledigt wird. Ich kann einen Zusammenhang zwischen dieser Ziege und deiner Schuld erkennen, aber ich kann ihn nicht erklären, weil mich das Licht meiner umfangreichen Informationen gerade blendet!"

Elias rührte keinen Schritt. Ich glaubte sogar ein Lächeln auf seinem Gesicht zu erkennen, was mich irritierte.

"Wie!" sagte ich; „Hier zeige ich Ihnen eine unfehlbare Methode, um die gerechte Strafe für Ihr Verbrechen loszuwerden, und Sie zweifeln – Sie zögern – Sie lächeln sogar!"

„Nein", sagte er, „aber ich bin es nicht gewohnt, an den Rändern von Abgründen zu gehen, und ich fürchte, ich würde mit der Ziege ins Holderloch fallen."

„Ah, Sie sind ein Feigling! Ich kann alles sehen. Sie haben gerade einmal ein wenig Mut bewiesen, um für den Rest Ihrer Tage eine Befreiung zu erhalten. Nun, mein Herr, wenn Sie sich weigern, meinen Rat auszuführen, werde ich es selbst tun." ."

Und ich bin aufgestanden.

„Christ! Christ!" rief mein Freund, „vertraue dir nicht zu sehr. Dein Fuß ist nicht stabil – gerade jetzt."

„Mein Fuß ist nicht stabil! Wagst du zu unterstellen, dass ich betrunken bin, weil ich heute Morgen gerade zehn oder ein Dutzend Gläser Bier und drei Gläser Schnaps getrunken habe? Weg mit dir! Zurück! Zurück, Sohn von Belial!"

Und als ich mit erhobenem Kopf und ausgestreckten Händen ein paar Fuß über die Ziege vorrückte, rief ich feierlich:

„Azazel! Bock, der für Elend und Sühne bestimmt ist, ich lege die Reue meines Freundes Elias Hirsch auf deinen haarigen Rücken und schicke dich hinab zu den Geistern der Dunkelheit!"

Dann ging ich um den Felsvorsprung herum, auf dem wir standen, und stieg zum nächsten Felsvorsprung hinab, um die Ziege zu fangen und umzuwerfen.

Eine heilige Wut und Wut schien mich zu beherrschen. Ich nahm den Abgrund nicht zur Kenntnis. Wie eine Katze schritt ich am Rand des Abgrunds entlang.

Die Ziege bemerkte meine Annäherung, beäugte mich misstrauisch und trat ein Stück zurück.

"Ha!" Ich schrie: „Du kannst vor mir fliehen, aber du wirst mir nicht entkommen, verfluchtes Tier! Ich habe dich!"

„Oh, Christ, Christ!" Elias wiederholte immer wieder mit herzzerreißender Stimme: „Komm zurück. Du riskierst dein Leben!"

„Ruhe, Ungläubiger!" Ich weinte. „Du bist des großen Opfers, das ich für dein Glück bringe, unwürdig! Aber dein Freund Christian weicht nie zurück. Azazel muss sterben!"

Etwas weiter oben wurde der Felsvorsprung schmaler und endete in einer Spitze.

Die Ziege musterte mich ein zweites Mal mit einem neugierigen Blick und zog sich etwas weiter zurück, aber nicht ohne einiges Zögern.

"Aha!" Ich rief aus: „Du fängst an zu begreifen, was passieren wird. Ja, lass mich dich in diese Ecke bringen, und dein Untergang ist besiegelt!"

Und zweifellos schien Azazel nicht zu wissen, was er als nächstes tun sollte, als er die Stelle erreichte, an der der Felsvorsprung endete. Voller edler Erregung schob ich mich immer näher an ihn heran und lachte voller Vorfreude auf den bevorstehenden Abstieg und das Plätschern des Wildbachs unten.

Jetzt sah ich ihn vier Schritte von mir entfernt, und ich packte fest eine Stechpalmenwurzel, die aus einem Felsen wuchs, um dem ergebenen Tier einen Tritt zu versetzen.

„Schau, Elias, sieh den Verfluchten!" Ich weinte.

Als ich in einem Moment einen schrecklichen Schlag in meinem Magen verspürte, einen Stoß, der *mich* ins Holderloch geschickt hätte , wenn ich diese gesegnete Stechpalmenwurzel nicht festgehalten hätte. Tatsache war, dass dieser elende Ziegenbock, der sich in die Enge getrieben sah, selbst den Angriff begonnen hatte.

Oh, was war mein Erstaunen! Bevor ich wusste, wo ich war oder was passiert war, stand das Tier wieder auf seinen Hinterbeinen und seine Hörner gruben sich mit einem hohlen Geräusch in meinen Bauch und meine Seiten.

Was für eine Lage! Es ist unmöglich, noch verblüffter zu sein, als ich in diesem Moment war! Die Welt stand Kopf. Es war ein böser Traum – ein Albtraum! Der Abgrund mit all seinen schroffen Gipfeln schien um mich herum zu tanzen, ebenso wie die Bäume und der Himmel darüber. Im selben Moment hörte ich durchdringende Schreie von Elias: „Hilfe! Hilfe!" während Azazels Hörner meine Seiten durchpflügten.

Dann verlor ich jegliche Geistesgegenwart. Die Ziege mit ihrem langen Bart und ihren harten, scharfen Hörnern, die mich mal in die Brust, mal in meinen Bauch und dann in meine zitternden Glieder schlugen, erzeugte eine äußerst teuflische Wirkung auf mich. Mein Griff um die Wurzel lockerte sich langsam und ich ließ los. Aber glücklicherweise hielt mich etwas davon ab, zu fallen, was ich zunächst nicht verstehen konnte. Aber es war der Hirte Yeri vom Holderloch , der mich von der nächsten Plattform oben mit seinem Hirten am Rockkragen gepackt hatte.

Dank seiner Hilfe stürzte ich nicht in den Abgrund, sondern lag der Länge nach auf dem Felsvorsprung, und diese schreckliche Ziege lief über meinen Körper, um ihren Geschäften nachzugehen.

„Komm, nimm meinen Hirten fest", rief der Hirte zu Elias; „Jetzt werde ich für ihn hinuntergehen. Lass nicht los!"

„Du kannst auf mich vertrauen", antwortete Elias.

Ich habe das alles gehört, als wäre es ein Albtraum. Ich hatte fast das Bewusstsein verloren.

Als ich meine Augen öffnete, sah ich diesen riesigen Hirten vor mir stehen, mit seinen grauen Augen unter seinen buschigen Augenbrauen, seinem gelben Bart, einem Schaffell über die Schultern geworfen, und ich dachte, ich wäre im Zeitalter des Ödipus erwacht, der mich erschaffen hat Ich frage mich, ein gutes Geschäft.

„Nun", rief der Hirte mit rauem Kehllaut, „das wird dich lehren, meine Ziege nicht mehr zu verfluchen !"

Dann sah ich, wie Azazel sich angenehm an den riesigen Beinen seines Herrn rieb und mich schlau ansah, und ich dachte ironisch; und dann sah ich Elias hinter mir stehen und sich die größte Mühe geben, nicht zu lachen.

Meine zerstreuten Sinne begannen zurückzukehren. Ich setzte mich mit Schmerzen und Schwierigkeiten hin, denn Azazel hatte mich am ganzen Körper verletzt und ich fühlte mich furchtbar steif und wund.

„Warst du es, der mich gerettet hat?" Ich fragte den Hirten.

„Ja, mein Junge, das war es."

„Nun, du bist ein guter Kerl, und ich bin dir sehr dankbar. Ich entferne den Fluch, den ich auf deine Ziege gelegt habe. Hier, nimm das."

Ich reichte ihm meine Handtasche mit sechzehn Gulden darin.

„Vielen Dank, Sir", sagte er, „und jetzt können Sie auf ebenem Boden wieder von vorne beginnen, wenn Sie möchten. Unten war es nicht fair; die Ziege hatte den ganzen Vorteil."

„Vielen Dank! Aber ich habe genug. Gib mir die Hand, Alter, ich werde dich nie vergessen. Lass uns jetzt gehen."

Mein Kamerad und ich gingen dann Arm in Arm den Hügel hinunter.

Der Hirte stützte sich auf seinen Hirtenstab und beobachtete uns, bis wir verschwanden. Die Ziege hatte ihren Spaziergang und ihr Abendessen am äußersten Rand der Felsen wieder aufgenommen. Der Himmel war wunderschön, die Luft angenehm mit tausend süßen Bergdüften, die von den fernen Klängen des Hirtenhorns und dem Rauschen des Wildbachs getragen wurden.

Mit vollen Herzen kehrten wir nach Tübingen zurück.

Seitdem hat mein Freund Elias etwas Trost darin gefunden, den Seigneur Kaspar zu töten , aber auf originelle Weise.

Kaum hatte er seinen Doktortitel erlangt, heiratete er Mademoiselle Eva Salomon, in der Hoffnung, eine zahlreiche Familie zu haben, um den Verlust dieser Person auszugleichen, die durch sein vorzeitiges Ende gestorben war.

Vor vier Jahren war ich als Trauzeuge bei seiner Hochzeit, und schon jetzt machen zwei dicke Babys das hübsche kleine Haus in der Crispin Street zum Jubeln.

Das war ein vielversprechender Anfang!

Lass mich nicht missverstanden werden. Ich behaupte nicht, dass die Methode, die ich zur Sühne für den Verlust eines Lebens vorgeschrieben habe, besser ist als die, die in unserer heiligen Religion gelehrt wird, die nach Ansicht der katholischen Kirche aus Messen und der Schenkung von Gütern an die Kirche besteht . Aber ich halte sie für besser als die hinduistische Praxis, und ich denke, die Theorie des berühmten Sündenbocks ist nicht mit der zu vergleichen, die uns die reine Religion lehrt.

EINE NACHT IM WALD.

KAPITEL I.

Mein würdiger Onkel, Bernard Hertzog, der Historiker und Altertumsforscher, kam eines Abends mit seinem großen dreieckigen Hut und seiner Perücke und einer langen, eisenbeschlagenen Bergstange fest in der Hand vom Luppersberg herunter und begrüßte alle Drehen Sie sich mit begeisterten Ausrufen in der Landschaft um.

Die Jahre hatten die Liebe zum Wissen in ihm nie gestillt. Mit sechzig Jahren arbeitete er immer noch an seiner *Geschichte der elsässischen Altertümer* und erlaubte sich nie, einen vollständigen Bericht über ein zerstörtes und verunstaltetes Denkmal oder ein Relikt aus früheren Tagen zu schreiben, bis er es hundertmal aus allen Blickwinkeln untersucht hatte .

„Niemand", sagte er, „der das glückliche Privileg hatte, in den Vogesen zwischen Haut Bar, Nideck und Geierstein geboren zu sein , hat das Recht, an eine Reise zu denken. Wo gibt es edlere Wälder, ältere Tannen und Buchen? Schönere lächelnde Täler, wildere Felsen? Wo ist das Land mit reicheren Besitztümern an unvergesslichen Geschichten? Hier kämpften in alten Zeiten die hohen und mächtigen Herren von Lützelstein , Dagsberg , Leiningen und Fénétrange , von Kopf bis Fuß in Ketten gekleidet Hier tauschten der älteste Sohn der Kirche und die Herrscher des Heiligen Römischen Reiches im Mittelalter Schläge mit zwei Meter langen Schwertern aus. Was sind unsere Kriege im Vergleich zu diesen schrecklichen Schlachten, in denen Krieger Hand in Hand kämpften, in denen sie aufeinander einschlugen? Schädel mit riesigen Streitäxten und trieben den Dolch zwischen die Stäbe des geschlossenen Visiers? Waren das nicht Heldentaten der Waffen? War das nicht ein Mut, der es wert war, der Nachwelt aufgeschrieben zu werden? Aber unsere jungen Leute wollen Neues sehen; Sie geben sich mit ihrer eigenen Heimat nicht zufrieden: Sie müssen durch Deutschland wandern und Touren in Frankreich unternehmen. Schlimmer noch, sie geben die Wissenschaft und ihre edlen Bereiche auf und tauschen sich gegen Handel, Kunst und Industrie ein, als hätte es in den früheren glorreichen Tagen nicht viel seltsamere industrielle Künste und Beschäftigungen gegeben als in unseren Tagen! Erleben Sie die Hanse, die maritimen Unternehmungen von Venedig, Genua und der Levante, flämische Manufakturen, florentinische Kunst, die Triumphe der Kunst in Rom und Antwerpen! NEIN! alles, was beiseite gelegt wird; Heutzutage sind die Menschen stolz auf ihre Unwissenheit über diese glorreichen Tage. vor allem vernachlässigen sie unser liebes altes Elsass. Nun mal ehrlich, Theodore, erinnern dich all diese Touristen nicht an Ehemänner, die ihre hübschen, süßen rechtmäßigen Ehefrauen verlassen, um hinter hässlichen Koketten herzulaufen?"

Und Bernard Hertzog schüttelte seinen gelehrten Kopf, seine Augen waren voller Staunen und Aufregung, als ob er vor den Ruinen Babylons gestanden hätte.

Seine Vorliebe für die Gebräuche und Bräuche der alten Zeit war der Grund dafür, dass er seit vierzig Jahren den weiten Plüschmantel, die Samthosen, die schwarzen Seidenstrümpfe und die silbernen Schuhschnallen unserer Großväter trug. Er hätte sich für blamiert gehalten, wenn er Hosen angezogen hätte; und ihm den Zopf abzuschneiden wäre eine profane Tat gewesen.

So reiste der würdige Chronist am 3. Juli 1835 nach Haslach , um mit eigenen Augen einen kleinen bronzenen Merkur zu begutachten, der kürzlich im alten Augustinerkloster ausgegraben worden war .

Er trottete mit einigermaßen elastischem Halt unter der brennenden Sonne weiter. Berge folgten auf Berge, Täler versanken in anderen Tälern, der Fußweg ging hinauf, dann wieder hinunter, wandte sich mal nach rechts, mal nach links, bis Maître Hertzog sich zu wundern begann, wie es kam, dass er das Dorf nicht erblickt hatte Turm vor einer Stunde.

Tatsache war, dass er nach dem Verlassen von Saverne nach rechts geneigt war und nun mit jugendlicher Energie in die Dagsbergwälder vordrang. Bei dieser Geschwindigkeit hätte er in fünf oder sechs Stunden Phramond erreicht , acht Meilen von seinem Ziel entfernt. Aber die Nacht brach herein, und der Weg wurde immer schwächer, und unter den hohen Bäumen war nur noch eine undeutliche Spur zu erkennen.

Das Herannahen der Nacht zwischen den Bergen ist ein melancholischer Anblick; Die Schatten in den Tälern werden länger, die Sonne zieht nach und nach ihre Strahlen aus dem dunkler werdenden Laubwerk zurück, die Stille wird von Minute zu Minute tiefer. Du schaust hinter dich; die Baumgruppen und Baumgruppen nehmen kolossale Ausmaße an; Eine Amsel auf dem Gipfel eines Baumes verabschiedet sich vom Abschiedstag, dann legt sich Stille wie ein Leichentuch über alles. Jetzt hört man nur noch das Knirschen der abgestorbenen Blätter des letzten Jahres unter den Füßen und weit, weit entfernt einen Wasserfall, der das Tal mit seinem monotonen Summen erfüllt. Bernard Hertzog begann ein wenig zu keuchen; Seine Kleidung klebte durch den fließenden Schweiß an seiner Haut. Seine Beine begannen zu erkennen, dass er kapitulieren würde.

„Verdammt, dieser dumme Merkur!" er weinte. „In diesem Moment hätte ich zu Hause in meinem Sessel ruhig sein sollen, und Berbel hätte mir nach ihrer lobenswerten Sitte auf einem Tablett eine Tasse rauchend heißen Kaffee bringen sollen, während ich meinen Kaffee aufziehe Kapitel über die alte Waffenkammer in Nideck . Stattdessen stolpere ich hier durch Löcher, stolpere überall und nehme an, ich hätte mich völlig verirrt und mir dann das Genick gebrochen! Da! – Ich habe es gesagt! War das ein Baum, gegen den ich gestoßen bin? Hunderttausend Verbote und Verwünschungen fallen auf Merkur und auf Haas, den Architekten, der mich geschickt hat, um es mir anzusehen! Und auch auf die Schurken, die es ausgegraben haben! Ich wette, dass der gepriesene Merkur nichts anderes als etwas Verunstaltetes ist und korrodiertes Stück Stein, weder Nase noch Beine – irgendeine formlose Deformität wie dieser kleine Hesus letztes Jahr in Marienthal . Oh, ihr Architekten! ihr Architekten! – ihr findet immer und überall Antiquitäten. Zum Glück hatte ich meine Brille nicht auf, oder ich Ich hätte sie gegen den Baum schleudern sollen; aber jetzt werde ich gezwungen sein, irgendwo zwischen den Büschen ein Bett zu finden. Was für eine Straße das ist! – nichts als Spurrillen und Löcher und Gruben und lose Steine und Felsbrocken!“

In einem dieser Momente, als der gute Mann, erschöpft, innehielt, um Luft zu holen, glaubte er weit unten im Tal das Knirschen einer Säge zu hören. Wie groß war seine Freude, als ihm klar wurde, dass es das war!

„Der Himmel sei gepriesen!“ er weinte und nahm seine Stimmung wieder auf; „Jetzt muss ich mit stockenden Schritten weitergehen. Jetzt werde ich mich ein wenig ausruhen. Was für eine Lektion wird das für mich sein! in meinem Leben, um meine Gesundheit zu ruinieren und meine Konstitution zu untergraben! Daran werde ich mich erinnern! Niemals werde ich diese Warnung vergessen!“

Nach einer Viertelstunde wurde das Geräusch des fallenden Wassers deutlicher; dann brach ein schwaches Licht durch die Bäume. Maître Bernard befand sich dann oben im Wald; Er beobachtete unterhalb der Heide einen Bach, der das gewundene Tal hinabfloss, so weit er sehen konnte, und direkt vor ihm das Sägewerk mit seinen langen dunklen Pfosten und Balken, die sich in der Dunkelheit immer wieder kreuzten wie eine riesige Spinne.

Er überquerte die hohe Bogenbrücke über den rauschenden Damm und blickte durch das kleine Fenster in die Hütte des Holzfällers.

Es war ein niedriger, dunkler Schuppen, der an einer Felsmulde lehnte. Am anderen Ende des natürlichen Hohlraums befand sich ein kleiner Haufen schwelender Sägespäne. An der Vorderseite reichte das mit schweren Steinen beschwerte Bretterdach bis auf einen Meter über den Boden; in einer Ecke rechts eine Art Kiste, gefüllt mit getrocknetem Heidekraut; ein paar Eichenstämme, eine Axt, eine massive Bank und andere Arbeitsgeräte waren im Schatten verloren. Ein harziger Geruch von Kiefernholz erfüllte die Luft, und der rötliche Rauch strömte durch einen Spalt im Fels.

Während der gute Mann diese Gegenstände beobachtete, sah ihn der Holzfäller, der aus der Mühle kam, und rief:

„ Hallo! – wer ist das?"

„Ich bitte um Verzeihung. Bitte verzeihen Sie mir", sagte mein würdiger Onkel ziemlich erschrocken. „Ich bin ein Reisender , der den Weg verloren hat."

"Hey!" schrie der andere Mann; „Guter Führer! Ist das nicht Maître Bernard aus Saverne ? Gerne geschehen, Maître Bernard. Kennen Sie mich nicht?"

„Nein, in der Tat! Wie soll ich in dieser dunklen Nacht?"

„ *Parbleu !* – natürlich nicht! Aber ich bin Christ; alle zwei Wochen bringe ich Ihnen Ihren Schmuggelschnupftabak. Aber kommen Sie herein, kommen Sie herein! Wir werden bald Feuer machen."

Sie gingen gebückt unter der kleinen niedrigen Tür hindurch, und der Holzfäller zündete eine Kiefernfackel an und steckte sie in eine gespaltene Eisenstange, die als Kerzenhalter diente, und ein helles Licht, klar und weiß wie Mondschein, erfüllte die Hütte und erleuchtete sie jede Ecke davon.

Christian, der in Hemdsärmeln dastand, seine breite Brust unbedeckt und eine um die Hüften hochgezogene Segeltuchhose trug, sah recht gutmütig aus; sein gelbbrauner Bart reichte ihm spitz bis zur Taille; sein riesiger Stierkopf war mit borstigen braunen Haaren bedeckt; Seine kleinen grauen Augen flößten ihm Selbstvertrauen ein.

„Nehmen Sie Platz, Meister", sagte er und rollte einen Holzscheit vor dem Feuer. "Bist du hungrig?"

„Weißt du, mein Junge, deine Bergluft regt wirklich den Appetit an."

„Sehr gut, Sie kommen gerade noch rechtzeitig. Ich habe einige sehr gute Kartoffeln zu Ihren Diensten."

Bei der Erwähnung von Kartoffeln musste Onkel Bernard eine Grimasse verziehen; Mit sehnsüchtiger Zuneigung erinnerte er sich an die guten Abendessen des alten Berbel und hatte Schwierigkeiten, sich auf die bescheidenen Realitäten vor ihm einzulassen.

Christian schien es nicht zu bemerken; Er nahm fünf oder sechs Kartoffeln aus einem Sack und legte sie in die Glut, wobei er darauf achtete, sie vollständig zu bedecken. Dann setzte er sich auf den Herdstein und zündete seine Pfeife an.

„Aber sagen Sie mir nur, Herr, wie kommt es, dass Sie heute Nacht hier sind, sechs Meilen von Saverne entfernt , in der Schlucht von Nideck ?"

„Die Schlucht von Nideck !“ rief mein Onkel Bernard und sprang überrascht von seinem Sitz auf.

„Auf jeden Fall! Von hier aus können Sie die Ruinen sehen, etwa zwei Schüsse entfernt.“

Meister Bernard schaute hinaus und erkannte tatsächlich die Ruinen von Nideck , so wie er sie im vierundzwanzigsten Kapitel seiner *Geschichte der elsässischen Altertümer beschrieben hatte* , mit ihren hohen Türmen, die am Fuße abbröckelten und über den Abgrund dominierten, in den sie hineinragten der Wildbach fällt.

„Aber ich dachte, ich wäre in der Nähe von Haslach !“ er weinte vor Erstaunen.

Der Holzfäller brach in Gelächter aus.

„ Haslach ! – du bist zwei Meilen davon entfernt! Ich sehe, wie es ist. Du hast dich bei der alten Eiche geirrt. Du hast den rechten statt den linken Weg genommen. Wenn du im Wald bist, musst du dich gut umsehen.“ . Ein paar Meter falsch am Anfang kommen am Ende zu weit!“

Bernard Hertzog war über diese Entdeckung bestürzt.

„Sechs Meilen von Saverne entfernt “, murmelte er, „und alle Berge! – und wenn ich morgen noch zwei Meilen zurücklegen muss, sind es acht!“

„Oh, das macht dir nichts aus! Ich werde dich zur Straße hinunter ins Tal führen. Und vergiss es nicht. Du hast großes Glück.“

„Glück gehabt? Du machst Witze mit mir, Christian.“

„Ja, du hast Glück. Vielleicht musstest du die Nacht im Wald verbringen. Von Schnéeberg her zieht ein Gewitter auf ; wenn dich das erwischt hätte, hättest du vielleicht Grund zur Klage gehabt, mit dem Regen im Rücken und dem Donner und Blitze überall. Aber jetzt sollst du in einem guten Bett schlafen“, zeigte auf die Kiste in der Ecke; „Du wirst dort schlafen wie ein Baumstamm, und morgen, wenn die Sonne aufgeht, werden wir aufbrechen; du wirst ausgeruht sein und du wirst sehr bald dort ankommen.“

„Du bist sehr nett, Christian“, sagte Onkel Bernard mit Tränen in den Augen. „Gib mir eine Kartoffel, und dann gehe ich zu Bett. Ich bin müder als alles andere. Ich habe keinen Hunger. Eine heiße Kartoffel reicht mir völlig.“

„Hier sind ein Paar, so mehlig wie Kastanien. Probieren Sie das, Meister, nehmen Sie ein kleines Glas Kirschwasser und legen Sie sich dann hin. Ich muss mich wieder an die Arbeit machen. Ich muss noch fünfzehn Bretter sägen, bevor ich zu Bett gehen kann.“ "

Christian stand auf, stellte die Flasche Kirschwasser auf das Fensterbrett und ging hinaus. Die abwechselnde Bewegung der Säge, die eine Zeit lang aufgehört hatte, begann jetzt inmitten des Rauschens des Baches wieder.

Dagsberg und den Ruinen von Nideck wiederfand , saß lange da und überlegte, was er tun musste, um zu seinen Hausgöttern zurückzukehren. Dann ging er im Strom seiner üblichen Betrachtungen die fabelhaften, heroischen oder barbarischen Legenden und Chroniken der ehemaligen Herren dieses Landes durch. Er kehrte zu den Tribokken zurück , der deutschen Nation, die sich um Straßburg niederließ, und erinnerte sich an Chlodwig, Chilperich , Theoderich, Dagobert, den wütenden Kampf zwischen Brunehaut , Königin von Austrasien, und Frédégonde , Königin von Chilperich von Frankreich, und an viele Helden und Heldinnen. Alle diese wilden Persönlichkeiten zogen vor seinen Augen vorbei. Das undeutliche Murmeln der Bäume, die tintenschwarze Dunkelheit der Felsen begünstigten diese seltsame Anrufung. Alle bedeutenden Persönlichkeiten seiner Chronik waren dort, und der Eber, der Wolf und der Bär waren unter ihnen.

Da der gute Mann schließlich nicht mehr durchhalten konnte, hängte er seinen dreieckigen Hut an einen Pflock in der Wand und legte sich auf die Heide. Die Grille sang ihr eintöniges Lied auf dem Kaminfeuer, ein paar überlebende Funken huschten im schwelenden Feuer hin und her, seine Augenlider senkten sich und er schlief tief und fest.

KAPITEL II.

Maître Bernard Hertzog hatte ein paar Stunden geschlafen, und allein das Kochen des Wassers im Mühlgraben wetteiferte mit dem Lärm seines lauten Schnarchens, als plötzlich eine kehlige Stimme inmitten der tiefen Stille schrie:

„ Dröckteufel ! Dröckteufel ! hast du alles vergessen?"

Die Stimme war so durchdringend, dass Maître Bernard, als er plötzlich aufwachte, spürte, wie ihm vor Entsetzen die Haare sträubten. Er richtete sich auf seinen Ellbogen auf und lauschte noch einmal mit erstauntem Blick. Die Hütte war so dunkel wie ein Keller; er lauschte, aber kein Atemzug, kein Ton kam; Nur in der Ferne, weit jenseits der Ruinen, war in den Bergen ein dumpfes, fernes Brüllen zu hören.

Bernard stieß mit ausgestrecktem Hals einen tiefen Seufzer aus; eine Minute später begann er zu stammeln:

„Wer ist da? Was willst du?"

Aber es kam keine Antwort.

„Es war ein Traum", sagte er und ließ sich auf seine Heidecouch zurückfallen. „Ich muss auf dem Rücken gelegen haben. In Träumen und Albträumen gibt es überhaupt nichts – nichts! Nichts!"

Aber inmitten der wiederhergestellten Stille wiederholte sich erneut derselbe traurige Schrei:

„ Dröckteufel ! Dröckteufel !"

Und während Maître Bernard sich, ziemlich außer sich, auf die sofortige Flucht vorbereitete, aber mit dem Gesicht zur Wand und nicht in der Lage war, sich von seinem Sofa zu rühren, fuhr die Stimme in einem dissonanten Gesang mit Pausen und seltsamen Akzenten fort:

„Die Königin Faileube , die mit unserem König Chilperic verlobt war – Königin Faileube , erfuhr, dass Septimanie , die Gouvernante der jungen Prinzen, sich gegen das Leben des Königs verschworen hatte –, sagte Königin Faileube zum Herrn: ‚Mein Herr, die Viper wartet, bis du es bist.' schläft, um dir eine tödliche Wunde zuzufügen. Sie hat sich mit Sinnégisile und Gallomagus gegen dein Leben verschworen! Sie hat ihren Mann, deinen treuen Jovius , vergiftet, um mit Dröckteufel zu leben . Lass deinen Zorn wie ein Blitz auf sie herabkommen und deine Rache mit einem Blut Schwert!' Und Chilperic , der seinen ganzen Rat in der Burg Nideck versammelte, sagte: „Wir haben eine Viper gehegt; sie hat unseren Tod geplant. Lass sie in drei Stücke schneiden. Lass Dröckteufel , Sinnégisile und Gallomagus mit ihr umkommen! Lass die Raben." jubeln!' Und die Vasallen riefen: „So lass es sein! Der Zorn von Chilperic ist ein Abgrund, in den seine Feinde fallen und zugrunde gehen!" Dann wurde Septimanie zur Folter gebracht und untersucht; ein Ring aus Eisen wurde um ihre Schläfen gebunden; er wurde festgezogen; ihre Augen zuckten; ihr bluttriefender Mund murmelte: „Herr König, ich habe beleidigt." Dröckteufel , Gallomagus , und Sinnégisile haben sich ebenfalls verschworen!' Und in der folgenden Nacht baumelte und schwang eine Leichengirlande von den Türmen von Nideck ! Die üblen Raubvögel freuten sich über die reiche Beute. Dröckteufel , was hätte ich nicht für dich getan? Ich hätte dich zum König von Austrasien gemacht und dich hast mich vergessen!"

Die kehlige Stimme verstummte, und mein Onkel Bernard, mehr tot als lebendig, atmete entsetzt auf und murmelte:

„Oh, ich habe noch nie jemandem Unrecht getan! Ich bin nur ein armer alter Chronist! Lass mich nicht ohne Absolution sterben, weit weg von der Hilfe der Kirche!"

Die große Holzkiste voller Heidekraut schien bei jedem Versuch zu entkommen und immer tiefer zu sinken. Der arme Mann dachte, er würde in einen Abgrund hinabsteigen, als Christian glücklich zurückkam und weinte:

„Nun, Maître Bernard, was habe ich gesagt? Hier ist der Sturm."

Und nun war die Hütte für einen Augenblick von blendendem Licht erfüllt, und mein würdiger Onkel, der mit dem Gesicht zur Tür lag, konnte das ganze Tal erleuchtet sehen, mit seinen unzähligen Tannen, die sich an den Hängen dicht am Tal entlang drängten Gras auf den Feldern, seine an den Ufern des Flusses aufgetürmten Steine, der seine schwefelblauen Wellen über die runden Felsblöcke der Schlucht rollte , und die Türme von Nideck , die stolz fünfzehnhundert Fuß über ihnen in die Luft ragten.

Dann verdeckte die Dunkelheit wieder alles. Das war der erste Blitz.

Doch in diesem Moment erblickte er eine seltsame Gestalt, die am Ende der Hütte kauerte, ohne erkennen zu können, was es wirklich war.

Große Tropfen begannen auf das Dach zu prasseln. Christian zündete eine Kerze an, und als er Maître Bernard sah, wie er mit den Händen krampfhaft den Rand seines Heidekrautkastens umklammerte und sein Gesicht mit kalten Schweißperlen bedeckt war, rief er:

„Warum! Meister Bernard! Was ist mit Ihnen los?"

Aber ohne zu antworten, deutete er nur auf die Gestalt, die zusammengekauert in der Ecke saß; Es war eine alte Frau, so hoch im Alter, so gelb und faltig, mit einer so gebogenen Nase, so dünnen Fingern und so schmalen Lippen, dass sie wie eine alte Eule ohne Federn aussah. Auf ihrem Hinterkopf waren nur noch wenige Haare übrig; Der Rest ihres Schädels war so kahl wie ein Ei. Ein abgenutztes, zerlumptes Leinenkleid bedeckte ihre arme Skelettfigur. Sie war blind und ihr Gesichtsausdruck war von ständiger Träumerei geprägt.

Als Christian den fragenden Blick meines Onkels bemerkte, drehte er den Kopf und sagte leise:

„Es ist die alte Irmengarde , die alte Sagenerzählerin. Sie wartet auf ihren Tod, bis der alte Turm in den Bach stürzt."

Onkel Bernard blickte verblüfft den Holzfäller an; er schien nicht geneigt zu sein, Witze zu machen; im Gegenteil, er sah ernst aus.

„Komm, Christian", sagte der gute Mann, „du willst deinen Witz machen."

„Witz! Nein, in der Tat, so alt und schwach man sie auch sieht, diese alte Frau weiß alles; der Geist der Ruinen ist in ihr. Sie lebte, als die alten Burgherren lebten."

Jetzt wäre mein alter Onkel angesichts dieser erstaunlichen Enthüllung beinahe zurückgefallen.

"Aber was meinst du?" er weinte; „Die Burg Nideck ist seit tausend Jahren zerstört!"

„Was wäre, wenn es zweitausend Jahre wären?" sagte der Holzfäller und machte das Kreuzzeichen, als ein neuer Blitz das Tal erhellte; „Was beweist das? Der Geist der Ruinen lebt in ihr. Hundertacht Jahre hat Irmengarde mit diesem Geist in sich gelebt. Vor ihr war es in der alten Edith von Haslach ; vor Edith in einer anderen —"

"Glaubst du das?"

„Glaube ich das? Es ist so sicher, Meister Bernard, dass die Sonne in drei Stunden wieder zurück sein wird. Der Tod ist Nacht, das Leben ist Tag. Nach der Nacht kommt der Tag, dann wieder die Nacht und so weiter ohne Ende. Die Sonne ist die Seele des Himmels, der große Geist, der in uns allen ist, und die Seelen der Heiligen sind wie die Sterne, die in der Nacht leuchten und nie aufhören werden, wiederzukommen."

Bernard Hertzog antwortete kein weiteres Wort, aber nachdem er aufgestanden war, begann er misstrauisch den Anblick dieser alten Frau zu betrachten, die still in einer in den Felsen gehauenen Nische saß. Er bemerkte über der Nische eine grobe Steinmetzarbeit, die drei Bäume darstellte, deren Zweige sich berührten und eine Art Krone bildeten; Weiter unten waren drei Kröten in den Granit gehauen. Drei Bäume sind die Arme der Tribocci (*dreien büchen*), drei Kröten sind die Wappen der merowingischen Könige.

Was war die Überraschung des alten Chronisten! An die Stelle der Beunruhigung trat nun Begierde.

„Hier", dachte er, „ist das älteste Denkmal der fränkischen Rasse in Gallien. Diese alte Frau erinnert mich an eine gefallene Königin, die hier ein Relikt längst vergangener Zeiten zurückgelassen hat. Aber wie soll ich die Nische wegtragen?"

Er begann nachzudenken.

Dann hörte man weit weg im Wald das Trampeln der Hufe vieler Rinder und tiefes Brüllen. Der Regen fiel schneller; die Blitze berührten einander wie Flüge verängstigter Vögel im Dunkeln mit den Flügelspitzen; einer wartete nie darauf, dass der andere weg war, und das Donnergrollen wurde unaufhörlich und schrecklich.

Bald erreichte der Sturm die eigentliche Schlucht von Nideck , hing dicht darüber und stürzte mit unerbittlicher Wut herab; Die Explosionen folgten pausenlos aufeinander. Es schien, als würden sogar die Berge einstürzen.

Bei jedem neuen Aufprall schrumpfte Onkel Bernard zusammen und hatte das Gefühl, als würde der Blitz seinen Rücken hinunterfahren.

„Der erste Triboceus , der eine Hütte baute, um seinen Kopf zu bedecken, war kein Dummkopf“, dachte er. „Er war ein vernünftiger Mann und hatte einige Erfahrung mit atmosphärischen Veränderungen. Was wäre in dieser Notlage aus uns geworden, wenn wir nicht ein Dach über dem Kopf gehabt hätten? Wir wären sehr zu bedauern. Die Erfindung dieses Triboccus war ebenso nützlich wie … “ das der Dampfmaschine; wie schade, dass sein Name nicht bekannt ist!“

Der würdige Mann hatte seine Überlegungen kaum beendet, als ein junges Mädchen von sechzehn Jahren, das einen sehr breitkrempigen Strohhut trug, deren weiße Röcke vom Regen trieften und deren kleine nackte Füße mit Sand bedeckt waren, zur Türschwelle trat und sagte:

„Der Herr segne dich!“

„Amen“, antwortete Christian feierlich.

Dieses junge Mädchen war vom reinsten skandinavischen Typ, mit rosafarbenen Wangen auf einem Gesicht von reinem Weiß und langen, welligen Locken, so blond und so seidig, dass das feinste Weizenstroh kaum einen Vergleich damit ausgehalten hätte. Ihre Figur war groß und schlank und ihre blauen Augen strahlten mit unaussprechlicher Süße.

Maître Bernard stand einige Augenblicke in gespannter Bewunderung da, und der Holzfäller wandte sich freundlich an das junge Mädchen und sagte:

„Ich freue mich, dich zu sehen, Fuldrade . Irmengarde schläft noch. Was für ein Sturm das ist! Geht es schon zu Ende?“

„Ja, der Wind treibt es in die Ebene. Noch vor Tagesanbruch wird es vorbei sein.“

Dann setzte sie sich, ohne Maître Bernard anzusehen, vor die alte Frau, die nun wieder aufzuwachen schien.

„ Fuldrade “, murmelte sie, „steht der große Turm schon?“

"Ja."

Die alte Frau senkte den Kopf und ihre Lippen bewegten sich.

Nach den letzten Donnerschlägen fiel der Regen in Strömen. Überall im Tal war das unaufhörliche laute Klopfen fallender Regenmassen und das Rauschen des anschwellenden Baches zu hören, dann, in Abständen, nach einer kurzen Regenpause, wieder das heftigere Plätschern wiederholter und heftigerer Schauer.

Zwischen den heftigen Regenschauern wurde das Klingeln, das Onkel Bernard in der Ferne wahrgenommen hatte, als er erwachte, allmählich deutlicher und erreichte schließlich unter dem Fenster der Hütte und fast sofort fünf langhörnige Köpfe wunderschöner Kühe, gleichermaßen weiß und gefleckt schwarz, erschien an der Tür.

„Warum! Hier ist Waldine !" rief Christian lachend; „Sie sucht dich, Fuldrade ."

Das sanfte Geschöpf kam ruhig und leise herein und schien die alte Irmengarde zu untersuchen .

"Geh weg!" rief Fuldrade ; „Mach mit den anderen!"

Und die gehorsame Färse wandte sich wieder der Hüttentür zu.

Aber die herabstürzenden Fluten schienen ihr Anlass zum Nachdenken zu geben, denn sie stand ruhig da, betrachtete die Sintflut und wiegte langsam ihren schönen Kopf und seufzte in einem tiefen, gedämpften Ton.

Die frische Luft drang nun in die Hütte und brachte den süßen Duft von Geißblatt und Wildrosen mit sich, angeregt durch den erfrischenden Regen. Alle Vögel im Wald – Rotkehlchen, Drosseln und Amseln – bildeten ein Konzert unter den Bäumen; Die Luft war erfüllt von den kleinen Liebesgeschichten der glücklichen Vögel und dem Flattern ihrer eifrigen Flügel.

Dann erholte sich Maître Bernard von seinen Träumereien, ging ein paar Schritte nach draußen, hob den Blick und betrachtete die weißen Schäfchenwolken, die hastig über den immer noch unruhigen Himmel zogen. Auf dem Hügel gegenüber konnte er die ganze Rinderherde sehen, die alle geschützt unter den überhängenden Felsen lagen, einige träge ausgestreckt, die Knie darunter gebeugt, mit schläfrigen Augen; andere, mit ausgestrecktem Hals, feierlich seufzend. Ein paar junge Tiere blickten auf die herabhängenden Geißblattgirlanden und schienen die milde Luft zu genießen, die von ihnen wehte.

All diese verschiedenen Formen und Haltungen hoben sich deutlich vom rötlichen Hintergrund des Felsens ab; und das riesige, ausgedehnte Gewölbe der Höhle mit seiner Einfassung aus Eichen und Kiefern, deren verdrehte Wurzeln dort zum Vorschein kamen, wo sie den Felsen durchbohrt hatten, verliehen dem Spektakel einen majestätischen Hauch von Erhabenheit.

„Nun, Maître Bernard", rief Christian, „es ist heller Tag; hätten wir nicht besser anfangen sollen?"

Dann sprach ich mit Fuldrade , der in Gedanken versunken schien:

„ Fuldrade , dieser alte Herr kann unser Kirschwasser nicht trinken , dennoch kann ich ihm kein Wasser anbieten. Haben Sie etwas Besseres?“

Fuldrade nahm einen Milcheimer und ging mit einem intelligenten Blick auf Christian hinaus.

„Warte einen Moment“, sagte sie; „Ich werde sofort hier sein.“

Sie stolperte schnell über die nasse Wiese; Die Regentropfen sammelten sich in den großen Blättern und ergossen sich in kleinen kristallenen Strömen um ihre Füße. Als sie sich der Höhle näherte, erhoben sich die schönsten Kühe, als wollten sie ihre junge Herrin begrüßen. Sie streichelte sie alle, und nachdem sie sich gesetzt hatte, begann sie eine zu melken, eine schöne weiße Kuh, die regungslos dastand und mit halb geschlossenen Augen für die Bevorzugung dankbar zu sein schien.

Als ihr Eimer voll war , eilte Fuldrade zurück, reichte ihn Bernard und sagte lächelnd:

„Trink so viel du willst; so trinken wir warme Milch von der Kuh auf dem Land.“

Was sofort geschah, der gute Mann dankte ihr viele Male und lobte die Vorzüglichkeit dieser schaumigen Milch, die sozusagen mit den wilden aromatischen Pflanzen des Schnéebergs gewürzt war . Fuldrade schien mit seinen Lobreden zufrieden zu sein, und Christian, der es getan hatte schlüpfte in seine Bluse, stand hinter ihnen, den Stab in der Hand, und wartete auf das Ende dieser Komplimente, bevor er weinte –

„Jetzt, Meister, auf dem Weg! Wir haben jetzt genug Wasser, um die Mühle sechs Wochen lang ununterbrochen in Betrieb zu nehmen, und ich muss um neun Uhr zurück sein.“

Und sie machten sich auf den Weg und folgten der Schotterstraße unter dem Hügel.

"Adieu!" sagte Maître Bernard zu dem jungen Mädchen, das sanft den Kopf senkte, ohne zu sprechen; „Lebe wohl! Und möge Gott dich immer glücklich machen!“

Am nächsten Tag, gegen sechs Uhr abends, saß Bernard Hertzog, nach Saverne zurückgekehrt , vor seinem Schreibtisch und beschrieb in seinem Kapitel über die Altertümer des Dagsbergs seine Entdeckung der merowingischen Waffen in der Holzfällerhütte in der Nideck . Dann bewies er, dass der Name Tribocci oder Triboques vom deutschen Wort *drei abgeleitet sei büchen* – das sind drei Buchen. Als überzeugenden Beweis führte er die drei Bäume und die drei Kröten von Nideck an , die unsere Könige in drei *Lilien verwandelt hätten* .

Alle Antiquare des Elsass beneideten ihn um diese bewundernswerte und interessante Entdeckung. Auf beiden Rheinufern war er als Doctor, Doctissimus, Eruditus Bernardus bekannt , unter welchen triumphalen Titeln er sich mit ehrlichem Stolz ausbreitete, während er versuchte, seine Ehren mit angemessener Würde zu ertragen .

Und jetzt, meine lieben Freunde, wenn Sie wissen möchten, was aus dem alten Irmengarde geworden ist , sehen Sie sich den zweiten Band von Bernard Hertzogs *Archäologischen Annalen an* , wo Sie unter dem Datum 16. Juli 1836 die folgende Aussage finden :

„Die alte Sagenerzählerin Irmengarde mit dem Beinamen „ *Die Seele der Ruinen* “ starb letzte Nacht in der Hütte des Holzfällers Christian. Es ist wunderbar zu erzählen, dass in derselben Stunde, fast derselben Minute, der Hauptturm von Nideck einstürzte und wurde vom Wasserfall unten weggespült.

„Das ist das Ende des ältesten bekannten Denkmals der merowingischen Architektur, von dem Schlosser, der Historiker, sagt" usw. usw.

DIE KÖNIGIN DER BIENEN.

„Wenn man von Motiers-Navers nach Boudry geht , auf dem Weg nach Neufchatel", sagte der junge Botanikprofessor, „folgt man einer Straße zwischen zwei Felswänden von immenser Höhe; sie erreichen eine senkrechte Höhe von fünf- bis sechshundert Fuß." , und werden mit Wildpflanzen behangen, dem Bergbasilikum (Thymus alpinus), Ferus (Polypodium), der Heidelbeere (Vitis) . idoea), gemahlener Efeu und andere Kletterpflanzen haben eine wunderbare Wirkung.

„Die Straße schlängelt sich entlang dieser Schlucht; sie steigt, fällt, wendet sich, manchmal einigermaßen eben, manchmal gebrochen und abrupt, je nach den tausend Unregelmäßigkeiten des Bodens. Graue Felsen treffen fast in einem Bogen über ihnen zusammen, andere stehen weit auseinander und lassen die Ferne zurück Blau sichtbar und entdeckend düster und melancholisch wirkende Tiefen und Tannenreihen so weit das Auge reicht.

„Die Reuss fließt am Grund entlang, manchmal springt sie in Wasserfällen dahin, dann kriecht sie durch Dickichte oder dampft, schäumt und donnert über Abgründe, während die Echos das Tosen und Tosen ihrer Wildbäche in einem riesigen, endlosen Summen verlängern. Seit ich Tübingen verlassen habe Das Wetter war weiterhin schön; aber als ich den Gipfel dieser riesigen Treppe erreichte, etwa zwei Meilen von dem kleinen Weiler Novisaigne entfernt , bemerkte ich plötzlich, dass große graue Wolken über mir vorbeizogen, die bald die Enge vollständig ausfüllten; dieser Dunst war so so dicht, dass es bald wie starker Tau in meine Kleidung eindrang.

„Obwohl es erst zwei Uhr nachmittags war, bedeckte sich der Himmel, als ob die Dunkelheit hereinbrechen würde, und ich sah voraus, dass ein schwerer Sturm über meinem Kopf zusammenbrechen würde.

„Also begann ich mich nach einem Unterschlupf umzusehen und sah durch eine dieser breiten Öffnungen, die einem einen perspektivischen Blick auf die Alpen ermöglicht, etwa zwei- bis dreihundert Meter entfernt am Hang, der zum See hinunterführt, ein uralt aussehendes graues Chalet , moosbedeckt, mit seinen kleinen runden Fenstern und dem schrägen Dach, das mit großen Steinen beladen ist, seiner Treppe vor dem Haus, mit einem geschnitzten Geländer, und seinem korbförmigen Balkon, an den die Schweizer Jungfrauen normalerweise ihre schneeweißen Leinen und scharlachroten Unterröcke hängen trocken.

„Gerade als ich nach unten schaute, faltete und sammelte eine große Frau mit einer schwarzen Mütze die Wäsche, die im Wind wehte, zusammen und sammelte sie ein.

„Links von diesem Gebäude bildete ein sehr großes, balkonartig angeordnetes, auf Balken gestütztes Bienenhaus einen Vorsprung über dem Tal.

„Sie können leicht glauben, dass ich ohne einen Moment Zeit zu verlieren durch das Heidekraut sprang, um Schutz vor dem kommenden Sturm zu suchen, und nun, ich verlor keine Zeit, denn ich hatte kaum meine Hand auf die Türklinke gelegt." bevor der Hurrikan wütend über mir explodierte; jeder Windstoß schien im Begriff zu sein, das Haus mit sich fortzureißen; aber seine Fundamente waren stark, und die Sicherheit der guten Menschen drinnen, durch die Herzlichkeit ihres Empfangs, beruhigte mich völlig über die Wahrscheinlichkeit eines solchen Unfall.

„Das Cottage wurde von Walter Young, seiner Frau Catherine und der kleinen Raesel , ihrer einzigen Tochter, bewohnt.

„Ich blieb drei Tage bei ihnen; denn der Wind, der gegen Mitternacht wehte, hatte das Tal von Neufchâtel so mit Nebel gefüllt, dass der Berg, auf dem ich Zuflucht gesucht hatte, vollständig davon eingehüllt war; es war unmöglich, zwanzig Meter davon zu gehen ohne große Schwierigkeiten, sie wiederzufinden.

„Jeden Morgen sagten diese guten Leute, wenn sie sahen, wie ich meinen Rucksack umschnallte:

,,Worum geht es Ihnen, Herr Hennetius ? Sie können nicht die Absicht haben, noch zu gehen; Sie werden nirgendwo ankommen. Im Namen des Himmels bleiben Sie noch ein wenig hier!'

„Und Young öffnete die Tür und rief …"

,,Sehen Sie, Herr, Sie müssen Ihres Lebens müde sein, es zwischen diesen Felsen zu riskieren. Nun, die Taube selbst würde sich Sorgen machen, die Arche in einem solchen Nebel wie diesem wiederzufinden.'

„Ein Blick auf die Bergseite genügte mir, um mich zu entschließen, meinen Stock wieder in die Ecke zu legen.

„Walter Young war ein Mann der alten Zeit. Er war fast sechzig; sein großer Kopf hatte einen ruhigen und wohlwollenden Ausdruck – der Kopf eines echten Apostels. Seine Frau, die immer eine schwarze Seidenmütze trug, blass und nachdenklich, ähnelte ihm sehr." Ihre beiden Profile, die sich scharf von den kleinen Glasscheiben in den Fenstern des Chalets abhoben, erinnerten mich an jene Zeichnungen von Albert Dürer, deren Anblick mich in die Zeit des Glaubens und der patriarchalischen Sitten zurückversetzte aus dem fünfzehnten Jahrhundert. Die langen braunen Deckenbalken, der Tisch aus Tannenholz, die Eschenstühle mit den geschnitzten Rückenlehnen, die Trinkbecher aus Zinn, die Anrichte mit den altmodisch bemalten Tellern und

Schüsseln, das Kruzifix mit dem geschnitzten Erlöser in einer Schachtel auf einem Ebenholzkreuz und das wurmstichige Uhrengehäuse mit seinen vielen Gewichten und seinem Porzellanzifferblatt vervollständigten die Illusion.

„Aber das Gesicht ihrer kleinen Tochter Raesel war noch rührender. Ich glaube, ich kann sie jetzt vor mir sehen, mit ihrer flachen Rosshaarmütze und den getäfelten schwarzen Seidenbändern, ihrem zierlichen Mieder und der breiten blauen Schärpe bis zu den Knien, ihre kleinen weißen Hände verschränkt in der Haltung einer Träumerin, ihre langen blonden Locken – alles war von anmutiger, schlanker und ätherischer Natur. Ja, ich kann Raesel jetzt sehen, wie sie in einem großen Ledersessel sitzt, nahe dem blauen Vorhang der Nische am Ende des Raumes und lächelte, während sie zuhörte und meditierte.

„Ihr süßes Gesicht hatte mich vom ersten Moment an bezaubert, als ich sie sah, und ich war immer wieder am Punkt, mich zu fragen, warum sie eine so melancholische Ausstrahlung hatte, warum sie ihr blasses Gesicht so ausnahmslos gesenkt hielt und warum sie es nie hob Augen, wenn man ihn anspricht?

„Leider war das arme Kind von Geburt an blind.

„Sie hatte noch nie die weite Fläche des Sees gesehen, noch nie seine blaue Fläche, die so harmonisch mit dem Himmel verschmolz, die Fischerboote, die seine Oberfläche pflügten, die bewaldeten Höhen, die ihn krönten und ihr zitterndes Spiegelbild auf sein Wasser warfen, die mit Moos bedeckten Felsen, die grünen Alpenpflanzen in ihrer lebendigen und leuchtenden Farbenpracht ; noch hatte sie jemals gesehen, wie die Sonne hinter den Gletschern unterging, noch die langen Schatten des Abends, die sich über die Täler zogen, noch den goldenen Ginster, noch das endlose Heidekraut – nichts. Nichts davon hatte sie jemals gesehen; nichts von dem, was wir jeden Tag aus den Fenstern des Chalets sahen.

„,Was für ein ironischer Kommentar zu den Gaben des Glücks!' Als ich dasaß und aus dem Fenster auf den Nebel schaute und darauf wartete, dass die Sonne wieder auftauchen würde, dachte ich, ich wäre blind an diesem Ort! Hier in der Gegenwart der Natur in ihrer erhabensten Form, von solch grenzenloser Erhabenheit! Blind zu sein ! Oh, allmächtiger Gott, wer wird es wagen, Deine undurchdringlichen Beschlüsse anzufechten, oder wer wird es wagen, über die Strenge Deiner Gerechtigkeit zu murren, selbst wenn ihre Last auf einem unschuldigen Kind lastet? Als so blind zu sein in der Gegenwart Deiner großartigsten Schöpfungen , von Schöpfungen, die unsere Begeisterung, unsere Liebe und unsere Verehrung für Dein Genie, Deine Kraft und Deine Güte unaufhörlich erneuern; welches Verbrechen kann dieses arme Kind begangen haben, um Deine Züchtigung zu verdienen?'

„Und meine Überlegungen kamen immer wieder auf dieses Thema zurück.

„Auch ich fragte mich, welchen Ausgleich das göttliche Mitleid seinem Geschöpf für den Verlust seines größten Segens bieten könnte, und als ich keinen fand, begann ich an seiner Macht zu zweifeln.

„‚Der Mensch‘, sagte der königliche Dichter, ‚wagt es, sich in seinem Wissen zu verherrlichen und den Ewigen zu richten. Aber seine Weisheit ist nur Torheit und sein Licht Dunkelheit.‘

„ Oh, an diesem Tag wurde mir eines der großen Geheimnisse der Natur offenbart, zweifellos mit der Absicht, meine Eitelkeit zu demütigen und mich zu lehren, dass für Gott nichts unmöglich ist und dass es nur in seiner Macht liegt, unsere Sinne zu vervielfachen, und zwar auf diese Weise." tue diejenigen zufrieden, die ihm gefallen.

Hier nahm der junge Professor eine Prise aus seiner Schildpatt-Schnupftabakdose, blickte nachdenklich zur Decke und fuhr dann nach einer kurzen Pause wie folgt fort :

„Passiert es Ihnen nicht oft, meine Damen, wenn Sie im Sommer bei schönem Wetter auf dem Land sind, besonders nach einem kurzen Sturm, wenn die Luft warm ist und die Ausdünstungen des Bodens sie mit dem Duft von Tausenden von Pflanzen erfüllen? , und ihr süßer Duft durchdringt und wärmt dich; wenn das Laub der Bäume in den einsamen Alleen sowie der Büsche sich über dich zu neigen scheint, als wollte es dich in seine Arme nehmen und dich umarmen; wenn das kleinste Blumen, das bescheidene Gänseblümchen, das blaue Vergissmeinnicht, die Windungen in den Hecken heben ihre Köpfe und folgen dir mit sehnsüchtigem Blick – passiert es dir nicht, ein unaussprechliches Gefühl der Mattigkeit zu verspüren, ohne ersichtlichen Grund zu seufzen? und sogar geneigt zu sein, Tränen zu vergießen und sich zu fragen: „Warum bedrückt mich dieses Gefühl der Liebe? Warum beugen sich meine Knie unter mir? Woher kommen diese Tränen?"

„Woher in der Tat, meine Damen? Warum lehnt sich das Leben und die Tausenden von Lebewesen, die Sie umgeben, zu Ihnen und rufen Sie auf, bei ihnen zu bleiben, während sie sanft murmeln: „Wir lieben Sie; lieben Sie uns und gehen Sie nicht." uns.'

„Sie können sich also leicht die tiefe Begeisterung und das religiöse Gefühl eines Menschen vorstellen, der sich immer in einem ähnlichen Zustand der Ekstase befindet. Glauben Sie, dass es an seinem Schicksal nichts gibt, was ihn beneiden könnte, selbst wenn er blind und von seinen Freunden verlassen ist? Sein Schicksal ist nicht unendlich glücklicher als unseres? Ich für meinen Teil habe nicht den geringsten Zweifel daran.

„Aber Sie werden zweifellos sagen, dass ein solcher Zustand unmöglich ist – der Geist des Menschen würde unter einer solchen Last des Glücks zusammenbrechen. solch ein Gefühl des universellen Lebens?

„Das ist eine Frage, meine Damen, auf die ich Ihnen keine Antwort geben kann; aber ich bitte Sie, zuzuhören und dann zu urteilen.

„An dem Tag, als ich in der Hütte ankam, hatte ich eine merkwürdige Bemerkung gemacht – das blinde Mädchen war besonders besorgt wegen der Bienen.

„Während der Wind tobte, saß Raesel da, den Kopf auf die Hände gestützt, und lauschte aufmerksam.

„‚Vater‘, sagte sie, ‚ich glaube, am Ende des Bienenhauses ist der dritte Bienenstock rechts noch offen. Geh und sieh. Der Wind weht von Norden; alle Bienen sind zu Hause; du kannst den Bienenstock schließen.‘‘

„Und ihr Vater ging durch eine Seitentür hinaus und als er zurückkam , sagte er:

„‚Es ist alles in Ordnung, mein Kind; ich habe den Bienenstock geschlossen.‘

„Eine halbe Stunde später erwachte das Mädchen noch einmal aus ihren Träumereien und murmelte:

„‚Es sind keine Bienen mehr in der Nähe, aber unter dem Dach des Bienenhauses warten einige; sie sind im sechsten Bienenstock in der Nähe der Tür; bitte geh und lass sie herein, Vater.‘

„Der alte Mann verließ sofort das Haus. Er war mehr als eine Viertelstunde weg; dann kam er zurück und sagte seiner Tochter, dass alles so sei, wie sie es sich gewünscht hätte – die Bienen seien gerade in ihren Bienenstock gegangen.

„Das Kind nickte und antwortete:

"'Danke Vater.'

„Dann schien sie wieder zu dösen.

„Ich stand am Ofen und war in einem Labyrinth aus Gedanken versunken. Wie konnte dieses arme blinde Mädchen wissen, dass in diesem oder jenem Bienenstock noch einige Bienen fehlten oder dass ein solcher Bienenstock offen gelassen worden war? Das schien mir unerklärlich Aber da ich kaum eine Stunde im Haus war, fühlte ich mich nicht berechtigt, meinen Gastgebern irgendwelche Fragen bezüglich ihrer Tochter zu stellen, denn es ist manchmal schmerzhaft, mit Leuten über Themen zu sprechen, die sie am meisten interessieren. Ich kam zu dem Schluss, dass Young Er gab den Fantasien seiner Tochter nach, um sie glauben zu lassen, dass sie der Familie von Nutzen sei und dass ihre Voraussicht die Bienen vor mehreren Unfällen bewahrte. Das schien die einfachste Erklärung zu sein, die ich mir vorstellen konnte, und ich dachte nicht weiter darüber nach.

„Gegen sieben aßen wir Milch und Käse zu Abend, und als es Zeit war, in den Ruhestand zu gehen, führte mich Young in einen geräumigen Raum im ersten Stock, mit einem Bett und ein paar Stühlen darin, die mit Tannenholz getäfelt waren , wie es in der Regel der Fall ist mehr Schweizer Chalets . Sie sind nur durch eine große Trennwand von Ihren Nachbarn getrennt und können jeden Schritt und fast jedes Wort hören.

„In dieser Nacht wurde ich durch das Pfeifen des Windes und das Geräusch des Regens, der gegen die Fensterscheiben prasselte, in den Schlaf gewiegt. Am nächsten Tag hatte der Wind nachgelassen und wir waren in Nebel gehüllt. Als ich aufwachte, waren meine Fenster ruhig weiß, ganz mit Nebel bedeckt. Als ich mein Fenster öffnete , sah das Tal aus wie ein riesiger Ofen; nur die Wipfel einiger Tannen zeichneten ihre Umrisse gegen den Himmel; unten reichten die Wolken in regelmäßigen Schichten bis zur Oberfläche des Tals See; alles war ruhig, bewegungslos und still.

„Als ich ins Wohnzimmer ging, sah ich meine Gastgeber am Tisch sitzen und gerade mit dem Frühstück beginnen.

„‚Wir haben auf dich gewartet‘, rief Young fröhlich.

„‚Sie müssen uns entschuldigen‘, sagte die Mutter; ‚das ist unsere reguläre Frühstücksstunde.‘

„‚Natürlich, natürlich; ich bin Ihnen dankbar, dass Sie meine Faulheit nicht bemerkt haben.‘

„ Raesel war viel lebhafter als am Abend zuvor; sie hatte eine frische Farbe in den Wangen.

„‚Der Wind hat nachgelassen‘, sagte sie; ‚der Sturm ist vorübergezogen, ohne Schaden anzurichten.‘

„‚Soll ich den Bienenstand öffnen?‘ fragte Young.

„‚Nein, noch nicht; die Bienen würden sich in diesem Nebel verlieren. Außerdem ist alles vom Regen durchnässt; die Brombeersträucher und Moose sind voller Wasser; der kleinste Windstoß würde viele von ihnen ertränken. Wir müssen eine kleine Weile warten . Ich weiß, was los ist: Sie fühlen sich langweilig, sie wollen arbeiten, sie quälen sich bei dem Gedanken, ihren Honig zu verschlingen, anstatt ihn zu machen. Aber ich kann es mir nicht leisten, sie zu verlieren. Viele der Bienenstöcke sind schwach – sie würden verhungern im Winter. Wir werden sehen, wie das Wetter morgen ist.'

„Die beiden alten Leute saßen da und hörten zu, ohne irgendwelche Beobachtungen zu machen.

„Gegen neun Uhr schlug das blinde Mädchen vor, ihre Bienen zu besuchen; Young und Catherine folgten ihr, und ich tat dasselbe aus einem ganz natürlichen Gefühl der Neugier.

„Wir gingen durch die Küche durch eine Tür, die auf eine Terrasse führte. Über uns war das Dach des Bienenhauses; es war aus Stroh, und von seinem Sims hingen Geißblatt und wilde Weintrauben in prächtigen Girlanden. Die Bienenstöcke waren auf drei Regalen angeordnet .

„ Raesel ging von einem zum anderen, tätschelte sie und murmelte:

„,Haben Sie ein wenig Geduld; es ist zu viel Nebel heute Morgen. Ach! die Gierigen, wie sie murren!'

„Und wir konnten ein vages Summen im Bienenstock hören, das immer lauter wurde, bis sie vorbei war.

„Das weckte meine ganze Neugier noch einmal. Ich spürte, dass es da ein seltsames Geheimnis gab, das ich nicht ergründen konnte, aber was war meine Überraschung, als ich, als ich ins Wohnzimmer ging, das blinde Mädchen in melancholischem Ton sagen hörte: Stimme-

„,Nein, Vater, ich würde heute lieber überhaupt nichts sehen, als meine Augen zu verlieren. Ich werde singen, ich werde irgendetwas tun, um mir die Zeit zu vertreiben, egal was; aber ich werde die Bienen nicht rauslassen.'

Weise sprach, schaute ich Walter Young an, der aus dem Fenster blickte und dann leise antwortete:

„,Du hast recht, Kind; ich glaube, du hast recht. Außerdem gibt es nichts zu sehen; das Tal ist ganz weiß. Es lohnt sich nicht, es anzusehen.'

„Und während ich verblüfft über das, was ich hörte, dasaß, fuhr das Kind fort:

„,Was für ein schönes Wetter wir vorgestern hatten! Wer hätte gedacht, dass ein Sturm auf dem See all diesen Nebel verursachen würde? Jetzt muss man seine Flügel ausklappen und wie eine elende Raupe herumkriechen.'

„Andererseits, nach ein paar Augenblicken des Schweigens –

„,Wie ich es unter den hohen Kiefern am Grinderwald genossen habe! Wie der Honigtau vom Himmel fiel! Er fiel von jedem Ast. Was für eine Ernte wir gemacht haben, und wie süß die Luft am Ufer des Sees war, und auf den üppigen Tannemath- Weiden – das grüne Moos und die wohlriechenden Kräuter! Ich habe gesungen, ich habe gelacht, und wir haben unsere Zellen mit Wachs und Honig gefüllt. Wie herrlich, überall zu sein, alles zu sehen, die Fliegen, die durch die Wälder summten Berge und Täler!'

„Es herrschte eine neue Stille, während ich mit offenem Mund und offenen Augen saß und mit größter Aufmerksamkeit zuhörte, ohne zu wissen, was ich denken oder sagen sollte.

„'Und als der Regenschauer kam', fuhr sie fort, ,welche Angst hatten wir! Eine große Hummel, die unter demselben Farn wie ich geschützt war, schloss bei jedem Blitz die Augen; eine Heuschrecke hatte sich unter ihren großen grünen Zweigen versteckt , und ein paar arme kleine Grillen waren auf eine Mohnblume geklettert, um sich vor dem Ertrinken zu retten. Aber was am schrecklichsten war, war ein Grasmückennest ganz in unserer Nähe in einem Busch. Die Mutter schwebte um uns herum, und die Kleinen öffneten ihre Schnäbel, gelb bis in die Luftröhre. Wie fürchteten wir uns! Mein Gott, wir hatten wirklich Angst! Gott sei Dank trug uns ein Windstoß auf den Berghang, und jetzt, da die Weinlese vorüber ist, dürfen wir nicht damit rechnen, herauszukommen so bald schon wieder.'

„Als ich diese Beschreibungen der Natur so wahr hörte, bei dieser Verehrung des Tages und des Lichts, konnte ich nicht länger den geringsten Zweifel an diesem Thema hegen.

„'Das blinde Mädchen sieht', sagte ich mir, ,sie sieht durch Tausende von Augen; der Bienenstand ist ihr Leben, ihre Seele. Jede Biene trägt einen Teil von ihr in den Weltraum und kehrt dann zurück, angezogen von Tausenden von Augen unsichtbare Fäden. Das blinde Mädchen dringt in die Blumen und Moose ein, sie schwelgt in ihrem Duft; wenn die Sonne scheint , ist sie überall: am Berghang, in den Tälern, in den Wäldern, soweit ihre Anziehungskraft reicht."

„Ich war verwirrt über diesen seltsamen magnetischen Einfluss und fühlte mich versucht auszurufen:"

„' Ehre , Herrlichkeit, Ehre für die Macht, die Weisheit und die unendliche Güte des ewigen Gottes! Für ihn ist nichts unmöglich. Jeder Tag, jeder Augenblick unseres Lebens offenbart uns seine Großartigkeit.'

„Während ich in diesen enthusiastischen Überlegungen versunken war, sprach mich Raesel mit einem ruhigen Lächeln an.

„'Sir', sagte sie.

„'Was, mein Kind?'

„'Sie sind sehr überrascht über mich, und Sie sind nicht der Erste, der so war. Der Pfarrer Hegel von Neufchâtel und andere Reisende waren absichtlich hier, um mich zu sehen: Sie dachten, ich sei blind. Das dachten Sie." auch, nicht wahr?'

„'Das habe ich tatsächlich getan, mein liebes Kind, und ich danke dem Herrn, dass ich mich geirrt habe.'

„Ja', sagte sie, ,ich weiß, dass du ein guter Mann bist – ich kann es an deiner Stimme erkennen. Wenn die Sonne scheint , werde ich meine Augen öffnen, um dich anzusehen, und wenn du von hier weggehst, werde ich dich dorthin begleiten Fuß des Berges.'

„Dann begann sie ganz ungekünstelt zu lachen.

„Ja', sagte sie, ,du sollst Musik in deinen Ohren haben, und ich werde mich auf deine Wange setzen; aber du musst aufpassen – pass auf dich auf. Du darfst mich nicht berühren, sonst würde ich dich stechen. Du musst es versprechen nicht böse sein.'

„Ich verspreche dir, Raesel , ich verspreche dir, dass ich es nicht tun werde', sagte ich mit Tränen in den Augen, ,und außerdem verspreche ich dir, niemals eine Biene oder ein anderes Insekt zu töten, außer solchen, die Schaden anrichten.'

„Sie sind die Augen des Herrn', murmelte sie. ,Ich kann nur durch meine eigenen armen Bienen sehen, aber Er hat jeden Bienenstock, jedes Ameisennest, jedes Blatt, jeden Grashalm. Er lebt, Er fühlt, Er." liebt, er leidet, er tut Gutes durch all das. Oh, Monsieur Hennetius , Sie haben Recht, den Herrn, der uns so sehr liebt, nicht zu beleidigen!'

„Noch nie in meinem Leben war ich so bewegt und berührt, und es dauerte eine ganze Minute, bis ich sie fragen konnte …"

„So, mein liebes Kind, das siehst du an deinen Bienen. Kannst du mir erklären, wie das ist?'

„Ich kann es nicht sagen, Monsieur Hennetius ; vielleicht liegt es daran, dass ich sie so gern habe. Als ich noch ein ganz kleines Kind war, haben sie mich adoptiert, und sie haben mir nie ein einziges Mal wehgetan. Anfangs saß ich gerne stundenlang im Bienenhaus ganz allein und lauschte stundenlang ihrem Summen. Ich konnte damals nichts sehen, alles war mir dunkel; aber unmerklich kam Licht über mich. Zuerst konnte ich die Sonne ein wenig sehen, als es sehr heiß war, dann ein wenig mehr , mit dem wilden Weinstock und dem Geißblatt wie einem Schatten über mir, dann das volle Tageslicht. Ich begann, aus mir selbst herauszukommen; mein Geist ging mit den Bienen hinaus. Ich konnte die Berge, die Felsen, den See, die Blumen sehen und Moose, und am Abend, als ich ganz allein war, dachte ich über diese Dinge nach. Ich dachte, wie schön sie seien, und als die Leute von diesem und jenem, von Heidelbeeren und Maulbeeren und Heiden sprachen, sagte ich mir: „Ich Ich weiß, wie all diese Dinge aussehen – sie sind schwarz oder braun oder grün." Ich konnte sie in meinem Kopf sehen, und jeden Tag lernte ich sie besser kennen, dank meiner lieben Bienen; und deshalb liebe ich sie sehr, Monsieur Hennetius . Wenn du wüsstest, wie traurig es mich macht, wenn die Zeit gekommen ist, ihnen ihr Wachs und ihren Honig zu rauben!'

„„Ich glaube dir, mein Kind – ich glaube, dass es so ist.'

„Meine Freude über diese wunderbare Entdeckung war grenzenlos.

„Zwei Tage länger unterhielt mich Raesel mit einer Beschreibung ihrer Eindrücke. Sie kannte jede Blume, jede Alpenpflanze und berichtete mir von einer großen Anzahl, die noch keinen botanischen Namen erhalten haben und die es wahrscheinlich nur noch geben werden." in unzugänglichen Situationen gefunden.

„Das arme Mädchen war oft sehr berührt, wenn sie von ihren lieben Freunden und einigen kleinen Blumen sprach.

„„Oft und oft', sagte sie, ‚habe ich stundenlang mit dem goldenen Besen oder dem zarten blauäugigen Vergissmeinnicht gesprochen und an ihren Sorgen teilgenommen. Sie alle wollten die Erde verlassen und umherfliegen; sie Alle beklagten sich darüber, dass sie zum Austrocknen in der Erde verurteilt seien und tage- und wochenlang warten müssten, bis ein Tautropfen käme, um sie zu erfrischen.

„Und so wiederholte Raesel mir endlose Gespräche dieser Art. Es war wunderbar ! Wenn du sie nur hören würdest, könntest du dich in eine Heckenrose verlieben oder eine lebhafte Sympathie und ein tiefes Gefühl des Mitleids für eine empfinden Violett, sein Unglück und sein stilles Leiden.

„Was kann ich Ihnen noch sagen, meine Damen? Es ist schmerzhaft, ein Thema zu verlassen, bei dem die Seele so viele geheimnisvolle Ausstrahlungen hat; es gibt so viel Raum für Vermutungen; aber wie alles auf dieser Welt ein Ende haben muss, muss auch das Angenehmste ein Ende haben." Träume.

„Am frühen Morgen des dritten Tages meines Aufenthalts begann eine sanfte Brise, den Nebel vom See zu vertreiben. Ich konnte sehen, wie seine Falten jede Sekunde größer wurden, während der Wind sie entlangtrieb, und eine blaue Ecke am Himmel hinterließ. und dann noch einer; dann der Turm einer Dorfkirche, einige grüne Zinnen auf den Gipfeln der Berge, dann eine Reihe Tannen, ein Tal, die ganze Zeit über schwebte die gewaltige Dampfmasse langsam an uns vorbei; um zehn hatte sie uns verlassen dahinter, und die große Wolke auf den trockenen Gipfeln des Chasseron wirkte immer noch bedrohlich; aber ein letzter Windstoß gab ihr eine andere Richtung und sie verschwand schließlich in den Schluchten von Saint-Croix.

„Da schien mir die gewaltige Natur der Alpen wieder jung geworden zu sein; das Heidekraut, die hohen Kiefern, die alten, vom Tau triefenden Kastanienbäume strahlten in kräftiger Gesundheit; es war etwas in ihrem Anblick, der freudig, lächelnd, und ernst zugleich. Man spürte, dass die Hand Gottes in allem war – in seiner Ewigkeit.

„Gedankenverloren ging ich die Treppe hinunter; Raesel war bereits im Bienenhaus. Young öffnete die Tür und zeigte mir, dass sie im Schatten der wilden Rebe saß, die Stirn auf die Hände gestützt, als würde sie dösen.

„‚Pass auf dich auf‘, sagte er zu mir, ‚damit du sie nicht weckst; ihre Gedanken sind woanders; sie schläft; sie wandert umher; sie ist glücklich.‘

„Die Bienen schwärmten zu Tausenden umher, wie eine Goldflut über einem Abgrund.

„Ich schaute einige Sekunden lang auf diesen wundervollen Anblick und betete, dass der Herr seine Liebe für das arme Kind fortführen möge.

„Dann drehte ich mich um –

„‚Meister Young‘, sagte ich, ‚es ist Zeit zu gehen.‘

„Er schnallte mir persönlich meinen Rucksack um und drückte mir meinen Stock in die Hand.

„Herrin Catherine schaute freundlich zu, und beide begleiteten mich bis zur Schwelle des Chalets .

„'Lebewohl!' sagte Walter und ergriff meine Hand; „eine angenehme Reise; und denke manchmal an uns!“

„‚Ich kann dich nie vergessen‘, antwortete ich ganz melancholisch. ‚Mögen deine Bienen gedeihen und möge der Himmel dir gewähren, dass du so glücklich bist, wie du es verdienst!‘

„‚So sei es, M. Hennetius ‘, sagte die gute Dame Catherine; ‚Amen; eine glückliche Reise und viel Gesundheit für Sie.‘

„Ich bin weggezogen.

„Sie blieben auf der Terrasse, bis ich die Straße erreichte.

„Dreimal drehte ich mich um und schwenkte meine Mütze, und sie antworteten mit einer Handbewegung.

„Gute Leute; warum können wir uns nicht jeden Tag mit solchen treffen?“

„Die kleine Raesel begleitete mich bis zum Fuße des Berges, wie sie es versprochen hatte. Lange Zeit milderte ihr musikalisches Summen die Strapazen meiner Reise; ich schien sie in jeder Biene zu erkennen , die um meine Ohren summte, und ich bildete mich ein konnte sie mit leiser, schriller Stimme sagen hören:

„'Mut, Herr Hennetius , Mut; es ist sehr heiß, nicht wahr? Kommen Sie, ich gebe Ihnen einen Kuss; haben Sie keine Angst; Sie wissen, dass wir sehr gute Freunde sind.'

„Erst am Ende des Tals verabschiedete sie sich von mir, als das Rauschen des Sees ihre sanfte Stimme übertönte; aber ihre Idee folgte mir auf meiner gesamten Reise und ich glaube nicht, dass sie mich jemals verlassen wird.“